U0147791

昌明文庫・悅讀人物

他們在大清末年

上冊

顧孝華　著

目次

前言[*]

　　今年（2011）是辛亥革命一百週年。楊絳先生說：「我一歲時恰逢中華民國成立。我常自豪說：『我和中華民國同歲，我比中華民國還年長一百天！』」今天能像楊絳先生這樣「自豪說」的人寥寥無幾，我們這些在中華人民共和國誕生時都尚未出生的人，如果也想對辛亥革命說些什麼，通常有兩個思路：或是說說它的細節，或是說說它的背景。

　　秦暉先生對辛亥革命的細節和背景有個說法：「這些年來在辛亥前後歷史細節的考證逐漸清晰的同時，這場革命的宏觀背景卻越來越模糊。……對辛亥的認識離不開對其前因後果的認識，否則細節再清楚，也就像一部活劇，如果劇本糊裏糊塗，演員再怎麼活靈活現，觀眾還是會一頭霧水。」此話很有道理。但是在加強背景研討的同時，把細節進一步弄清楚也總是好的。且不說細節越清楚歷史就越像一部活劇，有些細節弄清楚了，有助於對背景的認識也未可知。

　　感謝上海市社聯等單位給了我說些辛亥革命細節的機會。這裏的細節被我落實到人，按照我的初衷，想選十個左右不同年齡、身份和立場的人，敘述他們在辛亥年的生活軌跡和若干典型畫面，從中窺見時代風雲，社會萬象。但結果卻不盡理想，至少有四個毛病。首先是寫到的人少了一些，即使把周氏兄弟一併算入，也只有七個人；其次是寫到的人中沒有四十至五十歲的，人為地造成了一種「斷層」；第

---

[*]　本文為簡體版之前言。

三，由於只寫了七個人（嚴格說是六個），所以他們的身份不夠「多樣化」；最後但決非最不要緊的是，寫到的這六、七個人，對他們在辛亥年生活軌跡和典型畫面的把握肯定有不盡準確的地方。此外無疑還有其它毛病，還請讀者批評指正。所以會出現這些毛病，有主客觀兩方面原因。主觀原因可以借用魯迅在辛亥年說的一句話：「力小願宏」。客觀原因是寫作時間比較緊張。其中主觀原因是第一位的，而「力小」又是「第一」中的第一。

這本書雖然寫得不盡理想，「醜媳婦」卻最終還能出來見「公婆」，足證方方面面的寬宏大量。我在感激之餘惟有一個心願：以後如有修訂機會，努力把它改得好一些。

最後要感謝上海市社會科學界聯合會、上海市歷史學會、上海中山學社和上海宋慶齡研究會組織的紀念辛亥革命一百週年學術活動，把本書列為入選著作之一。交稿之際，首先要感謝以上單位的辛勤組織、積極支持和各位專家的評審，感謝上海市社聯王志娟女士的辛勞。書中引用了很多著作（詳見引用書目），作者和編者的不少說法也使我受益匪淺，請他們接受我的感謝。滕振國先生為我的寫作提供了寶貴意見，上海交通大學出版社郁金豹先生、吳芸茜女士和姜浩先生為本書出版出了大力，也請接受我的謝意。

顧孝華
二〇一一年八月

第一篇
張　謇

張謇（1853-1926），字季直，號嗇翁，江蘇南通人，時年五十九歲。江蘇大生紗廠和通海實業公司總理，上海預備立憲公會會長，江蘇省諮議局議長，中央教育會會長等。武昌起義後任江蘇省議會議長，一九一二年一月二日任中華民國南京臨時政府實業總長，一月卅日（辛亥年十二月十二日）辭職。

戊戌出京，今已十四年

我國歷史上第七十七個辛亥年五月十二日（一九一一年六月八日）上午，張謇在若干隨從陪同下，從河南彰德——他老朋友袁世凱「息影」的洹上村就在附近——乘京漢線北上，前往闊別近十三年的北京。「十三年」是實算，如果虛算，則他「自戊戌出京，今已十四年」了。

老式蒸汽機車噴著濃煙一路向北。石家莊過了，保定過了，前面就是北京了。近鄉情怯。近北京呢？至少張謇的心情是複雜的。

北京是張謇的福地。廿六年前（一八八五年），他在這裏參加順天鄉試，不僅中舉，而且名列第二。之前他五次參加江南鄉試，均告不中，第一次參加順天鄉試就中式，北京待他可謂厚矣。更何況順天鄉試雖然在我國北方地區聞名遐邇，南方士子卻很少參加；即使參加了，中舉的也不多，考到第二名即所謂「北榜第二」的，兩百多年來

連他這個「南人」在內總共只有三個人，北京怎能不令他百般感激？
然而他當時做夢也不會想到，九年後，北京還將給他帶來更大的運氣。

像今天學生當了碩士還想考博士一樣，中舉後張謇也想「更上一
層樓」，來個「賜同進士出身」（三甲），最好當然是「賜進士出身」
（二甲），至於一甲，他倒沒有非分之想。於是在接下來的七年
（1886-1892）中，他四次參加會試（1886、1889、1890、1892年），
可惜北京於他的福分似乎已盡，每次都鎩羽而歸。第四次「仍不中」
後，他傷心透了，以為「可以悟命矣」[1]。從十五歲參加科考算起，
他已廿餘次走進考場，在考場度過的日子足足有一百四十九天，「不
可謂不久，年又四十矣，父母必憐之，其不可已乎？」[2]想到這裏，
他像抽菸的人發誓戒菸時扔掉菸具一樣，把考籃、考燈等考試用具統
統扔了，意態可謂決絕。

一八九四年（甲午年），朝廷因慈禧六十大壽舉行所謂恩科會
試，張謇根本不想去湊這份熱鬧。這時他七十七歲的老父出來說話
了：「兒試誠苦，但幾年未老，我老而不耄，可更試一回。」當時他
已四十二歲了，但在他父親看來卻還「未老」，還可以去考場發揮
「餘熱」，可見他「父母必憐之」的如意算盤打錯了。「我老而不耄」，
言下之意是他父親在有生之年，還希望能看到兒子有進士及第、光宗
耀祖的一天。老父之命他「不敢違，然意固怯，遲遲乃行」[3]。行前
他沒做什麼準備，甚至連考試用具都是到北京後「雜借之友人」，在

---

1 《張謇全集》（第六卷），頁336，光緒十八年（1892）四月十一日日記。
2 關於張謇在考場度過的天數（截至他第四次會試失敗），他有兩個說法。據他光緒
　十八年（1892）四月十一日日記，「合戊辰（1868）以後，計凡大小試百四十九日在
　場屋之中矣」，見《張謇全集》（第六卷），頁336。據《嗇翁自訂年譜》，「計余鄉試
　六度，會試四度，凡九十日；縣州考、歲科試、憂行、考到、錄科等試，十餘度，
　凡三十日；綜凡四月……」，見《張謇全集》（第六卷），頁851。這裏取日記說法。
3 《嗇翁自訂年譜》，《張謇全集》（第六卷），頁852。

有清一代一百一十四個狀元中，這恐怕是前所未有的。但事情就是如此詭譎，不想入闈、更不敢做「狀元夢」的他，這次不僅金榜題名，還中了「一甲一名」。北京，果然是他的福地。

不過正如張愛玲（1920-1995，張佩綸的孫女）說的，「出名要趁早呀！來得太晚的話，快樂也不那麼痛快」[4]，張謇四十二歲做狀元，雖然也「無限好」，畢竟晚了一些，所以在他當天日記裏，沒有欣喜若狂，沒有感激涕零，沒有豪言壯語，甚至不見絲毫喜氣，有的只是一種美人遲暮的感慨，一種出乎意料的驚疑：「棲門海鳥，本無鐘鼓之心。伏櫪轅駒，久倦風塵之想。一旦予以非分，事類無端矣。」[5]想到翁同龢廿六歲做狀元，看到這次與他同場考試並中了二甲六十三名的熊希齡只有廿五歲，他的快樂多少被打了一些折扣。值得一說的是，四十二歲時就「無鐘鼓之心」且「久倦風塵之想」的張謇，十九年後又與「少年得志」的熊希齡坐到了一起，但這次名列前茅的是熊，熊出任袁世凱的國務總理，他出任農商總長[6]。

北京為什麼會成為張謇的福地？不妨借用他的一句話來說。一八九九年十月，他因辦的通州紗廠初見成效（見下文）去南京向當時的兩江總督劉坤一報喜。「相見大歡，（劉）拱手稱謝。對曰：『紗好地也，機轉天也，人無與焉。』」[7]「人無與焉」，當然是他自謙，事實上是「人有與焉」，沒有他的努力，紗廠的起步肯定要推遲。同樣，在他中舉、中狀元的背後，也是「人有與焉」。不過這個「人」不是他本人，也不是他的業師，而是他的座師：位高權重的潘祖蔭和翁同

4　張愛玲：〈《傳奇》再版的話〉，張愛玲、胡蘭成：《張愛胡說》，頁209。

5　《張謇全集》（第六卷），頁362，光緒二十年（1894）四月二十四日日記。

6　這次名列前茅的本來也是張謇。據張謇說，一九一三年八月，「袁迭電屬組閣，力辭，薦熊希齡」。見《嗇翁自訂年譜》，《張謇全集》（第六卷），頁880。

7　《張謇全集》（第六卷），頁426，光緒二十五年（1899）九月二十日日記。

龢，尤其是翁，在關鍵時刻幫了他大忙。一八八五年鄉試，他先被定第六，「後潘、翁兩尚書以二三場爭之，乃定第二」[8]。一八九四年會試，他先被定第十一，「常熟師（翁同龢）改第十」[9]，從而得到了寶貴的參加殿試的資格。殿試後，翁同龢把他的卷子定為第一，並在呈遞光緒時不失時機地說了一句「張謇江南名士且孝子也」，說得標榜「以孝治國」的「上大喜」[10]，於是名次就這樣定下來了。如果沒有翁出手，他也能中舉，也能獲得賜同進士或進士出身，甚至成為探花、榜眼，但鄉試不可能是「南元」（南人在順天鄉試中名次最高者），殿試不可能是狀元。

北京當時是張謇的福地，後來卻成了他避之唯恐不及的是非之地。就在他春風得意中狀元後不久，國家卻倒了大黴，在與「倭人」海戰、陸戰中一敗塗地。他當時是翰林院修撰（按明清科舉制度，中狀元即授），不僅頻頻給翁同龢出謀獻策（在不到三個月裏給翁寫了廿餘封密信，有些主意誤導了翁）[11]，還與翰林院卅多個修撰一起上「請罪北洋（李鴻章）公折」，並「單銜上推原禍始，防患將來，請去北洋折」[12]，很是慷慨激昂了一番。即使聽說「父背病疽，愈而未

8　《張謇全集》（第六卷），頁252，光緒十一年（1885）九月十二日日記。

9　《張謇全集》（第六卷），頁362，光緒二十年（1894）四月十七日日記。張謇在一八九二年會試時就受到了翁同龢等人「照顧」，據鄭孝胥說，會試時「場中索季直卷，誤以葆真當之，遂中會元。季直殊不平……」《鄭孝胥日記》（第一冊），頁295，一八九二年五月二十一日日記。當時級別最高的考場黑幕，由此可見一斑。相比之下，魯迅祖父的事情「層次」太低了。

10　《翁同龢日記》（第五冊），頁2694。光緒二十年（1894）四月二十四日日記。翁同龢所以對張謇施以援手，固然有愛惜人才、提攜同鄉的意思，但更重要的是出於為本「圈子」招徠成員、儲備幹部的考慮。

11　張謇致翁同龢密信，見戚其章主編：《中日戰爭》（第六冊），頁445-461。參閱姜鳴：《龍旗飄揚的艦隊——中國近代海軍興衰史》，頁356、357。

12　《張謇全集》（第六卷），頁367，光緒二十年（1894）九月四日日記。

復」，他雖然「心滋不寧」，還是覺得「國事方亟，不可言去」[13]。然而不幸，正當他在京城政治舞臺上初露鋒芒之際，他父親去世了，他「不言去」也只能「去」了。「去」時他不知道，李鴻章記住了這筆賬，以後給慈禧開了一份多達五十七人的「黑名單」，「請禁勿用」，而他在這五十七人中，「名殊不後」[14]。

一八九八年五月，已過了守制期的張謇到北京向翰林院銷假並補「散館試」[15]。其時正值百日維新前夕，各派政治力量正在京城展開激烈的鬥爭。他自然像在甲午年時一樣，堅決站在翁同龢一邊。從他抵京到翁被「開缺回籍」這五十多天中，他們多次密談，甚至談到「虞山（翁同龢）談至苦」、「無所不談」（翁同龢語）的程度[16]，可見他們師生關係非同一般。至於翁「苦」什麼，他們又是如何「無所不談」的，沒有第三者知道。但有一點可以肯定，談話內容涉及朝政，詳情則「不足為外人道也」。除了給翁出主意之外，他還為翁代擬了〈大學堂辦法〉，算是為維新運動做出了一份貢獻。不消說，翁對他相當賞識，認為他是「霸才」、「奇材」[17]。如果翁不下臺，他的仕途前景肯定看好。

然而風雲突變，六月十五日，翁同龢突然被「開缺回籍」。張謇當天就獲知這個「惡訊」，「所繫甚重，憂心京京」，感到「朝局自是

13 《嗇翁自訂年譜》，《張謇全集》（第六卷），頁853。

14 《張謇全集》（第六卷），頁381，光緒二十二年（1896）四月八日日記。

15 散館試是清代對翰林院庶起士的一種甄別考試。清制，進士經殿試後，除一甲三名授翰林院修撰、編修外，其餘均為庶起士。庶起士在翰林院學習三年後參加考試，考後按成績分配，或在京任各部主事，或到地方任知縣等。張謇所以也參加散館試，可能與他授修撰後不久即丁憂回籍有關。

16 《張謇全集》（第六卷），頁410，光緒二十四年（1898）四月二十五日日記。《翁同龢日記》（第六冊），頁3133，光緒二十四年（1898）四月二十五日日記。

17 《翁同龢日記》（第六冊），頁3131、3132，光緒二十四年（1898）四月十八日、二十日日記。

將大變，外患亦將日亟矣」[18]。次日，「城南士大夫人心皇皇」[19]（當時北京城南一帶聚集了眾多地方會館，是士大夫集中之地），他想來也是「中心皇皇」，翁的遭遇無疑使他實實在在地感受到「高處不勝寒」。兩天後他去探望翁同龢，勸恩師「速行」，他自己也準備「速行」。七月廿日，他「赴翰林院聽宣」後立即辭去了剛剛奏派的「大學堂教習」一職，理由很充分：「通州紗廠係奏辦經手未完」，第二天就離開了北京。

張謇離開北京時無人相送。當天他在日記裏寫道：「讀書卅年（十六歲入學為附學生員），在官半日，身世如此，可笑人也。」[20]其實「合甲午計」即算上中狀元後任翰林院修撰這段經歷，他「前後做官一百二十日」[21]，還不及他在考場度過的日子。「可笑」與否姑且不論，這筆賬不知情的肯定看不懂：讀書就是為了做官，哪有有官不做去開工廠的道理？但他自己很清楚，現在的北京已不是讓他中舉、中狀元的北京，再待下去不可能給他帶來任何好運。兩個多月後，北京果然「有言拿問張季直者」[22]。再過兩個月，翁同龢不僅被革職、永不敘用，而且被交地方官嚴加管束。其實張謇即使在北京也未必會被「拿問」——他畢竟不是什麼「帝黨決策人」[23]，但在當時的政治環境

---

18 《張謇全集》（第六卷），頁410，光緒二十四年（1898）四月二十七日日記。

19 《張謇全集》（第六卷），頁410，光緒二十四年（1898）四月二十八日日記。

20 《張謇全集》（第六卷），頁412，光緒二十四年（1898）六月三日日記。這個「官」指「大學堂教習」。

21 《嗇翁自訂年譜》，《張謇全集》（第六卷），頁858。

22 《鄭孝胥日記》（第二冊），頁687，一八九八年十月六日日記。

23 有論者說，「甲午戰爭爆發以後，慈禧為了緩和輿論的憤激，在主戰、主和兩派之間尋求平衡，先後起用翁同龢、李鴻藻等入值軍機，而翁在孫毓汶病免後便位居漢人軍機大臣之首，這就更加顯示出張謇作為帝黨決策人的重要性」。（章開沅：《開拓者的足跡：張謇傳稿》，頁36）這個說法似可討論。張謇雖然與翁同龢關係密切，但無論從哪方面說都稱不上「帝黨決策人」：一個新科狀元，也不擔任什麼重要官職，怎麼可能成為「帝黨決策人」？

下，他因為與李鴻章的這筆賬以及與翁同龢的關係，宦途算是完了。

戊戌年離開北京後，張謇在接下來的十三年中忙得不亦樂乎，用他自己的話來說叫「雖不做官，未嘗一日不做事」[24]，用老朋友鄭孝胥的話來說叫「比做官更忙」[25]。甚至忙到一年只在他南通老家待一個多月的程度（庚戌年只在家裏待了四十二天，丙午年更是只在家裏待了卅九天），比通常做官的忙多了。張謇既然「不做官」，為何這般忙碌？舉其犖犖大端而言有三，曰實業，曰教育，曰立憲。

先說實業。〈馬關條約〉簽訂後不久，時任兩江總督的張之洞出於自強考慮，決定在蘇州、通州（南通）各辦一家紗廠，並想讓張謇來經辦後者。張之洞所以會看中張謇，原因是他在一八九五年春因「海氛告警」讓通州等地辦團練時，張謇這個丁憂在籍的前修撰給他留下了「學識素優，博通經濟，實心任事，允恰鄉評」的印象[26]，不久又覺得張謇還「講求時務，情形較熟」，於是就「屬其邀集紳商，剴切勸導，厚集股本，就地設立紗絲廠，以副朝廷自保利權之至計」[27]。這是一八九五年末至一八九六年初的事，據張謇回憶，當時

> 余自審寒士，初未敢應，既念書生為世輕久矣，病在空言，在負氣，故世輕書生，書生亦輕世。今求國之強，當先教育，先養成能辦適當教育之人才。而秉政者既闇蔽不足與謀，擁資者又乖隔不能與合。然固不能與政府隔，不能不與擁資者謀，納

24 《張謇全集》（第六卷），頁651，宣統三年（1911）六月十七日日記。

25 《鄭孝胥日記》（第三冊），頁1267，一九一〇年七月三十日日記。

26 〈留張謇沈雲沛辦通海等屬團練片〉（光緒二十一年四月初四日），《張之洞全集》（第二冊），頁972。

27 〈通海設立紗絲廠請免稅釐片〉（光緒二十一年十二月二十八日），《張之洞全集》（第二冊），頁1117。

約自牖，責在我輩，屈己下人之謂何，躊躇累日，應焉。[28]

這段話雖然是張謇晚年寫的，但多少反映了他當年決定「屈己下人」去開工廠的思想過程——時尚叫「心路歷程」，值得細細研讀。

「寒士」指他出生於一個亦農亦商家庭，農者，無非是薄有田產；商者，販賣碗盞之類家用瓷器而已。這種家庭雖然也「頗溫飽」，但與翁同龢比，與他斥為「謬妄已甚」的譚嗣同比，實在是「寒」得很。現在好不容易中了狀元，做官才為正途，怎麼可以去開工廠？所以他「初未敢應」。

「書生為世輕久矣」，就以與清末幾次戰爭有關的來說，鴉片戰爭時琦善譏諷前線「任軍事者，率皆文臣，筆下雖佳，武備未諳」[29]，中法戰爭時張佩綸臨陣逃脫更是一大醜聞，到中日戰爭時連「倭人」也看出問題了：「取士必以考試，考試必由文藝，於是乎執政之大臣，當道之達憲，必由文藝以相陞擢。文藝乃為顯榮之階梯耳，豈足濟夫實效？」[30]至於書生「輕世」，這本身就是一種「空言」、一種「負氣」。張謇能想到「世輕書生，書生亦輕世」這個「怪圈」，說明他不僅不願做「輕世」的「書生」，而且想通過自己努力，改變「世輕書生」現象。

「求國之強」是張謇這一代士大夫的共同心聲，中日戰爭後這種心聲更為強烈。以張謇來說，在看到〈馬關條約〉那天，他在日記裏痛心地寫道：「幾罄中國之膏血，國體之得失無論矣。」[31]不過對「求國之強」應從哪裏入手，士大夫們有不同主張，不少人的認識還有一

---

28 《嗇翁自訂年譜》，《張謇全集》（第六卷），頁855。

29 蔣廷黻：《中國近代史》，頁30。

30 〈伊東祐亨致丁汝昌書〉，見王芸生：《六十年來中國與日本》（第二卷），頁172。

31 《張謇全集》（第六卷），頁371，光緒二十一年（1895）四月六日日記。

個發展過程。以張謇來說，有論者認為他晚年這段回憶「對當時接收委託時內心活動有十分真實的描述」[32]，其實在張之洞讓他去開工廠時，他還沒有認識到「求國之強，當先教育」，更不要說「先養成能辦適當教育之人才」了。在他一八九五年六、七月為張之洞擬寫的一篇〈立國自強疏〉中，他提了八條對策，前三條依次是「宜練陸軍」、「宜亟治海軍」和「宜分設槍炮廠」，第四條才是「宜廣開學堂」[33]。一直到一九○一年甚至一九○○三年，他才開始認識到「求國之強，當先教育」（見下文）。換言之，在他考慮是否去開工廠時，他想到的是「求國之強，當先實業」，而不是「當先教育」。

辦實業既要與當政者「謀」，也要與擁資者「合」，因為前者有權，後者有錢。張謇當然知道當官的愚昧不明，有錢人不講情理，所以從內心來說，他並不願意與他們「謀」和「合」。但為了「求國之強」，他不僅不能與當官的「隔」，也不能不與有錢人「謀」。這樣對他來說自然是「屈己下人」，與有錢人「謀」更是如此，因為在「士農工商」這「四民」中，「商」排名最後，「士」排名第一，而他這個狀元還是「第一」中的第一。但「納約自牖」（出自《易經》，意思是導人於善）本來就是士大夫的責任，既然如此，「屈己下人」又算得上什麼？「躊躇累日」後他終於「應焉」。

以上是張謇自己說的當年答應張之洞去開工廠的經過。其實他當年所以會「應焉」，還有一個重要原因。一九○五年，他在給朋友的信中說，「乙未、丙申紡廠之設，正已人事乖舛，遂被牽率，非始願所敢肩任」[34]。「乙未、丙申」即一八九五、一八九六年。「人事乖舛，遂被牽率」，或指他因在一八九四年上書「請去北洋」而上了

---

32 衛春回：《張謇評傳》，頁44。

33 〈代鄂督條陳立國自強疏〉（1895年），《張謇全集》（第一卷），頁35。

34 〈辭謝農工商大臣見召答友函〉（1905年），《張謇全集》（第一卷），頁92。

「黑名單」一事，或指他與翁同龢的關係，或兩者兼有。現在既然因「政治問題」而失去了在官場飛黃騰達的可能，開工廠也就成了他不多的選擇之一。至於「始願」是什麼，他在信裏沒有說，不過恐怕不是開工廠。是做官嗎？他當時沒有說，以後說過「謇生平不樂政界」、「自前清即矢志為民」[35]，但事實是他在武昌起義後不僅進入政界，而且做了大官。

「應焉」之後，張謇在張之洞、劉坤一等大員支持下，以官商合資並由他總管一切的形式，著手創辦通州紗廠（取名大生紗廠）。一八九八年七月從北京回來後更是全力以赴，經過幾年努力，克服了「集資難」、「求才難」和「禦侮難」[36]，紗廠終於在一八九九年五月開車紡紗成功。不久「廠紗日佳，價亦日長」[37]，張謇掘到了辦實業的「第一桶金」。接著為解決紗廠原料問題，他又集資辦了佔地數萬畝的通海墾牧公司。然後一發不可收拾，先後辦了油廠、麵廠、皂廠、鐵廠、桑蠶公司、鹽業公司、釀造公司、內河小輪公司等十九家企業（一九○七年，他把這些企業組合成通海實業公司），並投資電燈廠、玻璃廠、鐵路公司和銀行。到辛亥年，張謇辦的實業已形成一個以大生紗廠為核心的企業集團，盈利豐厚，僅大生紗廠就「純利累積共達三百七十餘萬兩，資本總額也增加到將近兩百萬兩」[38]。

張謇做實業成功了，成了一個大資本家，「狀元開工廠」成了不

---

35 〈致袁世凱函〉（1912年2月22日），《張謇全集》（第一卷），頁212。

36 〈辭謝農工商大臣見召答友函〉（1905年），《張謇全集》（第一卷），頁92。

37 《張謇全集》（第六卷），頁421，光緒二十五年（1899）六月二十四日日記。

38 章開沅：《開拓者的足跡：張謇傳稿》，頁139。有論者說到一九一○年，大生企業集團資本規模達到三百三十八點七萬兩，見虞和平主編：《張謇——中國早期現代化的先驅》，頁155。據張謇自己說，宣統元年（1909）大生正廠「半年餘利銀十五萬兩」，分廠「半年餘利四萬兩餘」，《張謇全集》（第六卷），頁624，宣統元年（1909）八月六、七日日記。

少論者津津樂道的故事。但正如蔣廷黻說的,「中國舊日的資本家有
幾個不是做官起家?中國舊日的大商業哪一種沒有官吏作後盾,仗官
勢發財?」[39]質之張謇,也是如此。張謇雖然在做實業前只「做官一
百二十日」,畢竟也做過官,更何況他做的是翰林院修撰。修撰職級
不高,只是從六品,但據他自己說,授官那天「皇上御太和殿傳臚,
百官雍雍,禮樂畢備」,「伏考國家授官之禮,無逾於一甲三人者」[40],
可見這個官雖然沒有實權,皇上、「百官」還是很拿它當一回事的。
至於「大學堂教習」一職,儘管「在官半日」就被他辭去了,但他的
狀元和前修撰身份是辭不去的,而在奉行科舉制度的朝代,這種身份
本身就是一種進出官場的資格,沒有這種身份,一個鄉下「寒士」怎
麼可能結交張之洞、劉坤一、端方(曾任兩江總督)、瑞澂(曾任江
蘇巡撫)等大員,更不可能得到因為這種結交而帶來的種種好處。以
張謇來說,他在為大生紗廠制訂的〈廠約〉中規定了「下走」即他自
己的職責,其中第一條是「通官商之情」(他晚年說自己是「通官商
之郵」)[41]。從他開工廠來看,他很好地履行了這項職責。問題是,他
如果與督撫大員沒有交情,憑什麼去「通官商之情」?又怎能做「通
官商之郵」?舉兩個例子。其一,張謇在辦墾牧公司時以極低的價格
購置了通州沿海地區數萬畝荒地,如果沒有官場關係,怎麼可能揀到
這些便宜?其二,他出於所辦實業的警衛之需,先後購買了「槍九十
二支,(火)藥一千二百磅」和「滑膛槍二百支」[42],有清一代嚴格管
制槍藥,沒有大員點頭,怎麼可能購買這些「禁物」?

---

39 蔣廷黻:《中國近代史》,頁61。
40 《張謇全集》(第六卷),頁362,光緒二十年(1894)四月二十五日記。
41 〈廠約〉,《張謇全集》(第三卷),頁18。《嗇翁自編年譜》,《張謇全集》(第六卷),
   頁855。
42 《張謇全集》(第六卷),頁464,光緒二十八年(1902)二月二日記。

此外還應指出，在張謇做實業成功後，朝廷讓他做官，他欣然接受。一九○四年四月廿日，他接到一道上諭：「張謇著賞加三品銜作為（商部）頭等顧問官，欽此。」他在當天日記裏寫道：「江海之臣，宦情久絕，忽被恩命，甚愧叨逾。……王命之孚為可感矣。」感激之餘，這次他沒有辭卻，理由是「官為新制，又係實業於經營實業界中，或者小有裨益」[43]。其實豈止是「小有裨益」，這次做官，更進一步提高了他的身價，加強了他與官場的關係，而這種身價和關係，正是他把實業做大、做強的奧妙所在。

當然，張謇做官與鄭孝胥以及他另外一個老朋友湯壽潛做官是有區別的。鄭做的布政使、湯做的知縣都是實缺，而張謇被賞賜的官是虛銜，用他的話來說是一種「賓師之位」。「賓師」者，「舊時指不居官職而為君主所尊重的人」（《辭海》），「賓師之位」就是君主授予這些人的榮譽性官職。這些官職與布政使、知縣等雖然有種種區別，但做官的本質是一致的：它們都是「欽命」的，都是君主對自己看得上眼的人的一種賞賜。被「欽命」者或者成了衙門的老爺，或者得到了進出衙門的「通行證」。張謇屬於後者，沒有這種「賓師之位」或「前翰林院修撰」這個頭銜，他怎麼可能隨意進出森嚴的兩江總督府？

總之，張謇說自己「不做官」，這個「官」僅僅指實缺官，而他的實際地位遠非一般的官所能比擬。正是這種地位，為他創辦實業奠定了基礎，也為他隨後辦教育、搞立憲鋪平了道路。

再說教育。前面已經指出，早在〈馬關條約〉簽訂後不久，張謇就把「廣開學堂」作為「立國自強」一項對策。一九○一年，他對辦教育與「求國之強」的關係有了進一步認識。該年三月，他響應朝廷辦「新政」號召，寫了一篇長達兩萬餘字的〈變法平議〉。在這篇

43 《張謇全集》（第六卷），頁527，光緒三十年（1904）三月五日日記。按：一九○六年「商部」改「農工商部」。

〈平議〉中，他按「六部」（吏戶禮兵刑工）順序，提出了變法應辦
的四十二件事，其中禮部應辦八件事，第一件就是「普興學校」。在
這四十二件事中他又按「施行之次第」排了三個序列，其中「第一」
要辦的有四件事，而「（在）各府州縣城設中學堂」僅次於「請設議
政院」[44]。同年四月，他在謁見劉坤一時把辦教育提到了與理財並行
的高度，認為「變法須財與人，財不勝用也，行預算訂稅目而已。人
不勝用也，設學堂行課吏而已」[45]。這一年春他還「上書新寧督部
（劉坤一），請先立師範學校」，因為「一藝之末，學必有師，無古今
中外之通義也；況圖國家強立之基、肇國民普及之教育乎？」[46]

　　張謇提出的「普興學校」並「先立師範學校」的設想得到了劉坤
一贊同，但劉手下幾個「相關部門負責人」卻「同詞以阻」，認為
「中國他事不如人，何至讀書亦向人求法？」換言之，這些年和「洋
鬼子」打下來，他們總算懂了，在堅船利炮方面，中國確實不如人，
但在讀書方面，他們仍然認為祖宗留下來的一套即使不是天下第一，
也決不至於「向人求法」。說得振振有詞，以至劉聽後也感到「此事
難辦」並「歎息不已」[47]。在這種情況下，張謇毅然決定用他自「辦
紗廠以來，不用之公費」辦一所私立師範學校。經過一年努力，克服
種種困難，一九〇三年四月，他辦的第一所學校，也是我國第一所師
範學校──通州師範學校建成開學。

　　通州師範學校開學後不久，張謇應邀去日本參觀、考察了七十
天，大開眼界。在結束訪問那天，他對這次所見所聞作了一番總結，
其中寫道：

44　〈變法平議〉（1901年），《張謇全集》（第一卷），頁61、75。

45　《張謇全集》（第六卷），頁450，光緒二十七年（1901）二月二十三日日記。

46　〈通州師範學校議〉（1902年），《張謇全集》（第四卷），頁11。

47　《張謇全集》（第六卷），頁466，光緒二十八年（1902）二月二十九日日記。

就所知者評其次第，則教育第一，工第二，兵第三，農第四，
商最下。……孔子言，以不教民戰，是謂棄之。夫不教之民，
寧止不可用兵而已。為農為工為商，殆無一可者。然則圖存救
亡，捨教育無由，而非廣興實業，何所取資以為挹注，是尤士
大夫所當兢兢者矣。[48]

「以不教民戰，是謂棄之。」出自《論語・子路》，意思是讓沒
有受過作戰訓練的人去打仗，等於讓他們白白送死。張謇推而廣之，
認為讓沒有受過教育的人去「為農為工為商」，也是不行的，所以他
的結論是「圖存救亡，捨教育無由」。至此，對於辦教育的重要性以
及做實業與辦教育的關係、士大夫在其中應盡的責任等，張謇的認識
上陞到了一個新的高度。

從日本回來到一九一一年這八年中，張謇在南通、揚州、蘇州、
上海等地，自辦或與人合辦了女子師範學校、小學、中學、職業學
校、商船學校、鐵路學校等多所學校，並擔任震旦學院、中國公學校
董。此外他還開風氣之先，在南通辦了育嬰堂、植物園和博物苑。有
了這些實實在在的業績，他自然榮膺江蘇教育會會長、中華教育總會
副會長等職。

值得一提的是，張謇雖然辦了這麼多學校，卻不讓自己兒子和親
友的孩子入讀，相反，他專門為他們辦了一個家塾，請日本女教習
「教授體操、算術、音樂、圖畫，兼習幼稚遊戲之事，延本國教習教
授修身、國文之事」，可見他辦教育是內外有別的。一九〇八年，他
在一篇文章中指出：「國何為而須教育？教育者，期人民知有國而
已。能有國之終效，使人人任納稅當兵之責，多數無怨望而已。」[49]

---

48 《張謇全集》（第六卷），頁514、515，光緒二十九年（1903）六月初四日記。
49 〈初等教育必須改良之緣起〉（1908年），《張謇全集》（第四卷），頁83。

這是他為普通人制訂的教育目標，至於自己兒子和親友的孩子，另當別論。

最後說立憲。張謇晚年說他「一身之憂患學問出處」，「莫大於立憲之成毀」[50]，可見搞立憲給他的刺激之深。下面是他搞立憲的「大事記」。

一九〇四年二月，當時日俄戰爭剛剛爆發，他在日記裏寫道：

> 日本全國略與兩江總督轄地相等，若南洋則倍之矣。一則致力實業教育三十年而興，遂抗大國而拒強國；一則昏若處甕，瑟縮若被執，非必生人知覺之異也。一行專制，一行憲法，立政之宗旨不同耳。而無人能舉以為聖主告也，可痛可恨！[51]

這裏「強國」指俄國。這是他在日記里第一次寫下「憲法」一詞。這條日記表明，經歷了甲午戰爭慘敗，再加上他一九〇三年訪日所見所聞以及日本最近居然敢與俄國開戰，他已認識到「大清」與日本所以有這麼大差距的原因所在：「一行專制，一行憲法，立政之宗旨不同耳。」同年五、六月，他為張之洞、魏光燾（時任兩江總督）擬寫了〈請立憲奏稿〉。這篇〈奏稿〉寫了七稿，還是寫得「語婉甚而氣亦怯」[52]，可見他當時雖然已經認識到立憲的重要性，很多話還是不敢說。六、七月間，他去常熟探望翁同龢，「談兩次，頗及憲法，老人極贊，亦以非此不可救亡也」。得到翁的鼓勵後，他在給摯友趙鳳昌的信裏說：「原動力須加火以熱之」[53]，即要就立憲一事加強

50　〈年譜自序〉（1923），《張謇全集》（第五卷），頁299。

51　《張謇全集》（第六卷），頁522，光緒二十九年（1903）十二月三十日日記。

52　《嗇翁自訂年譜》，《張謇全集》（第六卷），頁865。

53　〈致趙鳳昌函〉（1904年7月12日），《張謇全集》（第一卷），頁77。

對朝廷的工作。不久他和趙鳳昌把他們刻印的《日本憲法義解》通過
關係送入皇宮，據說「此書入覽後」，慈禧「於召見樞臣時論曰：『日
本有憲法，於國家甚好。』樞臣相顧，不知所對，唯唯而已。」他聽
說此事後很失望：「樞臣奉職不識古義，蒞政不知今情，以是謀人家
國，寧有幸乎？」[54]

一九〇五年九月廿四日，清廷派出的出國考察憲政的端方、載澤
等五大臣在北京火車站遭到革命黨人炸彈襲擊。他當晚就獲知這個消
息，認為「此必反對立憲人所為也，如此則立憲尤不可緩」[55]。晚年
他在自訂年譜時也寫到此事：

> 是時革命之說甚盛，事變亦屢見。余以為革命有聖賢、權奸、
> 盜賊之異：聖賢曠世不可得，權奸今亦無其人，盜賊為之，則
> 六朝五代可鑒，而今世猶有外交之關係，與昔不同；不若立
> 憲，可以安上全下，國猶可國；然革命者仇視立憲甚，此殆種
> 族之說為之也。[56]

可見在他看來，革命並非都是好事，惟有立憲才「可以安上全
下」。至於「憲政之果行與否」，他說「非我所敢知；而為中國計，則
稍有人心者不可一日忘」[57]。

一九〇六年九月一日，清廷發佈諭旨，宣稱要「仿行憲政」。十
月，在岑春煊（時任雲貴總督，但未上任）支持下，他和鄭孝胥、湯
壽潛等在上海籌備預備立憲公會，並說「與其多言，不如各圖實地施

---

54 《嗇翁自訂年譜》，《張謇全集》（第六卷），頁865、866。

55 《張謇全集》（第六卷），頁557，光緒三十一年（1905）八月二十六日日記。

56 《嗇翁自訂年譜》，《張謇全集》（第六卷），頁867。

57 《張謇全集》（第六卷），頁564，光緒三十一年（1905）十一月二十九日日記。

行，得寸則寸」[58]。十二月十六日，立憲公會成立，他被選為副會長。立憲公會成立後，會員「主急主緩，議論極紛駁」，而他認為「立憲大本在政府，人民則宜各任實業教育為自治基礎；與其多言，不如人人實行，得尺則尺，得寸則寸」[59]，顯然屬於「主緩派」。此外這年他還給時任陸軍部尚書鐵良寫信，認為立憲「不可復緩」，「中日較近，宜法日」[60]。

　　一九〇九年九月，他當選江蘇諮議局議長。十月，他與瑞澂商定，由瑞澂「聯合督、撫請速組織責任內閣」，由他領導的江蘇諮議局聯合十四省諮議局「請速開國會」[61]。接著他寫了〈請速開國會建設責任內閣以圖補救意見書〉，要求朝廷「定以宣統三年（1911年）召集國會」，此前「許開臨時國會、建設責任內閣」[62]，並聯合十四省諮議局，準備向清廷請願。十一月，他聽到有人說「以政府社會各方面之見象觀之，國不亡無天理」，他的回答是：「我輩尚在，而不為設一策，至坐視其亡，無人理」[63]，表達了搞立憲的堅強決心。十二月，他寫了〈國會代表上都察院請願書〉：「伏願皇上速降諭旨，頒佈議院法及選舉法，期以一年之內，召集國會。」[64]年底，他在上海為進京請願的各省諮議局議員餞行並發表了〈送十六省議員詣闕上書序〉：「得請則國家之福，設不得請而至於三至於四至於無盡，誠不已，則請亦不已」[65]，頗有「國會不開，請願不止」的氣概。

58　《張謇全集》（第六卷），頁580，光緒三十二年（1906）九月十一日日記。

59　《嗇翁自訂年譜》，《張謇全集》（第六卷），頁868。

60　〈為時政致鐵尚書函〉（1906），《張謇全集》（第一卷），頁103。

61　《張謇全集》（第六卷），頁624，宣統元年（1909）八月三十日日記。

62　〈請速開國會建設責任內閣以圖補救意見書〉（1909年），《張謇全集》（第一卷），頁135、137。

63　《張謇全集》（第六卷），頁627，宣統元年（1909）九月二十一日日記。

64　〈國會代表上都察院請願書〉（1909），《張謇全集》（第一卷），頁142。

65　〈送十六省議員詣闕上書序〉（1909），《張謇全集》（第一卷），頁129。

一九一○年一月，他獲悉請願失敗，隨即在《申報》上全文公佈了〈國會代表上都察院請願書〉，以爭取輿論支持。六月，他寫了〈國會代表第二次請願書〉，強調「欲憲政籌備之完全」、「欲國民程度之劃一」，都「不可不即開國會」，而朝廷剛批准成立的「資政院不能代國會之用」[66]。第二次請願失敗後，他準備組織一個「議長請願團」赴京，「開第三次請願之新面目」。十一月，朝廷最終決定先立內閣、後開國會，但迫於立憲派的壓力，不得不同時宣佈在「宣統五年」開國會，把原定為九年的預備立憲期縮短為三年。他聽後鬆了一口氣：「北行可免矣。」這聲「免矣」，不僅反映了他對開國會請願的不堅定性，也說明當時他對清廷依然抱有幻想。

一九一一年二月，張謇被選為立憲公會會長（此前連任四屆副會長），但耐人尋味的是，無論在日記裏還是在自訂年譜裏，他對此事都一字不提。

搞立憲是張謇在甲午年、戊戌年參政議政的繼續，但他投入的熱情遠遠超過前兩次。正是這種投入，不僅使他有了「熱心政治」的名聲，而且為他在武昌起義後先加入南京臨時政府、後進入袁世凱內閣奠定了基礎。

以上簡單介紹了張謇做實業、辦教育、搞立憲的情況。這樣「三管齊下」，整整忙了十三年，結果到這次衣錦還「都」時，他已名聲大噪，成為全國工商界和教育界頭面人物，立憲派領袖之一。所以到北京前，他已事先知道「京師人士，群以余前電久香十三日至京，各團體將於車站歡迎」。但他是個低調的人，「不欲為此標榜聲華之事」[67]。

66　〈國會代表第二次請願書〉（1910年6月），《張謇全集》（第一卷），頁145-147。

67　《張謇全集》（第六卷），頁650，宣統三年（1911）五月十一日日記。久香是許鼎霖（1857-1915）的字，許一八八二年中舉，曾任駐秘魯領事、浙江洋務局總辦等。與張謇等一起合辦多家企業，是當時宣導實業救國的名流之一。積極參與立憲運動，任江蘇諮議局總會辦、資政院議員。

於是他耍了一個「花招」，比原定日期提前一天到達。這個消息他只告訴久香即許鼎霖一人，想來不會有什麼人來迎接了。

張謇乘坐的列車駛入北京正陽門車站。他從車窗望去，出乎意料地看到月臺上除了久香之外還有十來個人在迎候，其中有端方的兒子、弟弟，現任民政部大臣肅親王善耆的世子等。十三年前他離開北京時無人相送，現在是皇親國戚站著迎候，這個變化可謂天翻地覆，而這僅僅是開始。六月八日抵達北京後，當天晚上端方就「約福全館晚膳」，接著

十一日，學部（教育部）大臣唐景崇「招飲」；

十四日，度支部（財政部）大臣載澤「招飲」；

十五日，弼德院（國務顧問機構）院長陸潤庠「送席」（送酒席）；

十六日，內閣總理大臣慶親王奕劻「送菜四式」；

十七日，海軍部大臣載洵「送席」；

廿日，內閣協理大臣（副總理大臣）徐世昌「招飲」；

廿三日，內閣協理大臣那桐「招飲」；

廿六日，民政部大臣肅親王善耆「招飲」。

清廷一九一一年五月八日成立的「皇族內閣」共有十三人。從這份宴請日程可以看到，張謇受到了其中七個人「招飲」、「送菜」、「送席」，即使督撫大員進京，能得到的待遇也不過如此吧？可見他雖然「不做官」，享受到的「接待規格」卻實在不比做官的差，甚至更高。然而這還不是高潮，高潮是受到當時「大清」第一把手攝政王載灃召見。

國勢危急，謇所欲陳者

張謇這次到北京不是來探親訪友，也不是來懷舊尋夢，而是被上

海、廣東等地商會公推，辦理組織遊美商團（涉及中美合作辦銀行、航運等事）有關事宜。到北京前他先去了武漢（五月廿九日至六月五日），商議租辦當地「紗布絲麻四廠事」。這些事在今天看來很尋常，但是在一百年前，組織這樣的「遊美商團」不要說在「大清」歷史上沒有先例，就是漢唐以來也是從未有過的；至於「租廠」，雖然不是張謇首創，但同時租四家工廠的，在當時不說絕無僅有，也是很少見的。由此可見，張謇當年在做實業路上走得多遠。

到北京後第三天（六月十日），張謇給還在洹上村釣魚、「養屙」的老朋友袁世凱去了一封信：「京師已十四年不到，此來雖被商界公推，事有專注，然有不可省之周旋，車馬衣冠，亦殊無謂，何況人民城郭，均有無限之悲思也。」[68]意思是說，他知道以他現在的聲望，這次到北京公幹必然會有很多「不可省」的應酬，但這些在他看來都是「無謂」的，「何況人民城郭，均有無限之悲思」——簡言之，當時的「大清」民不聊生，國將不國，正處於風雨飄搖之中，在這種局勢下如果還沉湎於「車馬衣冠」，用他的話來說真是「無人理」了。

其實張謇本人當時也有「無限之悲思」。他這次到北京，心情確是複雜的，且不說北京曾是他的福地和避之不及的是非之地，就以眼前事來說，剛在武漢談成的租辦紗廠事固然使他欣喜，國內政局卻使他憂心如焚。新年剛過不久，他在蘇州遇見袁世凱的親信楊士琦，楊提起前年他說的一句話：「亟立憲非救亡，或者立憲國之亡，人民受禍輕於專制國之亡耳」，並問：與今天相比，情況如何？他說：「此前年語，今視我社會動作，恐人民經不得亡，亡後擔不得恢復。」當天他在日記裏記下了自己前年說的這句話，並以一句感歎結尾：「嗚

68 〈致袁世凱函〉（1911年5月14日），《張謇全集》（第一卷），頁162。

呼！世人知余之痛耶！」[69]可見他對當時整個形勢是很悲觀的。一個月前，他企盼已久的責任內閣終於出臺了，但盼來的卻是一個「皇族內閣」、「親貴內閣」、「朽骨內閣」[70]。對此他很不滿意：「政府以海陸軍政權及各部主要，均任親貴，非祖制也。」「皇族內閣」登臺後，「復不更事，舉措乖張」（主要指五月九日宣佈鐵路國有和五月廿日簽訂向英德法美四國銀行借款修建粵漢、川漢鐵路合同——引者），更使他感到有「全國為之解體」的危險。去武漢前他在上海停留了幾天，曾「合湯壽潛、沈曾植、趙鳳昌諸君公函監國（攝政王載灃）切箴之；更引咸、同間故事，當重用漢大臣之有學問閱歷者」。所謂「咸、同間故事」，指清廷在咸豐、同治年間為鎮壓太平天國而重用曾國藩等人，而「漢大臣之有學問閱歷者」指袁世凱，見下文。此外他們還託載灃的一個「舊人」，請他回京後向載灃「痛切密陳，勿以國為孤注」。然而儘管他們說了也託了，卻一切都如泥牛入海。他們看到並感受到的是「是時舉國騷然，朝野上下，不啻加離心力百倍，可懼也！」[71]

　　正是在「全國為之解體」、「可懼也」的背景下，張謇終於有了一次「舉以為聖主告也」的機會。六月十日，他在拜見奕劻時聽說載灃要召見他。第二天，那桐帶來了正式的召見通知。

　　獲知載灃要召見，張謇很認真，也很天真，事先特意做了「功課」，寫了一份一千餘字的〈召見擬對〉，以便被召見時一一「舉以為聖主告也」。

69　《張謇全集》（第六卷），頁646，宣統三年（1911）正月二十日日記。《嗇翁自編年譜》，《張謇全集》（第六卷），頁872。

70　「朽骨內閣」是于右任對這屆內閣的稱謂：「老朽死心勃勃，欲以朽骨而登舞臺，死期近矣。」見《于右任辛亥文集》，頁145。

71　《嗇翁自編年譜》，《張謇全集》（第六卷），頁872、873。趙鳳昌的兒子趙尊岳在〈惜陰堂辛亥革命記〉一文中也提到這封信，參閱《近代史資料》（總102號），頁247。

　　六月十三日，載灃在中南海勤政殿召見了張謇。被監國召見雖然很「榮幸」，但其實也很苦，說是上午「八時一刻召見」，張謇淩晨「二時至西苑門外候傳」，「七時四刻候於朝房」，足足等了六個小時。這漫長的六小時是怎樣度過的，他日記裏沒有記載。另據張謇說，在西苑門外候傳時，「索錢者紛至，其人皆如乞丐相，皆無賴之民。事雖相沿三五百年，然惡亦甚矣。」「無賴之民」也是「民」，不知此時此景是否也引發了他「無限之悲思」？

　　進入勤政殿後，張謇「先至御座前跪安，起入西房內。攝政王南面坐，旁設四坐（座）」。張謇向這位比他足足小了卅歲的王爺「肅立致敬」後，

> 王命坐，即問汝十幾年不到京，國事益艱難矣。敬對自戊戌出京，今已十四年，先帝改革政治自戊戌始，中歷庚子之變，至於西狩回鑾以後，皆先帝艱貞患難之時，今日世界知中國立憲，重視人民，皆先帝之賜也。言至此不覺哽咽流涕。

　　載灃說「國事益艱難矣」，確是實話，其它暫且不論，此刻正在四川、湖北等地發生的「抗路事」，就搞得他焦頭爛額，手忙腳亂。「先帝」即光緒，載灃的親哥哥。「西狩回鑾」指慈禧於「庚子之變」後回到北京。張謇對的第一句話就扯上「先帝」，再配以「哽咽流涕」，一下子就縮短了載灃與他的距離。至於「世界知中國立憲，重視人民，皆先帝之賜也」，自然是諛詞。當然，與「不可省之周旋」一樣，這種話在張謇看來大概也是「不可省」的。接著

> 王云：汝在外辦事辛苦，名譽甚好，朝廷深為嘉慰。敬對：張謇自甲午丁憂出京，乙未馬關條約即注意實業、教育二事。後

因國家新政須人奉行，故又辦地方自治之事。雖不做官，未嘗一日不做事，此蓋所以仰報先帝拔擢之知。此次因中國報聘美國事，又有中美銀行航業二事，為上年美商與華商所訂合，故被滬、粵、津、鄂四商會公推而來，蒙皇上召見，仰見攝政王延納之宏，耳目之不壅蔽，深為感激。今國勢危急，張謇極願攝政王周諮博訪，以求治安之進行。

從張謇短短的一段「敬對」中三次聽到「先帝」一詞，載灃想來對張謇「第一印象」不錯，於是說話也口角春風。「辦事辛苦，名譽甚好」，說明當時「張謇」這個名字不僅早已從「黑名單」上被撤下，而且很可能還上了相反的一份名單。上月「皇族內閣」成立前，鄭孝胥在上海聽到傳言，說他本人或張謇可能出任「新內閣秘書長」[72]。這次召見前張謇自己也聽說端方要奏請載灃授他一個「賓師之位」。但張謇這時已無意為之──「皇族內閣」的成立讓他太失望了，所以他在被召見前就對載澤和載灃的兩個弟弟載洵、載濤（時任軍諮府大臣）、徐世昌打招呼，說被「召見陳說民隱，是義分事，但此行以公推而來，必不可得官而去，召見後求勿涉及官祿，請先上達」[73]。果然載灃在召見時沒有「涉及官祿」，只是口頭表揚：「朝廷深為嘉慰。」但應該指出的是，載灃「深為嘉慰」的只是張謇的做實業、辦教育，而絕不會是令他頭痛不已的搞立憲，否則就無法解釋他不敢召開國會，也不能解釋他欽命的責任內閣竟成了「皇族內閣」。

張謇的「敬對」，中心意思是一句話：「雖不做官，未嘗一日不做事。」「仰報先帝拔擢之知」，既是事實（張謇是在光緒時中舉、中狀

---

72 《鄭孝胥日記》（第三冊），頁1313，1911年3月25日日記。

73 《嗇翁自訂年譜》，《張謇全集》（第六卷），頁873。

元的），也是一句載灃聽來舒服的話。「仰見攝政王延納之宏，耳目之不壅蔽」，自然也是諛詞，但載灃確曾有「延納之宏，耳目之不壅蔽」的記錄：三年前他上臺後毅然「延納」清室中少壯派的意見，下的第一個命令就是把炙手可熱的袁世凱趕回家，解除了「大清」的心腹大患。「今國勢危急」是張謇和載灃的共識，只是當時他們誰也沒有想到，「大清」的國勢已經危急到只剩下八個月壽命了。接著

> 王云：汝在外辦事多，閱歷亦不少，有話盡可說。因對：張謇所欲陳者，外交有三大危險期，內政有三大重要事。所謂三期者：一、今年中俄伊犁條約，二、宣統五年英日同盟約滿期，三、美巴拿馬運河告成，必有變故。所謂三事者：一、外省災患迭見，民生困苦，朝廷須知民隱及諮議局事；二、商業困難，朝廷須設法振作，金融機關須活；三、中美人民聯合。[74]

「有話盡可說」──載灃當即表現出了「延納之宏」。於是張謇說了他要「請攝政王注意、注意」的六件事：「外交有三大危險期」，「內政有三大重要事」。結合他日記、自訂年譜和事先寫的〈召見擬對〉來看，他的「因對」中值得注意的也有六點：

其一，他當天日記很長，詳細記載了攝政「王云」和他的「敬對」、「因對」，但沒有一字提到當時已經拉開序幕的四川保路運動（清廷官方說法是「四川抗路事」），特意準備的〈召見擬對〉裏也一字不提。是他當時還沒有認識到這場運動的嚴重性因而沒對載灃說？還是他認為不便當面對載灃說？應該說兩種可能都有。但他晚年的自

---

74 《張謇全集》（第六卷），頁651，宣統三年（1911）六月十七日日記。《嗇翁自訂年譜》作「謇所欲陳者」。

訂年譜（編於一九二三年上半年）裏卻有這樣的記載：在召見最後，他對載灃說：「四川鐵路收歸國有，須寬恤民隱。」[75]

其二，從他提出的外交方面這三件事來看，他在做實業、辦教育和搞立憲之餘，對當時「大清」外交和國際形勢都頗有研究，而且視野遠及十萬八千里之外的巴拿馬運河，可見包括他在內的立憲派上層人士志向遠大。

其三，在他提到的外國中，他最不放心的是日本。關於英日同盟，他認為「日之連英計劃全注射於中國；倘若接續同盟，於中國非常危險」。他提到的巴拿馬運河也涉及日本，因為在他看來，「宣統七年為美國巴拿馬運河開通之期；日本為爭太平洋權力起見，必設法在宣統七年之前，竭力擴張在中國之勢力，或有意外舉動」。可見半年後他反對孫中山等向日本借款（見下文），並非偶然。

其四，在外交方面，他當時屬於「親美派」，認為「現在中國只有聯合美國為外交最要之策」。不過他說的外交，主要指人民外交、實業外交，因為「政府組合，或有第三國之干涉，不如人民組合靈活穩便。且實業共同，較之空言結納，尤有用處」。因此他在內政方面說的第三件事即「中美人民聯合」，實際上指中美商人合作辦實業。他這次到北京所要辦的「組織遊美商團」事，就是為此開個頭。

其五，他說內政問題時雖然也提到憲政，如「人民生計缺乏，則憲政無由進行」、「重視民生，各國方信朝廷實意立憲」、「須得各督撫重視輿論，方足宣朝廷之德意；又須朝廷體察民隱，方能得輿論之真相。但得民心不失，則內政可修，外患尤可漸弭」等[76]，但沒有提到敏感的開國會問題。

75　《嗇翁自訂年譜》，《張謇全集》（第六卷），頁874。

76　〈辛亥五月十七日召見擬對〉（1911年6月13日），《張謇全集》（第一卷），頁163、164。

其六，他沒有流露對不符「祖制」的「皇族內閣」的不滿，也沒有提出要「重用漢大臣之有學問閱歷者」，更沒有說「勿以國為孤注」之類「痛切」的話。總之，絲毫沒有提到來北京前他與「湯壽潛、沈曾植、趙鳳昌諸君」合寫的這封信。如果他到北京前確有一封給載灃的信，也確實託人給載灃帶了話，為什麼現在有了如此「寶貴」的「舉以為聖主告也」的機會卻不提一字？是否出於對載灃說話要注意策略、留有餘地的考慮？

聽罷張謇的滔滔不絕，載灃的反應只有十六個字：「都是要緊，汝說得極是，與澤公商量辦去。」前九個字屬於「正確的廢話」，實際意思與他的祖先習慣說的「知道了」沒什麼兩樣。「澤公」即載澤。據溥儀說，在「皇族內閣」中，「分成慶親王奕劻等人的一夥和公爵載澤等人的一夥。給我父親出謀劃策以及要權力地位的，主要是後面這一夥」[77]。載灃讓張謇「與澤公商量辦去」而不是「與慶王商量辦去」，表明在奕劻與載澤的爭鬥中，他是站在載澤一邊的。

召見持續了三刻鐘。從以上引的「王云」來看，載灃沒說幾句話。說話少是載灃的特點之一，據溥儀說，李鴻章的兒子李經方出使外國前向載灃請訓，李經方出來後對人說，「王爺見了我一共就說了三句話」：第一句是「你哪天來的？」第二句是「你哪天走？」第三句是「好好，好好地幹，下去吧！」[78] 這麼看來，張謇還算是幸運的，因為那天載灃說了四句話，而且與載灃對李經方說的相比，這四句話還比較長一些，比較有內容一些。只是不知張謇說的「三大危險期」、「三大重要事」，他是否聽進去了？可以斷定的是，言者諄諄，聽者昏昏，處理這些國內外大事，遠遠超出了這位當時只有廿九歲的王爺的能力。

---

77 愛新覺羅・溥儀：《我的前半生》，頁24。

78 愛新覺羅・溥儀：《我的前半生》，頁27。

　　除了被載灃召見之外，張謇在北京期間還拜見了很多權貴，其中
拜見奕劻和盛宣懷時的談話留下了一些記錄，都值得一讀。

　　拜見奕劻是六月九日的事。奕劻（1838-1917）出身並不顯赫，
但很會巴結慈禧，結果自然是「好風憑藉力，送他上青雲」，早在張
謇中舉前一年（一八八四年）就混上了總理各國事務衙門大臣的位子
並被封為慶親王。「庚子事變」後因處理善後「有功」進入軍機處，
不久升任首席軍機大臣。載灃上臺後改革官制並建立所謂責任內閣，
首席軍機大臣就變成了內閣總理大臣。這位王爺時年七十四歲，卻老
當益「丑」，是當時「中央領導」中「腐敗第一人」，以貪贓枉法、賣
官鬻爵著稱。一個御史彈劾他「自任軍機，門庭若市，細大不捐，其
父子起居飲食車馬衣服異常揮霍……將私產一百二十萬兩送往東交民
巷英商匯豐銀行存儲」（武昌起義後幾天，當時還在清華讀書的吳宓聽
說「諸大佬皆謀自逃之計，慶王首向大清銀行提出金幣三十萬兩」[79]，
可見並非空穴來風），另一個御史彈劾他「收壽禮十萬兩，花一萬二
千兩買了一名歌妓送給他兒子」，結果「一個御史被斥回原衙門，一
個御史被奪了官」[80]，可見這位王爺氣焰之盛。但就是這樣一個「腐
敗分子」，這樣一個連溥儀都要謚他為「謬」、「丑」、「幽」、「厲」的
姦臣，張謇到北京後第二天就上門謁見，也許在他看來這也是「不可
省之周旋」吧。

　　與「四川抗路事」一樣，張謇當年日記裏一字不提拜謁奕劻的情
況（從史料價值看，張謇日記遠不如他恩師翁同龢日記和他朋友鄭孝
胥日記），但在自訂年譜裏有一段記載。據張謇說，拜見時他先說了
「東三省之重要危迫，亟宜強力自營，不當聽人久久酣睡」，提請朝

79　《吳宓日記》第一冊，頁160，一九一一年十月十五日日記。

80　愛新覺羅・溥儀：《我的前半生》，頁18。

廷注意日、俄對東三省的野心,並要在資金上幫助東三省,「不可掣其肘」;然後

> 復為言國民疾苦之甚,黨人隱忿之深,王處高危滿溢之地,丁主少國疑之會,誠宜公誠虛受,惕厲憂勤,不宜菲薄自待,失人望,負祖業。語多而摯,王為掩面大哭。於此見此公非甚昏愚,特在廷阿諛者眾,致成其闒茸之過,貪黷之名,可閔哉![81]

「黨人」指革命黨人,「丁」是遭遇的意思,「公誠虛受」即開誠布公、虛心接受,「惕厲」出自《易經》,意思是危懼,「誠宜惕厲憂勤」就是說要有憂患意識,奮勉努力。張謇以往可能在什麼公開場合見過奕劻,但兩人沒有任何交往。換言之,他可能認識奕劻,奕劻肯定不認識他。這些年他雖然因辦實業的關係與奕劻的兒子載振有幾次接觸(一九〇四年被賞「商部頭等顧問官」就出自時任該部尚書載振的主意),但他對這個連自己名字都寫錯的「貝子」(把「載」誤寫為「戴」)是根本看不上眼的。因此,他是否會對奕劻說這些「多而摯」的話(「失人望,負祖業」其實是「嚴而厲」的話),奕劻聽了這些話後,是否會當著一個陌生人「掩面大哭」,實在大可懷疑。張謇對載灃說話比較溫和,留有餘地,對奕劻說話是否會如此嚴厲、不講分寸,似乎也可以打個問號。不過有一點可以肯定:他對奕劻的憐憫是根本站不住的:奕劻的「闒茸之過」(「闒茸」是品格卑鄙的意思)、「貪黷之名」,難道都是眾多「在廷阿諛者」「致成」的麼?即使奕劻確實「掩面大哭」,淚水也不能洗刷他的污跡乃至罪行。

張謇日記裏也一字不提拜見盛宣懷的情況,只在自訂年譜裏留下

---

81 《嗇翁自訂年譜》,《張謇全集》(第六卷),頁874。

一段記載。從這段記載來看，拜見盛宣懷不是張謇的主動行為，而是應載澤之約去的。時間很可能就在他被載灃召見的同一天（六月十三日），因為據鄭孝胥日記，那天下午他剛到北京，即「以電話詢盛宮保在宅否，答云，方燕客，請即往。遂往，晤季直、庸生、翼之、季興等，歸已十二點半」[82]，可見張謇這天在盛宣懷那裏。張與盛關係不好，因為，一、從歷史淵源看，盛是李鴻章的人，而他是翁同龢的人。李翁不和，他們的門生即使沒有鬧得不可開交，關係也不會好到哪裏；二、張認為盛是反對立憲的，曾在日記裏說他是「小人」[83]；三、盛積極主張鐵路收歸國有，而張當時是堅決反對這項政策的。所以如果沒有載澤約請，張到北京不會主動去見盛。從前面提到的張謇這次到北京後被宴請的日程也可看出兩人的關係，他們是「大同鄉」（盛是江蘇常州人），但張謇到北京，盛既沒有「招飲」，也沒有「送席」。

載澤約張謇去見盛宣懷的目的是商議「收四川鐵道國有方法」，同時大概也想藉此機會聽聽張謇這個「在外辦事」、「名譽甚好」的江南名紳對鐵路國有政策的看法吧。據張謇回憶，那天見面時，

> 盛以調查川人用於鐵道工款中為川紳所虧者三百餘萬，政府不應受此虧數，應以實用者給還川人。余曰：「輸出者川之人民，虧挪者川之紳士，當然一面查追紳士，一面允給川人。」盛主在給數中扣出。澤公復問余，余曰：「如所言非嘗非理，但甲商與乙商言，當如是。政府與人民有涵覆之義，且收民路歸國有，政策也；政策以達為主，不當與人民屑屑計利。且聞

82　《鄭孝胥日記》（第三冊），頁1325，宣統三年五月十七日（1911年6月13日）日記。
83　張謇光緒三十一年（1905）十月一日日記：「得陶齋（端方）復訊，憲事幾為盛敗，可恨。小人不用，承家之要。」《張謇全集》（第六卷），頁559。

川人爭路款，頂戴先帝諭旨，勢洶洶而意未悖，尤須審慎。」
澤公無言。[84]

　　這段話中的「且聞川人」這一句在時間上有問題。所謂「先帝諭旨」，指四川立憲派在保路運動高潮時從以往光緒上諭中摘錄出來的兩句話：一句是「庶政公諸輿論」，一句是「鐵路準歸商辦」。當時他們把這兩句話印在黃紙條上分發給成都各家各戶，讓老百姓像對聯一樣貼在自家大門上。他們還在成都街道上絜起了供奉光緒的「皇位臺」，兩側也寫有這兩句「先帝諭旨」。至於川人「頂戴先帝諭旨」，可能也有一些，人數恐怕不會多。由於這兩句話是「先帝諭旨」，所以川人就像有了「護身符」一樣，「勢洶洶而意未悖」。在張謇與盛宣懷、載澤等一起討論「收四川鐵道國有方法」這天，四川保路運動雖已拉開序幕，但還沒有進入高潮，事實上這一天保路同志會都還沒有成立（六月十七日成立）。從現有資料來看，四川立憲派是從八月廿四日開始打出「先帝諭旨」這張牌的，而張謇早在八月四日就離開北京了。這意味著即使張謇與盛宣懷等人的會晤不是在六月十三日，他也根本不可能在談話中說起所謂「先帝諭旨」。

　　至於張謇說的「政策以達為主，不當與人民屑屑計利」，事涉清政府的鐵路收歸國有政策。關於這項政策（計劃），蔣廷黻有如下一說：

　　……清廷宣佈鐵路國有計劃，給了革命黨人一個很好的宣傳的機會。那時待修的鐵路，以粵漢、川漢兩路為最急迫，困難在資本的缺乏。四川、湖北、湖南諸省的人民乃組織民營鐵路公司，想集民股築路。其實民間的資本不夠，公司的領袖人物也

84　《嗇翁自訂年譜》，《張謇全集》（第六卷），頁874。

有假公濟私的，所以成績不好，進行很慢。郵傳大臣盛宣懷乃
奏借外債修路，把粵漢、川漢兩路都收歸國有。借外債來建
設，本來是一種開明的政策，鐵路國有也是不可非議的，不過
盛宣懷的官聲不好，滿清已喪失人心，就是好政策，人民都不
信任。何況民營公司的股東又要損失大利源呢？因以上各種原
故，鐵路國有的問題就引起多數人的反對，革命黨又從中煽
動，竟成了大革命的導火線。[85]

　　蔣廷黻這裏說到了三個省，由於張謇和盛宣懷爭論的只是四川鐵
路，所以下面僅就四川鐵路情況做些簡單說明。
　　四川鐵路公司成立於一九〇四年，其所募集的「民股」，主要來
自「租股」：「凡業田之家⋯⋯收租在十石以上者，均按該年實收之
數，百分抽三。」由於採用這樣的集股方法，所以按照胡繩的說法，
「四川全省的大小地主形式上都成了公司的股東」。關於「公司領袖
人物」的「假公濟私」，據胡繩說，公司大約募集到一千六百多萬元
資金，但到清政府宣佈實行鐵路國有政策時，現款只有六百三十多萬
元，歷年支出的一千萬元根本無法算清，實際上「公司的收支是一筆
算不清的糊塗賬」[86]。據李新說，到一九一一年六月，公司實收股本
總計一千六百七十萬兩，其中「租股」占百分之七十一。李新沒有說
當時公司還有多少錢，但提供了一個事例：一九〇六年五月，公司已
募集到五百餘萬兩資金，但到該月底結帳時，存款僅一百四十三萬
兩，約近四百萬兩資金「除由銅元局及兵費挪用大部分外，餘皆由公
司中的官紳中飽和浪費了（開局請客一次，酒席費竟在三千兩以

---

85 蔣廷黻：《中國近代史》，頁169、171。
86 胡繩：《從鴉片戰爭到五四運動》（下冊），頁972、973。

上）」[87]。蕭功秦提供了兩個數據，一是公司收到路款「約一千萬元」，被「貪污挪用達二百餘萬元之巨」；一是公司「總共募集了一千四百萬兩的股款」，其中被挪用到上海錢莊從事投機而虧空「三百萬元」[88]。關於公司的「成績」，胡繩說，四川這個大省「直到一九四九年中華人民共和國成立時一寸鐵路都沒有」，建鐵路「始終只是紙上的計劃」[89]；李新說，四川鐵路完成了三十餘里；而據蕭功秦提供的資料，到一九〇九年，包括四川在內的全國五個地方所建造的鐵路，總共只有八十九里！至於「借外債來建設」、「鐵路國有」的必要性，不要說在今天看來已不成問題，早在民國初年就被孫中山等認可和接受了，所以這裏不提也罷。

但正如蔣廷黻說的，「盛宣懷的官聲不好，滿清已喪失人心，就是好政策，人民都不信任」，何況實行鐵路國有，「民營公司的股東又要損失大利源呢」？於是隨著五月九日鐵路國有政策的頒發和隨後實施辦法的出臺[90]，四川、湖北、湖南等省相繼發生了聲勢浩大的保路運動即清廷所謂「抗路事」。其中四川情況最嚴重，因為該省鐵路公司虧損情況最嚴重，所以按照鐵路國有的實施辦法，該省最「吃虧」。焦點則集中在怎樣處理「鐵道工款中為川紳所虧者三百餘萬」。從張謇所引盛宣懷的話來看，盛的意見顯然是商人做派。在商言商，盛的意見也許並不錯，這也是張謇所承認的：「（盛）所言非嘗非理，但甲商與乙商言，當如是。」但從政治層面看，盛的意見就大有問題

---

87 李新：《中華民國史》（第一編上冊），頁197、194。

88 蕭功秦：〈清末「保路運動」的再反思〉，《戰略與管理》一九九六年第六期，頁2、8。

89 胡繩：《從鴉片戰爭到五四運動》（下冊），頁971、972。

90 這些辦法主要集中在〈遵籌川粵漢幹路收回辦法折〉（五月度支部督辦鐵路大臣會奏），參閱《盛宣懷年譜長編》，頁928-929。鄭孝胥對這些辦法可能提供了部分意見，見本書第二篇。

了。蕭功秦就此評論說：「政治決策的邏輯並不等同於經濟的邏輯。……從某種意義上說，商人需要的是精明的斤斤計較，而政治家則恰恰需要的是在『識大體』基礎上的『模糊』，需要著眼於政治上的大局。質而言之，需要的是一種『大智若愚』的胸襟。」[91]與盛的商人做派相比，張說的「四川鐵路收歸國有，須寬恤民隱」、「政府與人民有涵覆之義，且收民路歸國有，政策也；政策以達為主，不當與人民屑屑計利」，顯然就高明多了。但這些話究竟是當時說的還是以後說的，值得進一步研究。

張謇對「四川抗路事」的意見，概言之就是對川人作些讓步，而「尤須審慎」則是他對清廷的警告。但他說了之後，「澤公無言」。「無言」的背後呢？張謇是知道的。事實上盛宣懷、載澤和載灃當時都對「四川抗路事」持強硬態度，而幾天前在「福全館」為他洗塵的端方，已被任命為川漢、粵漢鐵路督辦大臣，再過半個月就要帶兵進川了。

以上就是張謇在「國勢危急」之際對「大清」當時第一、第二號人物和另一位焦點人物（盛宣懷）當面陳述的意見。他對與自己比較談得來的端方等人肯定也有陳情，有些話可能說得更具體、更明確，可惜沒有留下記載。

除此之外，張謇在這期間還有兩篇文章值得一提。

一篇是六月十九、廿、廿三日《申報》連載的〈諮議局聯合會請閣臣宣佈借債政策呈都察院代奏稿〉。這篇〈代奏稿〉針對五月四日和廿日頒發的兩道上諭（前者批准內閣借債以「改定幣制、振興實業以及推廣鐵路」，後者批准內閣在川漢、粵漢鐵路借款合同上簽字），要求皇上收回內閣的借債政策，並質疑鐵路國有和借債造路政策：

---

91 蕭功秦：〈清末「保路運動」的再反思〉，《戰略與管理》1996年第6期，頁11。

「中國幅員之廣，鐵路何以必須國有，鐵路何以擯斥民款，而純借外債以收回之？……以外債造鐵路，終必以鐵路受外債之害，路未成而本息已無所出。」[92]這些意見可以說是張謇六月十三日在盛宣懷那裏不便說的話。值得指出的是，半年後他就改變了自己的觀點，認為「鐵路國有政策，本不為非」[93]，只是盛宣懷把事情搞壞了。

　　一篇是〈請新內閣發表政見書〉。這份〈政見書〉沒有見報，從標題看，可能是提交給都察院或資政院的；從內容看，提交日期當在七月九日之後。其中指出：「東西各國，凡新內閣成立之日，必當發表政見；方針既定，庶政即循是進行；故能上下一心，無所牴牾。今兩月之間，（新內閣）寂無表見，何以新外人之耳目，慰士民之屬望？」因此「為國家計，為王爺計，為協理大臣計，為各部大臣計」，要求新內閣「一、請發表政見，刷新中外耳目；二、請實行閣部會議制度；三、請與國務大臣並開幕府，遴闢英俊」[94]。這些意見表明，至少在當時，張謇對以奕劻為首的「皇族內閣」雖有不滿，但還是抱有一定希望的。

　　這兩篇文章也可以視為在「國勢危急」之際「謇所欲陳者」。

工程營地火作，即長亙數十丈

　　說來也奇怪，這些年張謇每次去北京，國家都發生了非同尋常的大事，區別僅僅在於有的發生在他到北京後，有的發生在他離開北京後：一八九四年他到北京，不久爆發了甲午戰爭；一八九八年他到北

92　〈諮議局聯合會請閣臣宣佈借債政策呈都察院代奏稿〉（1911年6月），《張謇全集》（第一卷），頁167。

93　〈為漢冶萍借款致孫總統、黃部長函〉（1912年），《張謇全集》（第一卷），頁239。

94　〈請新內閣發表政見書〉（1911年7月），《張謇全集》（第一卷），頁171。

京，不久開始百日維新，離開北京後不久發生了戊戌政變。這次去北京也是如此，只不過在他離開時事情還沒有發生而已。

張謇這次在北京一直忙到八月四日才啟程回南（其間有半個月去東北考察商務），沿途先去天津、煙臺參觀、考察，在上海又住了幾天，到南通已是十九日了。在接下去的一個多月裏，他還是照例地忙，忙到九月廿三日，他乘船去上海。在上海又忙了一個星期，卅日晚上乘船去武漢。這是他今年第二次去武漢，距離上次到武漢，還剛剛過了四個月。

張謇這次到武漢的目的是主持一件喜事：上次到武漢議定租辦的大維紗廠要舉行開機典禮。十月三日下午六時抵達漢口後，他隨即過江到武昌大維紗廠辦事。做事踏實、事必躬親是他的風格，當年建造師範學校，連「廁所坐須改低」、地板「隔柵須加密，板下須柏油」等小事他都考慮到了[95]，可見張之洞說他「實心任事」，實在不算過譽。接下來三天他辦妥了所有應辦事宜，再接下來十天日程如下：

七曰：這天大維紗廠開機，他「普宴武昌諸官」。根據多年辦實業的經驗，他知道要辦好一家廠，先要「通官商之情」，一旦把「商之情」與做官的「通」了，接下來事情就好辦了。

八曰：這天他仍然是「普宴」，但請的對象是「武漢諸紳」，人數肯定要比昨天請的「武昌諸官」多，不知當時武漢最大的酒樓一次能請多少客人？這一天他還對大維紗廠人事作了安排。

九曰：這天他赴了兩個飯局，中午是湖北諮議局議長湯化龍等一批搞立憲朋友請，晚上是老朋友請。還買了兩隻孔雀，向朋友討了兩隻錦雞，令人送到他創辦的南通博物苑。

十曰：這天早晨他起來後聽說，武漢「各城俱閉」。後來獲悉，

---

95 〈教育手牒〉，《張謇全集》（第四卷），頁226、227。

「昨夜十時半漢口獲革命黨人二，因大索，續獲憲兵彭楚蕃與劉汝奎
及楊洪勝（開雜貨鋪），晨六七時事訖」。「大索」指大肆搜捕。但既
然「事訖」，城門也於十時開放，他還是按照計劃，到漢口一家紙廠
去看朋友。晚上依然是飯局，不知是他的告別宴會，還是朋友為他餞
行。席設「海洞春」，當地的一家老字型大小酒樓。一番杯觥交錯之
後，他於晚上八時登上了日本輪船公司「襄陽丸」船，隨即極為幸運
地看到了具有偉大歷史意義的一幕：

> 武昌草湖門火作，蓋工程營地火作，即長亙數十丈，火光中時
> 見三角白光，殆槍門火也。聞十八日夜搜得黨籍後續獲二十餘
> 人而未已，餘黨不安，遂爾反側歟。十時舟行，行二十里猶見
> 火光。[96]

　　草湖門是打響武昌起義第一槍的湖北新軍第八鎮工程第八營營
地。據參加起義的新軍戰士回憶，那天晚上的大火約七點多開始燃
起，到張謇看見，當然已「長亙數十丈」了。
　　十日的張謇日記是一篇珍貴的資料。在本書介紹的這些人物中，
目睹武昌起義開始這一幕的，惟有張謇一人。從全國範圍看，在武昌
起義前就有大名並看到這場「長亙數十丈」大火的也只有兩個人：張
謇和當時湖廣總督瑞澂。不知張謇七日那天「普宴武昌諸官」，瑞澂
是否「蒞臨指導」？可以肯定的是，十日晚上的熊熊烈火，瑞澂不僅
看到了，而且比張謇看得更真切。但火勢起後不久，他就鑽過總督府
剛剛鑿出的一個牆洞，逃到停泊在長江上的「楚豫」號兵艦。當時他
嚇得實在不輕，不可能記下什麼了。

---

96 《張謇全集》（第六卷），頁658、659，宣統三年（1911）八月十九日日記。

　　另有兩個重要人物也看到了這場大火，可惜都不符合「在武昌起義前就有大名」這個標準，所以不能與張謇、瑞澂相提並論。一個是駐武漢新軍第八鎮標統張彪，他當時是湖北軍界的頭，但從全國範圍來看還上不了檯面。一個是湖北新軍第廿一混成協協統黎元洪，他在起義前籍籍無名，起義那天躬逢其盛，起義後才「暴得大名」。

　　還有一個「可疑分子」岑春煊。他不僅在武昌起義前就有大名，而且名氣比張謇、瑞澂大得多。他肯定聽到了武昌起義的槍聲，但不一定看到這場「長亙數十丈」大火。九月十五日，他因「威望素著，前任四川總督，熟悉該省情形」而被朝廷派往四川「會同趙爾豐辦理剿撫事宜」，他卻遲遲不行，十月十日還住在漢口他弟弟家裏。據他自己說，「是夕已聞瑞澂潛遁，槍聲不絕，余仍安臥，至黎明出城買舟渡江，乘輪東下」[97]。「買舟渡江，乘輪東下」是事實，至於「槍聲不絕，余仍安臥」，只有天曉得了。

　　所以按照在武昌起義前就有大名並看到這場「長亙數十丈」大火這兩個標準來衡量，張謇這天的日記可以說是當時名人對武昌起義的「獨家報導」。

　　張謇雖然在第一時間看到了武昌起義的熊熊烈火，但猶如他在「火光中見三角白光激射，而隔江不聞何聲」（其實是槍聲——引者）一樣，他當時還不可能認識到這場大火的歷史意義，也不可能認識到這場大火意味著他搞了這些年的立憲運動的徹底破產。也許在他看來，這場大火只是一次規模較大的兵變而已。

　　十一日：晚上九點，「襄陽丸」抵達安慶。他因與安徽巡撫朱家寶有約要討論「導淮事」（治理淮河事，與他辦的墾牧公司有關），遂下船住進當地的「迎賓館」。不知他睡下時是否想起昨晚的那場大

---

97 岑春煊：《樂齋漫筆》，頁36。

火？從他明天一早就去見朱家寶來看，當時他即使想起，也還沒有意識到事情的嚴重性。

十二曰：早上九點，他去拜會朱家寶說「導淮事」[98]，隨後看到了武漢來電，「知武昌以十九日（十月十日）夜三時後失守，督（瑞澂）避登『楚豫』兵輪」。這時他才覺得事情有點不妙了。晚上十點，他換乘「江寬」輪東下，「舟中避兵人極多，無榻可棲，棲船帳房」[99]。這些年外出他經常乘船，但睡在船上帳房間還是第一次。當晚他是躺在寫字臺上還是拼幾張椅子當床？他日記裏沒有說，但肯定沒睡安穩。

十三曰：這天他在船上遇到兩個朋友，「益知十八、十九兩日之情形，知禍即發於按籍大索。自黃花崗後，革命風潮日激日厲，長江伏莽滋多，終有暴烈之日，大索但促之而已」[100]。所謂「按籍大索」，指瑞澂和張彪在十八日（十月九日）晚上得到參加革命黨的新軍名單後，立即派人去各兵營按名單抓捕。如果沒有這次「按籍大索」，武昌起義可能推遲幾天。「黃花崗」指當年四月廣州黃花崗起義。「伏莽」出自《易・同人》，原指伏兵隱藏在草叢之中，這裏指潛伏的革命黨人。這段話雖然出自他晚年回憶，但符合當時的情況。當天晚些時候「江寬」輪抵達南京，他住進自己曾參與設計的江蘇諮議局公寓。

十四曰：他不顧旅途勞累，拜見了江寧將軍鐵良，讓他與時任兩

98　張謇在日記和年譜裏對此事說法不一。日記說那天「晨九時詣朱經田中丞，說導淮事」，見《張謇全集》（第六卷），頁659，宣統三年（1911）八月二十一日日記。年譜說那天「勢處大難，無暇更說導淮事矣」，《張謇全集》（第六卷），頁875。這裏以日記為準。

99　《張謇全集》（第六卷），頁659，宣統三年（1911）八月二十一日日記。

100　《嗇翁自訂年譜》，《張謇全集》（第六卷），頁875。

江總督的張人駿一面「合力援鄂」,「一面奏請速頒決行憲法之諭」。以往他與這位鐵將軍打過交道,一九〇四年他在南京拜見時任兵部侍郎的鐵良,「聞其言論甚明爽,不減陶齋(端方),而凝重過之」[101],一九〇六年鐵良升任陸軍部尚書後,他曾去信談論時政,認為「立憲不可復緩」等。但是在這天,「言論甚明爽」的鐵良不見了,他看到的是一臉「凝重」的鐵良。鐵將軍說,此事要和張人駿商量。

　　十五曰:他去拜見張人駿,把昨天對鐵良說的話又說了一遍,然而這位總督老爺不僅「大否之」,而且「大詆立憲,不援鄂,謂瑞(澂)能首禍,自能了,不須人援」。當著他這個立憲派領袖的面「大詆立憲」,張人駿真是一點面子都不給,也缺乏起碼的禮貌。但是「大敵當前」,他也顧不上這些了,「屈己下人」地對張人駿說:「武昌地據上游,若敵順流而下,安慶又有應之者,江寧危矣!」張人駿說:「我自有兵能守,無恐。」既然如此,他思忖「再說無益」,只能走人,內心很是憤懣:「其無心肝人哉!」「嗚呼!大難旦夕作矣!人自為之,無與於天。然人何以憒憒如此,不得謂非天也」[102]。「大難」是「人作孽」而不是「天作孽」,自然是無藥可救,然而張人駿這種封疆大吏竟然昏聵到這種地步,卻不能不說是天數。其實張人駿的昏聵是有名的,任兩江總督後他曾對人說「國會與責任內閣二者終不解為何事」[103]。值得一提的是,約半個月後,張人駿也承認自己「憒憒」。當時駐南京清軍(張勳的「辮子軍」)為抵抗革命軍進攻,挾持他出來督戰。他號啕大哭,說「我作總督,糊塗而來,本無主見,今更一籌莫展,聽諸君為之,但求將我送至下關耳」[104]。下關

101　《張謇全集》(第六卷),頁540,光緒三十年(1904)十月十五日日記。

102　《嗇翁自訂年譜》,《張謇全集》(第六卷),頁876。

103　宣統二年九月七日《時報》,見李新:《中華民國史》(第一編下冊),頁90。

104　《嗇翁自訂年譜》,《張謇全集》(第六卷),頁876。

指南京下關碼頭，此句意思是要乘船逃離南京。用張人駿這種昏人做總督，「大清」不亡真是「無天理」了。

這天他還給趙鳳昌寫了一封信：「因鄂變而沿江風鶴之警甚多，然皆意中事。政府造成，無可言者。」[105]「鄂變」是「政府造成」的，這一點他看得很清楚，但他還是要讓鐵、張「合力援鄂」，可見他雖然在鐵良和張人駿那裏碰了釘子，還是堅定地站在政府這一邊，只是「怒其不爭」而已。

這種「怒其不爭」的想法與他這些年保守的政治立場是一致的。戊戌年到北京，他「聞康有為與梁啟超諸人圖變政」，並「曾一再勸勿輕舉，亦不知其用何法變也」[106]。對當時這些風雲人物，他印象大多不佳。「康（有為）本科進士也，先是未舉，以監生至京，必遍謁當道，見輒久談，或頻詣兄，余嘗規諷之，不聽。……往晤，見其僕從伺應，若老大京官排場，且賓客雜沓，心訝其不必然，又微諷之，不能必其聽也。」[107]對譚嗣同，他的評價是「好奇論，居恒常願剪髮易服效日本之師泰西，不知波蘭、印度未嘗不剪髮而無補於亡也。又常創雜種保種之說，謬妄已甚」。對林旭，他的評語是四個字：「喜新豎子」[108]。應該指出的是，對譚、林兩人，他是在獲知他們被砍了腦袋後寫下這些文字的。他能「憐憫」有「闒茸之過，貪黷之名」的奕劻，對譚、林被殺卻沒有任何同情的表示，可見他的立場和感情所在。以後搞立憲，他屬於「主緩派」，認為「立憲大本在政府」，人民則應少說多做——做實業、辦教育。得知朝廷決定提前三年開國會，他為自己可以不去北京請願而感到欣慰。因此在武昌起義爆發後的最

---

105 〈致趙鳳昌函〉（1911年10月15日），《張謇全集》（第一卷），頁174。
106 《嗇翁自訂年譜》，《張謇全集》（第六卷），頁858。
107 《嗇翁自訂年譜》，《張謇全集》（第六卷），頁858。「兄」指張謇的哥哥張詧。
108 《張謇全集》（第六卷），頁414，光緒二十四年（1898）八月十五日日記。

初階段，他把革命黨人稱為「敵」，並讓鐵、張「合力援鄂」，實在是很自然的事。

十六日：這天他從南京抵達蘇州，隨即去拜訪以後被稱為「辛亥反正第一人」的江蘇巡撫程德全。程之前是奉天巡撫，去年剛調到江蘇，在清末督撫大員中也算一個有點新思想的人。程安排他住進一家旅館，隨後兩人就當前局勢作了一番密商。他提出的「速布憲法開國會之議」以及另外一些設想，程完全同意，「屬為草奏」，即讓他以江蘇巡撫（後來再加上山東巡撫孫寶琦）名義給朝廷寫篇奏稿。他「倉卒晚膳」後即和兩個助手一起動筆，一直寫到晚上十二點才完稿，題為〈代魯撫孫寶琦、蘇撫程德全奏請改組內閣宣佈立憲疏〉。「因睡遲，澈夜不寐」──輾轉反側，他在想什麼？是戰火中的武漢大維紗廠？還是暫時平靜的石頭城裏的鐵將軍和張總督？抑或是墨蹟未乾的這篇〈代疏〉？按照心理學所謂近因效應，他當晚「不思量、自難忘」的首先應該是這篇〈代疏〉，更何況他還在其中借別人之口，說了他四個月前在北京想說而不便或不敢說的話。

〈代疏〉開頭指出，面對當前危急形勢，「必須標本兼治：治標之法，曰剿曰撫，治本之法，不外同民好惡，實行憲政。……臣等受國厚恩，忝膺疆寄；國危至此，無可諱飾；謹更披瀝為我皇上陳之」：

> 今若用治標之法，必先用剿。然安徽、廣州之事，既再見三見，前仆後起，瞀不畏死。即此次武昌之變，督臣瑞澂鳳抱公忠，其事前之防範，何嘗不密？臨時之戒備，何嘗不嚴？而皆變生倉卒，潰若決川；恃將而將有異心，恃兵而兵不用命。即使大兵雲集，聚黨而殲，而已見之患易除，方來之患仍伏；有形之法可按，無形之法難施。以朝廷而屢用威於人民，則威

褻；用威而萬有一損，則威尤褻。是剿有時而窮。繼剿而撫，惟有寬典好言。寬典則啟其玩，好言則近於虛；縱可安反側於一時，終難導人心於大順。況自息借商款，昭信股票等事，失信於人民，已非一端。今欲對積疑懷貳之徒，而矢以皎日丹青之信，則信已褻；不信而有違言，則信尤褻。是撫亦有時而窮。故臣等之愚，必先加意於治本。

「安徽、廣州之事」，前者指一九○七年六月徐錫麟等在安慶刺殺安徽巡撫恩銘、攻佔軍械局事，後者指黃花崗起義。「瞽不畏死」出自《尚書・康誥》，「瞽」是頑悍之意。「用威」即派兵鎮壓，「威褻」指損害軍威。昭信股票是清政府在一八九八年發行的一種國內長期公債，後因各級官吏強行攤派而導致全國怨聲載道，最後不得不停止發行。「積疑懷貳之徒」指革命黨人。這段話站在朝廷角度，分析了治標的剿、撫兩種手段，結論是它們都「有時而窮」即行不通，既然如此，自然只能「必先加意於治本」了。至於先要做的事情，〈代疏〉提了三條，「請宸衷獨斷」即請皇上（其實是載灃）決策：

先將現任親貴內閣解職，特簡賢能，另行組織，代君上確負責任。庶永保皇族之尊嚴，不致當政鋒之衝突。其釀亂首禍之人，請明降諭旨，予以處分，以謝天下。然後定期告廟誓民，提前宣佈憲法，與天下更始。[109]

「不致當政鋒之衝突」，意思是皇族不要出面組織內閣，以避免直接處於各種矛盾的風口浪尖上。「釀亂首禍之人」無疑指盛宣懷。

---

109 〈代魯撫孫寶琦、蘇撫程德全奏請改組內閣宣佈立憲疏〉（1911年10月），《張謇全集》（第一卷），頁175-176。

只是不知張謇在寫下「先將現任親貴內閣解職」時，是否還記得那位「可閔」的總理大臣？是否還記得四個月前「親貴內閣」大員對他的輪番「招飲」、「送席」？

沒有資料可以證明這篇〈代疏〉對載灃的決策產生了什麼影響，但事實是其中提出的三件事，載灃不久都做了。十月廿六日，盛宣懷被「奉旨革職，永不敍用」。十一月一日，「親貴內閣」被解職，袁世凱被授內閣總理大臣；十六日，袁世凱內閣成立。廿六日，清廷「告廟誓民」，答應「迅速編纂」憲法「並速開國會，以符立憲政體」。可見當時的張謇與載灃想到了一起。

總之，這篇〈代疏〉既是孫、程兩人「披瀝為我皇上陳之」，也是張謇「披瀝為我皇上陳之」，反映了他在目睹武昌起義爆發並瞭解了若干情況後的最初立場。當時的張謇無疑還堅持君主立憲，程德全就更不要說了。但事情就是這樣不可思議：一個立憲派領袖，一個清朝大員，七十七天後竟然雙雙入閣，加入中華民國南京臨時政府，張謇當了實業總長，程德全當了內務總長，再加上湯壽潛當了交通總長，使這個政府成了唐德剛所謂「拼盤中的拼盤」。當然，加入是有前提的，這就是——

幡然改悟，共贊共和

這是伍廷芳和張謇等人在十一月十三日致載灃電報中的一句話，也完全適用於張謇本人，因為武昌起義爆發還不滿一個月，他就「幡然改悟」，開始了從「立憲」到「共和」的轉變。

十月十七日，昨天「澈夜不寐」的張謇從蘇州來到上海，目的地是南洋路（今南陽路）十號——趙鳳昌住宅惜陰堂。這些年每次到上海，惜陰堂幾乎都留下了他的足跡。無論是做實業、辦教育還是搞立

憲，他都經常與竹君（趙鳳昌字）商量，因為這位前張之洞的高參，
方方面面關係很多（包括外國駐上海領事），識見實在不一般。有時
他乾脆就住在這裏，以便與竹君談個痛快。如今發生了「鄂變」這樣
的大事，怎能不聽聽竹君是怎麼說的？當晚他住在惜陰堂。

十八日，張謇從上海來到南京。接下來三天，他與江蘇諮議局一
些議員商量應對「鄂變」的辦法，但想來想去，覺得還是「立憲」這
張「老方子」最好，於是在廿一日，他讓江蘇諮議局「電內閣，請宣
佈立憲開國會」，似乎以為這樣一來，「大難」就能「藥到病除」了。

廿二日，張謇又去上海，「與竹君談」。這幾天他聽說皇族中個別
人有借外兵干涉的意圖，於是這天他起草了〈江蘇諮議局為阻借外兵
致各省諮議局電〉，呼籲各省諮議局聯合致電警告內閣：

> 鄂變踵川事而起，災荒之後，復見兵革，誠危急存亡之
> 秋。……苟慎外交，文明各國自無橫來干預之理；深懼或進邪
> 說，借助外兵，陷全國於必亡之地。遠鑒前明，近鑒亡韓，心
> 膽俱裂。人民與國家休戚相關，心所謂危，不敢不告……

然後他又寫信給上海各報館，要求登出這個電報：

> 敝局致各省諮議局電稿，請登大報。借助外兵，其害必至亡
> 國。此電不獨警告政府，亦將使武漢一方深維斯義。用請登報
> 公佈。[110]

---

110 〈江蘇諮議局為阻借外兵致各省諮議局電〉（1911年10月），《張謇全集》（第一卷），
頁177。

　　可見，在這「危急存亡之秋」，他雖然還站在朝廷一邊，但絕不能容忍「借助外兵」這種亡國主張，表現出了應有的愛國精神。第二天，《申報》登出了電報和來信。

　　接下來半個月，他頻頻往返於上海和南通，不時聽到一個個驚天動地的消息：

　　廿三日，「長沙、宜昌失守。」

　　卅日，「湘、晉、陝失。」

　　十一月一日，「各處兵變之訊日緊。灤州、保定、天津皆有所聞。」

　　六日，「上海為革命軍所據，蘇州宣告獨立，浙江同。」

　　其中給他震動最大的是上海、杭州和蘇州的光復。在上海，他熟悉的商界頭面人物虞洽卿、李平書和朱葆三等都迅速轉向共和；在杭州，浙人「擁」湯壽潛為都督；在蘇州，半個多月前還在與他密謀並一起「披瀝為我皇上陳之」的程德全，居然在巡撫衙門前掛上一塊「民國軍政府江蘇都督府」牌子，搖身一變也成了都督。朋友們都在「轉彎子」，他不轉看來不行了。

　　從現有資料來看，張謇最遲從十一月六日開始「轉彎子」，理由有二。其一，六日之前，他聽說一些地方光復，日記裏用的詞是「失守」、「失」和「兵變」，到六日，這些詞不見了，代之以「獨立」；此外，六日的日記裏還首次出現了「國民軍」一詞，而之前他對他們的稱呼是「敵」。其二，七日，他在給許鼎霖（當時是北京資政院議員）的回信中，首次提出要「和平解決」當前問題，「非共和無善策」。

　　張謇給許鼎霖的回信不僅是他開始「轉彎子」的標誌之一，而且解釋了他所以「轉彎子」的原因，值得一讀：

來教敬悉。所稱南北眼光，心理迥不相同，良非虛言。但謂就
此罷手，即可維持秩序，則實於南中情勢相反。果如公言，是
惟恐焰之不烈，而益之以膏，恐東南無一片乾淨土矣！南中大
多數之論曰：吾儕塗肝腦，迸血肉，乃為愛新覺羅氏爭萬世一
系之皇統乎？上海本商賈薈萃之地，凡商人皆具身家，無不愛
和平者。自聞漢口焚殺之慘，自士大夫以至苦力、婦孺，莫不
切齒思變。其時吾蘇若再遲疑，勢將釀極烈之暴動與絕大之恐
慌。此在南北各省皆然。所謂南北眼光不相同者，此其要點也。
……總之，現在時機緊迫，生靈塗炭，非速籌和平解決之計，
必至於俱傷。欲和平解決，非共和無善策。此南中萬派一致之
公論，非下走一人之私言。下走何力，豈能扼揚子之水使之逆
流！……[111]

　　許是他的老朋友，以往他們一起做實業，一起搞立憲，關係很
好。六月，他去北京，就是讓許到車站來接的。但從回信開頭冷冰冰
的「來教敬悉」這四個字來看，許在來信中很可能出言不遜，對革命
黨和開始轉向共和的南方立憲派頗有指責。所謂「南北眼光、心理迥
不相同」，指當時南方立憲派開始轉向共和，而北方立憲派仍然主張
立憲。「就此罷手」意思是南方不要再鬧了，到此結束。「益之以膏」
是火上澆油的意思。「吾儕塗肝腦，迸血肉」，主要指上海光復時革命
軍攻打江南製造局等事。「漢口焚殺之慘」，指馮國璋率領的北洋軍十
月廿七日攻佔漢口後的暴行。「吾蘇若再遲疑」這一句是解釋江蘇獨
立的原因。

　　從這封信可以看出張謇從立憲開始轉向共和的三個原因：

---

111 〈覆許鼎霖函〉（1911年11月7日），《張謇全集》（第一卷），頁188。

其一，「凡商人皆具身家，無不愛和平者」，上海商界一批頭面人物是這樣，他這個「身家」非凡的大資本家當然也是如此——戰火紛飛，怎能做實業？以他在武漢剛租辦沒幾天的大維紗廠來說，「二十日（十月十一日）被匪徒劫搶一次，二十五六日黨人索布及花仍促開工，而管理人及機工皆星散，不能作也」[112]。這些天他老家南通形勢也很緊張，以至於他十月廿六日在當地「商會會議立協防團事」[113]。因此他感到在「立憲」和「共和」這兩者之間「若再遲疑，勢將釀極烈之暴動與絕大之恐慌」，這樣他在南通等地的實業也「不能作也」，而「欲和平解決」當前問題，「非共和無善策」。

其二，清軍在「漢口焚殺之慘」，使得「士大夫以至苦力、婦孺，莫不切齒思變」（「變」者，改朝換代之謂也——引者），他這個狀元的見識豈能不如普通的「士大夫以至苦力、婦孺」？此前他就對朝廷很不滿意，認為「政府以海陸軍政權及各部主要，均任親貴，非祖制也；復不更事，舉措乖張，全國為之解體」，現在當然也「切齒思變」了。事實上他已經開始在變了：在這封信裏，他第一次以「愛新覺羅氏」稱呼叫了幾十年的「吾皇」。

其三，現在共和是「南中萬派一致之公論」，他個人豈能「扼揚子之水使之逆流」？換言之，共和現在是人心所向，大勢所趨，「扼揚子之水使之逆流」這種事，自然是「智者不為」。

正是有了這樣的認識，張謇開始了他一生最大也最痛苦的轉變。

八日，他致電已經出山的袁世凱，認為共和現在是「潮流所趨，莫可如何」，並提出了重要建議，見下文。致信勸還在南京的鐵良放棄抵抗，信中提到了「共和主義」：「為將軍計，擲一身為溝瀆小忠之

112 《張謇全集》（第六卷），頁659，宣統三年（1911）八月三十日日記。

113 《張謇全集》（第六卷），頁660，宣統三年（1911）九月五日日記。

事，毋寧納全族於共和主義之中」[114]。這封信還被他抄送給張人駿：
「冀（漢滿）兩族相見不以干戈，保全無量之生命。」[115]這些信電表
明，他的轉向共和並非只是口頭說說，還立即付諸行動。

九日，他抵達上海，仍住在惜陰堂。據他自訂年譜記載，這天他
感到「人心皇皇，亂象日劇。一國無可計，而非安寧一省，不能保一
縣安寧，是非可閉門而縮屋也」[116]。第一句寫實，第二句解釋了他決
心出任世事的原因。「一國無可計」，意思說他對整個國家的事沒有什
麼辦法，但這不符事實，事實是在八日給袁世凱的電報裏，他就在為
「一國」而「計」了，見下文。「一省」指江蘇，「一縣」指南通，這
裏既是他的老家，也是他做實業的根據地。「非安寧一省，不能保一
縣安寧」，言下之意是他對「一省」的事還是「可計」的，而「保一
縣安寧」就是保護他老家、實業的安全。這是他「開門出屋」來「安
寧一省」的出發點，與他前面給許鼎霖信中說的「凡商人皆具身家，
無不愛和平者」是一致的。

十日，他屈指一數，「計自八月十九日至今三十二日（即十月十
日至十一月十日——引者），獨立之省已十有四，何其速耶」[117]。這
種局面的出現顯然是他沒有想到的，而這無疑堅定了他轉向共和的
決心。

十三日，他「與湯壽潛、熊希齡、趙鳳昌合電張家口商會轉內外
蒙古贊成共和」[118]。這個電報是他轉向共和後的一次公開表態。

114　〈勸告鐵將軍函〉（1911年11月），《張謇全集》（第一卷），頁193。

115　〈致張人駿函〉（1911年11月8日），《張謇全集》（第一卷），頁178。

116　《嗇翁自訂年譜》，《張謇全集》（第六卷），頁876。

117　《張謇全集》（第六卷），頁660，宣統三年（1911）九月二十日日記。

118　《嗇翁自訂年譜》，《張謇全集》（第六卷），頁876。〈致庫倫商會及各界電〉，《張
　　　謇全集》（第一卷），頁233。《全集》編者把這個電報發電日期標為「1912」，有誤。

十四日,《申報》刊登了他與伍廷芳等人聯名致載灃的電報。在這個電報裏,他們「聲嘶淚竭」,對載灃作了「最後之忠告」:

> ……大勢所在,非共和無以免生靈之塗炭,保滿漢之和平。國民心理之既同,外人之有識者議論亦無異致,是君主立憲政體斷難容於此後之中國。為皇上、殿下計,正宜與堯舜自待,為天下得人。倘行幡然改悟,共贊共和,以世界文明公恕之道待國民,國民必能以安富尊榮之禮報皇室,不特為安全滿旗而已。……[119]

這個電報的起草日期當在十四日之前,而「忠告」的實質是要求清帝退位。從現有資料看,這是當時最早要求清帝退位的電報之一,可見張謇轉向共和後邁出的步子很大。這也證明,他前面說的「一國無可計」是根本站不住的。此外,由於這個電報登在《申報》上,張謇這個原立憲派領袖轉向共和的消息,從這天起被更多的人知道了。

十七日,他從報上獲悉自己被昨天剛出任內閣總理大臣的袁世凱任命為「江蘇宣慰使」(使命是「宣示朝廷實行改革政治意旨」),在當天日記裏寫道:「何宣何慰耶?」這說明他對當時形勢看得很清楚,無意為清廷賣命了。

十八日,他收到袁世凱來電:「奉旨簡閣下為農工商大臣。閣下熱心政治,提倡實業,久為物望所歸。當此事機危急,諸賴藎籌,借匡不逮。即希迅速北上,共支危局,無任翹盼。」[120]「藎籌」是忠心

119　〈與伍廷芳等聯名致攝政王電〉,《張謇全集》(第一卷),頁174-175。《全集》編者把這個電報發電日期標為「1911.10.21」,顯然有誤,因電報中提到的「罪己詔」是十月卅日頒發的。

120　〈袁世凱來電〉(1911年11月18日),《張謇全集》(第一卷),頁184。

謀劃的意思;「借匡不逮」是舊時書信中的套話,意思是請人幫助。他認為「理無可受」,並擬寫了辭職電。

十九日,他發出〈致袁內閣代辭宣慰使、農工商大臣電〉:「今兵禍已開,郡縣瓦解;……尚有何情可慰?尚有何詞可宣?」「如翻然降諭,許任共和,使謇憑藉有詞,庶可竭誠宣慰。所有今日宣慰使之職無效可希,不敢承命。至於政體未改,大信已漓;人民託庇無方,實業何從興起?農工商大臣之命,亦不敢拜。謹請代奏辭職。」[121]「漓」是薄的意思,「大信已漓」指清廷的話當時已無人相信了。這個電報表明,他已無意做「大清」的臣子,即使是「農工商大臣」這個很對他胃口的位子。

廿一日,江蘇省議會召開臨時會議,他被選為會長。這為他「安寧一省」提供了有利條件。

廿五日,他收到袁世凱內閣請他「迅速來京,與廷臣詳細討論」政體的電報。

廿七日,這天他發出一個電報,兩封信。電報給內閣,提出了他對討論政體的看法並拒絕進京:

> 政體關係人民,應付全國國民會議;以業經辭職並非公推之一二人,與少數廷臣討論,斷無效力。現在各省表示獨立,若仍以君主名義召集,勢必無人承認。應先請明發諭旨,宣佈尊重人道、不私帝位之意,以豁群疑而昭聖量;然後令全國軍民公推代表,於適宜之地,開會集議,確定政體,及聯合統一之法。事經公決,國民自無異議,即不至有紛爭割裂之禍。事機

---

121 〈致袁內閣代辭宣慰使、農工商大臣電〉(1911年11月19日),《張謇全集》(第一卷),頁183。

　　危迫，捨此無可和平解決。謇於時勢，亦未能北行，謹請代
奏。[122]

　　「業經辭職並非公推之一二人」指已在十二月一日辭職的原「皇
族內閣」成員。「明發諭旨」宣佈「不私帝位之意」，其實就是要求清
帝退位。這是他繼和伍廷芳等致電載灃後再次要求清帝退位。

　　一封信給程德全：「聞前鋒已壁孝陵，日內當可即下。……入城
之日，嚴戒兵士不害旗人，亦必應收之義聲也。幸公如意，先為軍中
宣佈命令。」[123]「前鋒」指革命黨組織的正要進攻南京的江浙聯軍先
頭部隊，「壁」是駐紮的意思，「孝陵」係南京東郊一地名。當時一些
地方出現了偏激的「害旗人」現象，所以他提醒正在前線督戰的程德
全下令制止。在這個問題上，他的頭腦是清醒的。

　　一封信給袁世凱，提出了他們「二三同志」對政體的看法，見
下節。

　　此外《張謇全集》裏還有一份〈辛亥九月致內閣電〉，這個電報
也是對內閣廿五日來電的覆電，估計是此後幾天發出的。這個覆電先
給內閣上了一堂「共和課」，然後指出，「竊謂宜以此時順天人之歸，
謝帝王之位，俯從群願，許認共和。……論者或以茲事體大，宜開國
民會議，取決從違。竊以為不經會議而出以宸裁，則美有所歸，譽乃
愈大」[124]。與廿七日的覆電相比，這個覆電又進了一步：不必開國民
會議了，清帝應自覺退位，主動退位。

　　十二月二日，江浙聯軍攻克南京。他隨即以江蘇省議會名義致信
祝賀：「金陵，形勝地也。幸仗貴軍六晝夜之血戰，摧拔堅城。將於

122　〈覆北京內閣歌電〉（1911年11月），《張謇全集》（第一卷），頁191。

123　〈致程德全函〉（1911年11月27日），《張謇全集》（第一卷），頁185。

124　〈辛亥九月致內閣電〉（1911年11月），《張謇全集》（第一卷），頁190、191。

是為民國之初基，奠東南之半壁，偉哉戰績！」並「資牛五十頭，酒千瓶，敬勞貴軍」，接著又以通海實業公司名義以「麵千袋、布千匹，奉勞諸君子」[125]。

這天他還會晤了章太炎、宋教仁、黃興和于右任等人。這是他在日記裏記載的與革命黨人的首次接觸。此後幾天他與革命黨人也有接觸，「知黨人意見之複雜。破壞易，建設難。誰知之者」[126]。不久南京臨時政府成立，他雖然加入了，卻不看好，僅僅過了一個多月就拂袖而去，這些「知」無疑是原因之一。

十九日，他「為鄉里計」，開始「任鹽事」，即出任江蘇兩淮鹽政總理（在當時，「財政之大者在鹽」，「財政之可急籌而得用者惟鹽」），因為兩天前他抵達南京，「知客軍紛擾，居民大恐」，而「欲江寧之回覆秩序須設置民事，欲設置民事須客軍出發，欲出發客軍需財政先得數十萬」。所謂「須客軍出發」，意思是必須讓江浙聯軍等離開南京。但僅僅做了一個星期，因「各軍有截鹽自便者」[127]，他便於廿六日提出辭職。

廿日，他「屬商會為籌二十萬元應軍事出發之用」。所謂「軍事出發」，即讓「客軍出發」。當時南京附近約有三十萬「客軍」，據唐德剛研究，要讓「客軍出發」，「最低限度的恩餉（遣散費），非二百五十萬兩不可」[128]，可見「二十萬元」只是杯水車薪。但是在當時，他已經是給革命軍資助最多的實業界人士之一。

---

125 〈江蘇省議會犒賞攻克金陵聯軍函〉（1911年12月）、〈通海實業公司犒金陵捷軍〉（1911年12月），《張謇全集》（第一卷），頁194、195。

126 《張謇全集》（第六卷），頁661，宣統三年（1911）十月二十日日記。

127 《張謇全集》（第六卷），頁662、663，宣統三年（1911）十月二十七、二十九日日記。《嗇翁自訂年譜》，《張謇全集》（第六卷），頁877。

128 唐德剛：《袁氏當國》，頁45。

　　以上是張謇「幡然改悟，共贊共和」後至南京臨時政府成立這兩個多月的大致活動。除此之外，他還做了以下三件事。

　　一是宣傳共和。這方面的代表作是〈建立共和政體之理由書〉。這篇〈理由書〉批駁了當時反對共和的兩個觀點，即因「國民不具程度」和「國土寥廓、種族不一」而「不適宜共和制度」，闡述了他對共和政體的看法。關於「國民程度與共和政體之問題」，他認為：

> 國民程度由一國之政治製造而成。國民程度，製造品也；政治則機器。有共和政治，然後有共和程度之國民。美、法革命，改建共和，皆為反抗壓制事實之結果，非先有共和程度而為之也。……
>
> 觀此可知共和政體與君主立憲政體，不以國民程度之高下為衡，而以國民能脫離君主政府，與不能脫離君主政府，為適宜之取決。……是故國民未能脫離君主政府，只有立憲，請求共和不可得；既脫離君主政府，只有共和，號召君主立憲不可得；亦國勢事實為之也。

　　第一句說的只是事情的一個方面。從世界各國來看，「一國之政治」其實也由該國國民程度「製造而成」，也是「製造品也」。張謇沒有提到這一點，或許是出於宣傳共和的需要，但也有可能出於認識上的局限。

　　關於「國土寥廓、種族不一與共和政體之問題」，他認為：

> 國土寥廓，最宜於共和分治。以理論證之：盧梭《民約論》謂：「凡國土過大，則中央之支配力，有鞭長莫及之虞，其勢宜於分治。」歐美各國聯邦共和之制，實本盧氏。以事實證

之，美之國土，廣袤不亞於中國，而共和之治最先，成績最
美，其明證也。

種族之繁雜，莫過於瑞士之聯邦。……然（瑞士）共和政體之
固，政績之良，而絕無渙散紛爭之慮者，怵於外患而團體愈堅
也。中國雖並包滿、蒙、回、藏，而種族之繁，已不如瑞士。
且滿、回土地，已改行省，同化於內地，其能同贊共和，固無
疑義。……美國亦有新州諸殖民地，何嘗有礙於共和政治之進
行也？[129]

「《民約論》」現在通譯《社會契約論》。張謇看到的《民約論》
很可能是日本人的譯本，查何兆武譯本，其中沒有這個說法，有的只
是：「國君制只適宜於富饒的國家；貴族制只適宜於財富和版圖都適
中的國家；民主制則適宜於小而貧困的國家。」[130]（按：民主政治按
盧梭的說法屬於選舉的貴族制。）此外值得指出的是，當時很多革命
黨人和原立憲派人士都對美國推崇備至，南京臨時政府的政治架構就
是美國式的。張謇顯然也是其中之一，之前他在被載灃召見時就說
「現在中國只有聯合美國為外交最要之策」，這裏宣傳共和也以美國
為例。

二是組織政黨。十二月中旬，張謇與伍廷芳、趙鳳昌等十三人在
上海發起成立「共和統一會」。十二月廿二、廿三、廿四日《申報》
連載了他起草的〈共和統一會意見書〉。這份〈意見書〉很長，核心
是「七個統一」：「軍國步伐之統一」、「南北之統一」、「幕府意見之統
一」、「地方民政之統一」、「國是及政體之宜謀統一」、「領土之統一」

129　〈建立共和政體之理由書〉（1911年），《張謇全集》（第一卷），頁201、202。
130　〔法〕盧梭：《社會契約論》，頁105。

和「輿論之宜謀統一」[131]。幾乎同時，張謇還與程德全、章太炎、趙鳳昌等「議創統一黨」。

三是在「退滿」過程中「擁公」。茲事體大，下節再說。

但是對「受國厚恩」並搞了多年立憲的張謇來說，從立憲轉向共和的道路並不平坦。十一月卅日，他在回覆湯壽潛的信中說：

> ⋯⋯昨有美人詹美生來言：中國今日政體，似尚以君主為宜。若不願滿人，何不舉衍聖公，而總理為之辦事？此說極有思致。一免延長戰禍；一去滿可達黨人之目的；一依灤州軍士之十九條，君權已有限；一真世界在英、日君主之前；一可表明黨人之心跡；一滿人心理或較平；一外人亦必願意；一都城可即建於兗州，亦頗適中。此八者，公謂何如？顧無人發此端也。[132]

詹美生是何方神聖，待考（可能是與張謇做生意的美國商人）。「衍聖公」是孔子後裔的世襲封號，當時的「衍聖公」是孔子第七十六代孫孔令貽。「灤州軍士之十九條」指清廷在灤州兵諫後頒發的〈憲法重大信條十九條〉，「君權已有限」指其中的第三條「皇帝之權以憲法所規定者為限」[133]。

詹美生的言論，自然是胡說。美國佬不懂中國事，不足為奇，奇怪的是張謇竟然認為這個美國佬的胡說「極有思致」，並從八個方面來

---

131 〈共和統一會意見書〉（1911年12月），《張謇全集》（第一卷），頁197-200。

132 〈覆湯壽潛函〉（1911年11月30日），《張謇全集》（第一卷），頁189。

133 灤州兵諫是北方清軍在一九一一年十月下旬發動的一次反清武裝鬥爭，要求清廷立即召開國會、起草憲法等。兵諫發生後清廷下了「罪己詔」並頒發〈憲法重大信條十九條〉。

證明這個胡說的「合理性」，可見對一個搞了多年立憲的人來說，「轉彎子」實在不是一件容易的事。另外據他的一個朋友對鄭孝胥說，在十二月上旬或中旬，「季直（張謇字）若進若退，日處愁城」[134]。所謂「若進若退」，就是在「共和」和「立憲」兩者之間徘徊。這種徘徊發生在張謇身上實在很正常，藕斷尚且絲連，更何況要他放棄搞了這麼多年、「可以安上全下」的立憲呢？事實上張謇晚年對立憲運動的失敗還是耿耿於懷，認為自己「一身之憂患學問出處，亦嘗記其大者，而莫大於立憲之成毀」[135]，可見「立憲之成毀」對他的影響之深。

儘管在從立憲轉向共和的路上有時「若進若退」，張謇還是艱難地在「轉」。十二月十四日，他終於在上海剪下了留了五十多年的辮子，與「大清」一刀兩斷了——「此亦一生紀念日也」。

甲日滿退，乙日擁公

「滿退」就是「退滿」，讓愛新覺羅氏退位。「擁公」就是擁戴袁世凱做總統。「甲日」、「乙日」，既是次序，也是一種條件關係：先「退滿」，後「擁公」，而「公」只有先把「滿」給「退」了，然後才能被「擁」做總統。這句話出自張謇給袁世凱的一個電報，也是當時包括孫中山在內很多人的共識，所謂「東南諸方，一切通過」（見下文）。在讓「公」退「滿」然後「擁公」的過程中（準確地說，張謇在「幡然改悟，共贊共和」後不久就開始「擁公」了），張謇在惜陰堂裏與趙鳳昌、唐紹儀、伍廷芳等多次密謀並扮演了一個重要角色。這個角色在很大程度上可以說非張謇莫屬，因為世人中當時唯有他與

---

134 《鄭孝胥日記》（第三冊），頁1370，1911年12月16日日記。
135 〈年譜自序〉（1923年），《張謇全集》（第五卷），頁299。

袁世凱相識卅年，並經歷了從亦師亦友亦同事到斷交廿年，然後和解，最後惺惺相惜的過程。

張謇一八八五年中舉前在淮軍吳長慶部（所謂「慶營」）幕府客居多年，初為吳掌撰機要，後為吳出謀劃策，深得吳的賞識。一八八一年五月，袁世凱憑父輩關係來投奔吳長慶。吳留袁「在營讀書」，並讓比袁大六歲的張謇為其「正制藝」（教袁寫八股文）。當時張謇對袁世凱印象不錯，覺得他「能為激昂慷慨之談，且謙抑自下，頗知嚮學」，「以為是可造之士」[136]。袁在讀書之餘也幫辦了慶營裏一些雜事，其能力頗令人稱賞。一八八二年七月，吳長慶奉命開赴朝鮮，命張謇負責辦理有關事宜。張謇一人忙不過來，提出讓袁來幫忙並一起赴朝，吳點頭同意。八月，慶營抵達朝鮮，想來是在軍事行動中吧，張謇發現「慰廷頗勇敢」（慰廷是袁世凱字）[137]，這當然是他這個文人自愧不如的。

一八八四年五月，李鴻章命吳長慶帶一半部隊回國，吳遂讓「頗勇敢」的袁世凱等指揮留在朝鮮的另一半部隊，而袁從此開始聽命於李鴻章。「慰廷自結李相，一切更革，露才揚己，頗有令公難堪者。」[138]「公」指吳長慶，在淮軍內部，吳與第二號人物張樹聲（曾任兩廣總督等）走得較近，與李鴻章關係不太和諧。袁世凱現在「不念舊情」，「改換門庭」，引起了先期回國的張謇等人「義憤」，再加上局外人不可能明斷的一些事情，張謇對袁有了「剛而無學，專而嗜名」、「向驕恣」等印象[139]，於是在一八八四年六月，由張謇執筆，幾

136　〈與朱曼君、張謇致袁世凱函〉（1884年），《張謇全集》（第一卷），頁18。

137　《嗇翁自訂年譜》，《張謇全集》（第六卷），頁844。

138　《嗇翁自訂年譜》，《張謇全集》（第六卷），頁845。

139　《張謇全集》（第六卷），頁225、226，光緒十年（1884）四月三十日、五月十一日日記。

個人聯名給袁寫了一封很長很不客氣的信。信中先列舉了袁的種種
「不是」，其中最有趣的是說袁「由食客而委員，由委員而營務處，
由營務處而管帶副官，首尾不過三載」，對張謇的稱呼也隨著地位上
陞而改變：「謇今夕猶一人耳，而老師、先生、某翁、某兄之稱，愈
變愈奇，不解其故。」接著分析了袁「驕恣」的原因：

> 僕等與司馬相識，今三年矣。以司馬往日之為人，疑其不應如
> 此，以司馬今日之行為，恐其不止如此。試為溯其源，則司馬
> 胸中，既恃家世，又謂二十許人作營務處營官，姓名見知於一
> 新辦洋務之宰相，是曠古未有之事。又有虛驕者、浮檢者、圓
> 熟者、庸惡陋劣者左之右之，頌公述德，務求合乎司馬之所
> 樂。而司馬亦遂志得意滿，趾高氣揚，而不顧蹈於不義。……

「司馬」原是古代官名，這裏指袁，有譏諷之意。「既恃家世」
指袁憑藉其叔祖、堂叔等與李鴻章、張樹聲和吳長慶的關係。「新辦
洋務之宰相」指李鴻章。「以司馬今日之行為，恐其不止如此」這一
句，給張謇說準了，不過要證明這一點，同樣「尚須緩以俟時」。值
得指出的是，一九一六年六月六日袁世凱死了，張謇在當天日記裏說
袁「可以成第一流人，而卒敗於群小之手」[140]，也把板子打在「群
小」身上，而對袁本人沒有直接批評。信的最後說：

> 願司馬息以靜氣，一月不出門，將前勸讀之《呻吟語》、《今思
> 錄》、《格言聯璧》諸書字字細看，事事引鏡，勿謂天下人皆
> 愚，勿謂天下人皆弱，腳踏實地，痛改前非，以副令叔祖、令

---

140 《張謇全集》（第六卷），頁717，民國五年（1916）五月六日日記。

堂叔及尊公之令名，以副筱公之知遇，則一切吉祥善事，隨其
後矣。[141]

　　《呻吟語》是明人呂坤寫的，《今思錄》疑為朱熹和呂祖謙寫的
《近思錄》之誤，《格言聯璧》是清人金纓編的，這三本書都講儒家
修身養性這一套。「筱公」即吳長慶。最後一句是期待，但也不妨視
為張謇為袁世凱算命。這個命可以說算對了一半，對袁來說，「吉祥
善事」以後果然來了，頂點是當上了中華民國總統。至於「洪憲皇
帝」，不要說張謇，再靈的「算命大師」當年也不會算到。

　　這封等於絕交的信發出後，張謇與袁世凱整整廿年沒有交往[142]。
而在這廿年中，袁世凱從朝鮮起家，逐漸發跡。一八九八年九月，張
謇聽說時任直隸按察使的袁世凱被朝廷「以侍郎候補，責成專辦練兵
事務」，第一反應是「是兒反側能作賊，將禍天下。奈何！」[143]張謇
眼光有時很靈，十七年後，「是兒」果真「作賊」、「禍天下」了！

　　一九〇四年六月，「以請立憲故」，張謇聽從張之洞建議，在「與
袁世凱不通問者二十年」後主動給他去了一封信。這封信無疑很難
寫，不過這種事難不倒張謇，可惜此信今已不存，我們不能欣賞張狀
元的文筆。袁世凱當時雖已貴為直隸總督兼北洋大臣，倒也不計前
嫌，給張謇回了信。這封信今也不存，只在張謇日記裏留下六個字：

---

141 〈與朱曼君、張謇致袁世凱函〉（1884年），《張謇全集》（第一卷），頁17-21。

142 唐德剛說：「袁氏北洋系班底的主要配角是哪些人呢？簡言之，從小站練兵起，文
　　班底最高領導大致以所謂『嵩山四友』：徐世昌、李經羲、張謇、趙爾巽四人為
　　首。」（《袁氏當國》，頁194）唐先生此說似可討論。袁世凱一八九八年開始在小站
　　練兵，當時張謇與袁世凱已不通音訊五年，似乎不可能加入袁的「文班底」。武昌
　　起義後張謇雖然迅速向袁世凱靠攏，但在北京的日子也不多，從時間上看似乎也
　　不可能加入袁的「文班底」。

143 《張謇全集》（第六卷），頁414，光緒二十四年（1898）八月十日日記。

「尚須緩以俟時」，意思是立憲這件事還要等一等，看一看。在張謇
與袁世凱交往史上，這一來一去兩封信，標誌著他們斷交廿年後恢復
了交往。

一九○六年九月一日（丙午年七月十三日），清廷發佈預備「仿
行憲政」諭旨。不久，張謇給袁世凱去了一封信：

> 自七月十三日朝廷宣佈立憲之詔流聞海內外，公之功烈，昭然
> 如揭日月而行。而十三日以前，與十三日以後，公之苦心毅
> 力，如水之歸壑，萬折而必東，下走獨心喻之。億萬年宗社之
> 福，四百兆人民之命，繫公是賴。……吳武壯有知，必為凌雲
> 一笑；而南壇漢城之間，下走昔日之窺公，固不足盡公之量
> 也。欽仰不已，專書述臆，願聞宏旨。[144]

「公之功烈」、「公之苦心毅力」，指袁世凱當時站在立憲運動一
邊，與張之洞聯名提出廢除科舉，單獨或與其它督撫聯名奏請實行憲
政，並在天津等地搞了一系列「新政」等。「億萬年宗社之福，四百
兆人民之命，繫公是賴」這一句，把袁捧上了天（「繫」是「惟」的
意思），實在太過分了。由此可見張狀元的文字工夫，至少在恭維人
時缺乏分寸感。「吳武壯」即吳長慶，而「凌雲一笑」即「回眸笑看
後來人」。「南壇漢城之間，下走昔日之窺公，固不足盡公之量也」，
意思是說自己當年在朝鮮小看袁了。這封信算是對以往的不愉快向袁
打個招呼，表示歉意。

一九一○年七月，張謇在南京參觀了「勸業會」（博覽會），其中
「直隸館」給他留下良好印象：「工藝殊有擅勝處，江蘇不及也」，

---

144 〈為運動立憲致袁直督函〉（1906年），《張謇全集》（第一卷），頁102-103。

「頗覺袁為直督之能任事，此人畢竟與人不同」[145]。張謇晚年自訂年譜時袁世凱已死，但他也沒有忘記當年的參觀印象，特意加上一筆：「頗感袁世凱才調在諸督之上。」[146]

　　本篇開頭提到，張謇這次進京，途中特意在河南彰德（今河南安陽）下車，去附近的洹上村拜訪袁世凱。袁老家在河南項城，因交通不便等原因，被載灃趕下臺後住在洹上村。張謇去之前怕袁外出，在武漢特意先發了一個電報：「別幾一世矣，來晚詣公，請勿他出。」[147]「來」指農曆十一日。「一世」是卅年，而自朝鮮一別到這個辛亥年，他們已整整廿七年沒見面了。六月八日下午，張謇抵達彰德後即被袁世凱接去，深夜十二點才回來。據張謇當天日記記載：

> 午後五時至彰德，訪袁慰庭於洹上村，道故論時，覺其意度視廿八年前大進，遠在碌碌諸公之上。其論淮水事，謂不自治則人將以是為問罪之詞。又云此等事，乃國家應做之事，不當問有利無利，人民能安業，即國家之利。尤令人心目一開。[148]

　　「意度」即識見和氣度。「道故論時」，說明這個晚上他們談了很多，不僅重溫了舊情，也談論了時局。袁世凱當晚肯定談吐不凡，關於治淮的一些話，說得更是漂亮，以至讓張謇「覺其意度視廿八年前大進，遠在碌碌諸公之上」，聽後「心目一開」。幾天後張謇在盛宣懷那裏商議「收四川鐵道國有方法」時說：「政府與人民有涵覆之義」（見前文），這句話與袁世凱論治淮的話真是說到一起了。一晚的

145　《張謇全集》（第六卷），頁636，宣統二年（1910）五月二十七日日記。
146　《嗇翁自訂年譜》，《張謇全集》（第六卷），頁871。
147　〈致袁世凱電〉（1911年5月10日），《張謇全集》（第一卷），頁162。
148　《張謇全集》（第六卷），頁650，宣統三年（1911）五月十一日日記。

「道故論時」,肯定加深了張謇「不足盡公之量」的感覺。只是不知
他看到袁的「大進」,是否會「歸功」於他當年要袁「字字細看」的
「《呻吟語》、《今思錄》、《格言聯璧》諸書」?

六月十日,剛抵達北京第三天的張謇給袁世凱寫了一封信:「感
卅載之滄桑,快一夕之情話;……彌極舊雨綢繆之雅」,並附寄了一
本他編的《光緒朝海關貿易冊比較表》,「希賜省覽」。袁收到信和
《比較冊》後在信封上寫了如下一段話:

> 富強之基,繫於實業,公家多不留意,士庶又鮮新識。惟我公
> 先覺,歷經困難,堅忍經營,開各省之風氣。進出貨列表考
> 校,附以注說,精詳中肯,又為人不及察,不肯為。欽佩!須
> 以文行之。[149]

張謇說袁「意度遠在碌碌諸公之上」,袁說張謇是「開各省之風
氣」的「先覺」,此時他們兩人可謂惺惺相惜。以往的種種不愉快,
隨著這次在洹上村的「一夕之情話」,算是一風吹了。

張謇八月四日離開北京,返南途中路過天津,「觀罪犯遊民工廠,
規模極備。周覽馬路,又至圖書館之設置」。這些工廠、馬路和圖書
館等都是袁世凱任直隸總督兼北洋大臣時的政績,看後他感慨不已:
「慰廷要是不凡,但氣稍粗獷耳,舉世督撫,誰能及之?」[150]與一九
一〇年七月參觀勸業會一樣,張謇到晚年也沒忘記這次參觀天津的感
想:「袁為總督時,氣象自不凡,張南皮外,無抗顏行者。」[151]前面
提到張謇在去北京前曾和湯壽潛等聯名致信載灃,要求「重用漢大臣

---

149 《張謇全集》(第一卷),頁163。

150 《張謇全集》(第六卷),頁655,宣統三年(1911)六月十四日日記。

151 《嗇翁自訂年譜》,《張謇全集》(第六卷),頁875。

之有學問閱歷者」。既然「舉世督撫」誰都不及「不凡」的「慰廷」
（當時張之洞已去世），「漢大臣之有學問閱歷者」當指袁世凱無疑。

武昌起義爆發後，張謇與袁世凱頻頻聯繫，到辛亥年除夕（一九
一二年二月十七日）這四個多月中，僅《張謇全集》就收錄了這期間
他給袁和袁內閣發去的九個電報，兩封信，而《全集》沒有收錄的肯
定還有，數量也不會少。除了前面提到的堅辭江蘇宣慰使、農工商大
臣和拒絕去北京討論政體之外，這九個電報、兩封信的內容大致可分
三個方面。

一是為袁世凱分析形勢。十一月八日，張謇致電袁世凱：

> 大局土崩，事機瞬變，因不充分之立憲，致不得已之罪己詔，
> 亦不能取信。旬日以來，採聽東西南十餘省之輿論，大數趨於
> 共和。……而國內之回應者已見六省，潮流所趨，莫可如何。[152]

從現有資料看，這是武昌起義爆發後他們第一次聯繫，而從六月
八日他們在洹上村「一夕之情話」後的關係看，之前廿多天裏，他們
肯定有聯繫，只是有關的信電今已不存而已。

十一月十三日，張謇和程德全一起託人給袁世凱帶去一封信：

> 匝月以來，四海鼎沸。……德全固無所施，即謇夙昔主張，亦
> 無容置喙之地。其必趨於共和者，蓋勢所然矣。分崩離析之
> 餘，必求統一維持之法。謇最近二電，不獨審勢而云爾，實與
> 論之大同。雖賁育之勇，不能收已發之弩；孔孟之聖，不能回

---

152 〈致袁世凱電〉（1911年11月8日），《張謇全集》（第一卷），頁178。

東逝之波。以公之明，詎不察及？[153]

「謇夙昔主張」指張謇以往主張的君主立憲。「謇最近二電」待考，可能一指他當天與湯壽潛等一起給張家口商會轉內外蒙古的「贊成共和」電，一指他十一月八日致袁世凱電。「賁育」是戰國時勇士孟賁、夏育的合稱。「不能回東逝之波」，意思即他致許鼎霖信中說的不能「扼揚子之水使之逆流」。

一九一二年一月一日，南京臨時政府成立。此舉引起了袁世凱很大不滿，為此張謇去電解釋：

> 南方先後獨立，事權不統一，秩序不安寧，暫設臨時政府，專為對待獨立各省，揆情度勢，良非得已。孫中山亦已宣言，大局一定，即當退位，北方軍隊，因此懷疑，實未深悉苦衷。[154]

這個電報可能是革命黨內一些人讓張謇發的，以平息袁的怒氣，消除袁的疑心。

上述電報和信裏說的這些情況（除了南京臨時政府成立一事），袁世凱無疑也知道，但這些情況出自張謇的來電來信有不一般的意義，因為它們反映了南方原立憲派對大局的看法，而袁在做出決策之前，顯然需要了解這些看法。

二是為袁世凱出謀獻策。在十一月八日的電報裏，張謇在分析了「十餘省之輿論，大數趨於共和」後，向袁進言：

---

153 〈擬會程德全囑楊廷棟進說袁世凱〉（1911年11月13日），《張謇全集》（第一卷），頁180。

154 〈致袁世凱電〉（1912年1月），《張謇全集》（第一卷），頁211。

近聞乘輿有他狩之說，果爾則公宜迅北，入定京師。防外撼以
固根本，採眾論以定政體。[155]

「近聞乘輿有他狩之說」，意思是最近聽說清室想逃離北京。「公
宜迅北，入定京師」，即建議袁世凱迅速帶兵進京。「防外撼」指防止
外國干涉。此電發出時袁還在湖北前線，五天後即十三日，袁果然帶
兵進京了。這個電報證明，張謇剛開始轉向共和就在謀劃國家大事
了，他說的什麼「一國不可計」實在與事實太遠。

十一月廿七日，張謇致電袁世凱，涉及停戰、政體等重大問題：

竊謂停戰為目前要著，宜由公以尊重人道主義發佈，俾眾週
知。至會議政體，固宜先請不私帝位之諭旨，公亦須有他人反
對之防閒。滿、蒙、回、藏，幅員寥廓，風俗不一，共和政
體，能否統一，此誠絕大研究之問題也。於此亦窺見公盛悟之
所在。二、三同志，私相討論，參酌英與印度制，則漢、滿以
大總統名義領之，而兼蒙、回、藏皇帝；政治則軍政、外交咸
統於中央；司法用美制，分中央與各省為兩級；財政民政，各
省自定，而統計於中央。此就全域之輿地、民俗、政教、習俗
現狀之事實，各方面為之計劃，調停於共和民主之間。[156]

張謇讓袁「以尊重人道主義」為由發佈停戰令是高明的一招，因
為此舉不僅名聲好聽，而且為袁察言觀色、了解各方態度贏得了主
動。十二月一日，湖北前線南北第一次停戰開始，事實上辛亥年湖北

155　〈致袁世凱電〉（1911年11月8日），《張謇全集》（第一卷），頁178。
156　〈致袁世凱函〉（1911年11月27日），《張謇全集》（第一卷），頁186。

戰事至此就基本結束了。「先請不私帝位之諭旨」，指先讓清廷發出準備退位的諭旨。「他人」指清室中當時持頑固立場的載澤、良弼等人。「防閑」出自《詩經．齊風》，意思是防備禁止。「二、三同志」，除了張謇之外，肯定包括趙鳳昌。他們「私相討論」的這些結果，反映了在南北議和開始前南方原立憲派對未來的一種設想，而其中居然有讓同一人既做漢、滿「大總統」，又「兼蒙、回、藏皇帝」這種奇思妙想，可見包括張謇在內的這些「同志」，當時的政治水準實在很幼稚。

不久張謇又致電袁世凱，提出了讓段芝泉即段祺瑞「電請政府」這記狠招：

> 竊謂非宮廷遜位出居，無以一海內之視聽，而絕舊人之希望；非有可使宮廷遜位出居之聲勢，無以為公之助，去公之障。在鄂及北方軍隊中，誠尠通達世界大勢之人；然如段芝泉輩，必皆受公指揮。設由前敵各軍以同意電請政府，云軍人雖無參預政權之例，而事關全國人民之前途，必不可南北相持自為水火。擬呈辦法，請政府採納執行；否則軍人即不任戰鬥之事。云云。如是，則宮廷必驚；必畀公與慶邸為留守；公即可擔任保護，遣禁衛軍護送出避熱河，而大事可定矣。所擬辦法如下，公如認為可行，須請密電段芝泉等。謇默觀大勢，失此機會，恐更一決裂，此後愈難收拾。幸公圖之。[157]

此電沒有發電日期，從內容看，當在十二月底或一九一二年初（湖北清軍原由馮國璋指揮，十二月廿日馮被袁世凱調回北京，湖北

157 〈致袁世凱電〉（1911年），《張謇全集》（第一卷），頁204。

清軍改由段祺瑞指揮）。「一」意思是統一，「尠」通「鮮」，「慶邸」即奕劻，「熱河」指清廷在熱河的行宮（在今河北承德）。軍人「電請政府」這記狠招，「公」果然「圖之」。一月廿六日，在袁授意下，段祺瑞率湖北前線北洋軍將領四十六人聯名電奏清廷，要求「立定共和政體」，否則將帶兵入京。此外值得注意的是，既然張謇說「非有可使宮廷遜位出居之聲勢，無以為公之助，去公之障」，那麼在「宮廷遜位出居」之後，接替者在他看來自然是非「公」莫屬了，下面的一些電報也可證明這一點，而這無疑是他不看好孫中山和南京臨時政府的重要原因。

一九一二年一月，張謇又致電袁世凱，再次提出讓段祺瑞「電請政府」，因為這樣「以軍人為藉口，可免許多為難」，並說「公如以為可行，請一面電覆，一面密告芝泉，俾可放膽為之」。他甚至準備為此「親自赴鄂」，「與段芝泉密商」。此外在這個電報裏，張謇還為袁世凱「酌擬」了關於召開「國民會議」的七條辦法，涉及開會地點、議員產生辦法等，並讓袁「酌核速復」，「千萬秘密」！[158]

二月十五日，南京參議院全票選舉袁世凱為臨時大總統。當天或第二天，張謇致電袁世凱：

> 公膺眾選，全國忭慶。要公南者固甚多，不可說。公不能南，須北數省諸局肫切聯爭於參議會。若南，須以師從。今先陳亟應行之事：一、就近得各公使承認發表歡迎之意，取外交權。一、以五十萬犒海陸軍，認發海軍月餉約十二萬；令南方確查陸軍人數，認餉。請酌。一、分別派蒙、藏、南洋宣撫使。……請酌。一、宣佈以公債票酬同盟光復黨死事效命人，

158　〈致袁世凱電〉（1912年1月），《張謇全集》（第一卷），頁211。

數自一萬至五萬，期自五年至廿五年，均五等。電孫查開各名
額，以消其隱私而杜其它望。請酌。……[159]

「忻慶」即歡慶。「要公南者」指革命黨人當時要袁到南京來做
總統。袁則拒絕離開北京，因北京是他勢力範圍的中心，一旦離開，
他就「虎落平陽」了。張謇當然懂得個中奧妙，也認為袁絕對不能離
開北京，所以在電報裏明確說「公不能南」，並為袁出主意：先讓原
北方諮議局議員、現為南京參議院議員的一些人在參議院「肫切聯
手」（「肫切」即懇切），如不行，則「以師從」即帶兵南下。至於張
謇向袁所「陳亟應行」的四件事，都是當務之急，可見他的眼光有時
確實不錯。其中「宣佈以公債票酬同盟光復黨死事效命人」[160]，既是
對章太炎提出的「革命軍起，革命黨消」的呼應，也是保證袁統治
「長治久安」的一項重要措施，充分表現出他的「深謀遠慮」。之前
張謇與孫中山也談到此事，見下文。

張謇提出的「停戰」、「公宜迅北，入定京師」、「公不能南」以及
讓段祺瑞「電請政府」等建議，不久都成為事實。雖然沒有證據可以
證明袁的決策是採納了張謇的建議，但也沒有證據可以證明袁的決策
與張謇的建議無關。有一點可以肯定，張謇的這些建議，至少為袁的
決策提供了一個選項。從現有資料來看，張謇提出的讓段祺瑞「電請
政府」這一招，很可能被袁採納了，而這一招在迫使清室退位過程中

---

159 〈致袁世凱電〉（1912年2月），《張謇全集》（第一卷），頁215、216。
160 「公債票」，指清政府借債造路所發行的股票，因發行折扣較大並用鹽稅等作抵押，
　　所以在當時很受歡迎。民初也有公債票，據唐德剛介紹：「民初中國政府所發的公
　　債票是當時國際股票市場上最搶手的股票，原因是軍閥政府為急於取得債款，債
　　票都以最大的折扣盡快出售；等到公債到期時，由於有海關或路礦燈企業作擔保，
　　還本時都按票面價值加利息計算，所以『愛國的』購債人，利莫大焉。」（《袁氏當
　　國》，頁78）「同盟光復黨死事效命人」指同盟會和光復會中為反清而犧牲的烈士。

起到了重要作用，因為關於清室退位的實質性談判，正是在段的這個電報後開始的。

三是為袁世凱打氣鼓勁。早在十一月八日的電報裏，張謇就對袁說：

> 公之明哲，瞻言百里。願徵廣義，益宏遠謨。為神州大陸洗四等國最近之大羞，毋為立憲共和留第二次革命之種子。

「瞻言百里」出自《詩經・大雅・桑柔》，全句是「維此聖人，瞻言百里」，周振甫譯為：「只有這樣的聖人，眼睛遠看有百里。」[161]「謨」指計策、謀慮。早在五年前張謇就對袁說：「億萬年宗社之福，四百兆人民之命，繫公是賴」，現在又說「公之明哲，瞻言百里」，可見他把袁視為「聖人」了。但袁上臺後發生的事實卻是對他這些言論的絕妙諷刺：袁「聖人」不僅沒有「為神州大陸洗四等國最近之大羞」——一九一五年五月，袁世凱政府簽訂了喪權辱國的〈中日新約〉，相反還「為立憲共和留第二次革命之種子」——僅僅過了十九個月，國民黨人就開始「二次革命」了。

十一月十三日這封信裏則提到了外國「聖人」華盛頓：「至於華盛頓傳，則世多能道之，亦公所稔，不以煩聽。……民之厄於專制二千年矣，誰無子弟？公其念之。」[162]把袁比作華盛頓是當時的「流行話語」，南京參議院在選舉袁為臨時大總統後的電報裏就說袁是「世界之第二華盛頓，中華民國之第一華盛頓」。張謇和程德全未必是這句「流行話語」的創造者，但肯定是最早使用者之一。

---

161 周振甫：《《詩經》譯注》，頁426。

162 〈擬會程德全囑楊廷棟進說袁世凱〉（1911年11月13日），《張謇全集》（第一卷），頁180。

在一九一一年底或一九一二年初的一個電報裏，張謇向袁世凱交了底：

> 甲日滿退，乙日擁公；東南諸方，一切通過。昨由中山、少川先後電達。茲距停戰期，止十餘小時矣。……久延不斷，殊與公平昔不類，竊所不解。願公奮其英略，旦夕之間，戡定大局；為人民無疆之休，亦即為公身名俱泰無窮之利。[163]

這個電報雖然沒有發電日期，但從「茲距停戰期，止十餘小時矣」推測，不是在一九一一年十二月卅日，就是在一九一二年一月十四日，因十二月卅一日和一月十五日分別是當時南北雙方談定的兩次停戰期的最後一天。相比之下，後者可能性較大。「中山、少川先後電達」，指孫中山、唐紹儀先後致電袁世凱表達了「甲日滿退，乙日擁公」的意思。袁「氣稍粗獷」，做事頗果斷，而現在「久延不斷」，與「平昔不類」，以至讓張謇感到「不解」，原因是老奸巨猾的袁當時還在觀察局勢。

參議院選舉袁世凱為臨時大總統後，袁假惺惺地通電全國，以「衰病」為由作了一番「謙讓」。張謇又去了一個電報：「天下事未易言，昔華盛頓之難，殆倍今日。公被眾舉，義何容辭。謇年六十矣，公少於謇六歲，俟至謇年，更言衰病，以聽眾論如何？謹掬肝膽以為公勸。」[164]現身說法，勸袁不要說什麼「衰病」，而要像華盛頓那樣出任「天下事」。

當時為袁世凱打氣鼓勁的人不少，但來自張謇的「激勵」，袁聽

---

163 〈勸告袁內閣速決大計電〉（1912年），《張謇全集》（第一卷），頁232。

164 〈致袁世凱電〉（1912年2月），《張謇全集》（第一卷），頁215。原注：「此電無日期，按其內容似在二月中旬（袁世凱）出任總統之前。」

後想來會感到特別悅耳，畢竟他們是相識卅年並經歷過「風波」的老朋友了。

正因為張謇如此賣力地為袁世凱分析形勢、出謀獻策、打氣鼓勁，所以袁一上臺就任命張謇為東南宣慰使、農工商大臣，以後又委以農商總長等職，甚至想讓張謇出面組閣；所謂「嵩山四友」中也有張謇的大名。而張謇也欣欣然去北京做官了，一直到一九一五年十一月袁世凱「叛跡益露矣」才辭去所任各職。

一九三〇年一月，胡適應張謇兒子張孝若之請，為其編撰的《南通張季直先生傳記》寫了一篇序，其中指出：

> 張季直先生在近代中國史上是一個很偉大的失敗的英雄，這是誰都不能否認的，他獨力開闢了無數新路，做了三十年的開路先鋒，養活了幾百萬人，造福於一方，而影響及於全國。終於因為他開闢的路子太多，擔負的事業過於偉大，他不能不抱著許多未完的志願而死。這樣的一個人是值得一部以至於許多部詳細傳記的。[165]

從全文看，胡適說張謇是「一個很偉大的失敗的英雄」，這個「失敗」僅指實業方面的失敗（一九二五年七月，張謇辦的實業因經營虧損、資金鏈斷裂而被上海銀團收購）。其實除了實業方面，張謇的失敗還包括他晚年從政方面，只是胡適在這篇〈序〉裏沒有指出而已。如果說在「甲日滿退，乙日擁公」的過程中，張謇所做的對推翻帝制還起到了一定進步作用的話，那麼以後他在袁世凱手下任職就不是光彩的記錄了。胡適的好朋友丁文江曾在袁世凱的徒孫孫傳芳手下

---

165 胡適：〈《南通張季直先生傳記》序〉，《胡適文集》（第4卷），頁597。

出任「淞滬商埠總辦」，這是丁一生的污點。從武昌起義到袁世凱稱帝前這幾年中沒看清袁的真面目，也是張謇一生的大失敗。

大局定矣，來日正難

一九一二年一月一日（辛亥年十一月十三日），張謇從上海來到南京，參加南京臨時政府成立儀式（他當天日記裏沒說自己參加了這個儀式，只說「至江寧」）。這次南京之行，是兩天前他與黃興約定的。武昌起義以來，隨著他「幡然改悟，共贊共和」，他與鄭孝胥、沈曾植等老朋友中斷了往來，結識了孫中山、黃興、宋教仁、汪精衛、于右任、章太炎等新朋友，今天他們大多雲集南京。晚上十點（取唐德剛說，李新說是十一點），在他熟悉的兩江總督府，比他小十三歲的孫中山宣誓就任中華民國第一任臨時大總統。出席這個儀式的有幾百人，場面很熱鬧，但是他在日記裏對這件載入史冊的大事只寫了六個字：「臨時政府成立。」

一月二日，張謇被推舉為南京臨時政府實業總長。此事其實在臨時政府成立前就定下來了，但是他對這個頭銜並不感興趣，因為「時局未定，秩序未復，無從言實業也」[166]。第二天，他給孫中山去了一封信：

> 辱書猥承實業部長之屬。實業為民生國計之原，輇材良不勝任。況金融困滯，兵革未定，益無可措手。顧臨時政府方成，建設伊始，若人推諉，不獨有負盛恉，抑無以盡匹夫之責，謹當竭所知能，以酬盼睞。惟行年六十，精力已衰，恐涉顛蹶。

---

166 《張謇全集》（第六卷），頁662，宣統三年（1911）十一月十四日日記。

比與黃君約，勉任短期，已俟能者。竊申前說於左右，幸賜宏
鑒。[167]

「猥」是謙詞，與「辱」同義。「輇」的意思是淺薄。「眄睞」出
自〈古詩十九首〉，原意是斜視，這裏是青睞的意思。「黃君」即黃
興。張謇上任前就與黃興約定「勉任短期」，可見他一開始就不願出
任實業總長。至於「行年六十，精力已衰」，無疑是藉口，因為一九
一三年九月，他「行年」六十二，精力卻不衰反增，做了袁世凱手下
的農商總長，且一做就做了一年半。

　　其實，不要說實業總長，即使是在臨時政府中名次靠前、相對說
來有些實權的財政總長，他也不願擔任。在醞釀臨時政府各部總長
時，孫中山、黃興等本想請張謇出任財政總長，以借助他的財力和在
商界的影響，幫助解決政府財政方面的一些困難。但是他堅決不肯，
在給趙鳳昌的信裏，他說這是「處虛名而受實禍，智者不為」，因為

　　……即以財政論，統一之效安在？假使政府即日成立，其所設
　　財政部長者，亦不過管理江蘇一省之財政而已。近如浙江，遠
　　如廣東，尚為完善之區，然亦無術可使統一，其它各省更有自
　　顧不暇之勢。且如湘、鄂等省，濫招軍隊，無餉無械，微特不
　　能供給政府，勢將向政府誅求，不遂，謗怨隨之，其機甚
　　顯。……財政部若兼生財、理財為一，似未妥善。此時舉措，
　　關係全國安危，人人在與安與危之中。下走苟能盡力，豈有所
　　愛？但熟察情勢，則擔任一事，或任財政中之生財一面，猶或
　　可勉強一時，共襄支柱。若兼任理財之名，則是犧牲一身而無

---

167 〈致孫中山函〉（1912年1月3日），《張謇全集》（第一卷），頁208。

益大局。處虛名而受實禍，智者不為；不智者為之，而大局且
受其損，奚取焉？願為計之。[168]

信裏所說並非虛言，臨時政府成立前南方各省情況就是如此。
「誅求」出自《左傳‧襄公三年》，意思是責求、需索。不知趙鳳昌
是怎樣為他「計之」的，但事實是他最終沒有出任財政總長（出任財
政總長的是陳錦濤）。

或許是當時到上海開會籌備組織臨時政府的各省代表中請他出任
財政總長的呼聲很高吧，張謇還特意寫了一篇〈對於新政府財政之意
見書〉，坦率表明了自己的看法。這份〈意見書〉先是算帳：「中央政
府每年支出，以極少之數核計，須有一萬（億）兩千萬兩」，而「入
款之可恃者」，「共計可得四千萬兩」，這樣「每年所短八千萬兩」。隨
後提出兩個問題，作了一個表態：

> 一、各省代表，均集南京，請將以上約計數目，及每年所短八
> 千萬兩，宣告各代表；詢問自明年起，每省能擔任若干萬兩？
> 務必確實答覆。政府初成立，各省財政，萬難統一，止能作兩
> 橛辦法。除該省行政及軍隊費用外，能以若干供給中央？此不
> 可不預計者也。
> 一、孫中山先生久在外洋，信用素著，又為財政專家，能否於
> 新政府成立後，擔任募集外債一萬萬兩，或至少五千萬兩？
> 以上兩問題，如可立時解決，則無論何人，均可擔任臨時政府
> 財政之職，不必下走。如其不然，下走無點金術，雖犧牲之而
> 無裨毫末，願我熱心諸志士曲諒之也。[169]

168 〈為財政事致趙鳳昌函〉（1912年），《張謇全集》（第一卷），頁236。
169 〈對於新政府財政之意見書〉（1912年），《張謇全集》（第一卷），頁234-236。

　　兩個問題都很厲害。以第一個問題來說，在當時的混亂情況下，各省財政即使在「行政及軍隊費用外」有多餘，也根本不可能「以若干供給中央」。張謇這一問，想來把各省代表的嘴都給堵住了。

　　第二個問題則狠狠「將」了孫中山一「軍」。孫回國前就知道革命黨財政非常困難，所以回國途中特意去倫敦、巴黎借債，但沒有借到一塊錢。十二月廿五日抵達上海時，孫針對當時說他帶回了「鉅資」的傳言發表了「予不名一錢也，所帶回者，革命之精神耳」的著名演說。張謇肯定知道孫的這篇演說，既然如此，還公開要求他去借「一萬萬兩，或至少五千萬兩」，這一「軍」未免「將」得太過分了。當時全國一年「入款之可恃者」只四千萬兩，四川鐵路募股多年也只集資一千四百多萬兩，個人本事再大，怎麼可能借到「至少五千萬兩」呢？

　　從張謇公開「將」孫中山「軍」以及他拒絕出任財政總長、短期「勉任」實業總長這些情況來看，他對孫是不看好的，對臨時政府也是不看好的。

　　出任實業總長的第二天（一月三日），張謇在南京「與孫中山談政策，未知涯畔」[170]，意思是摸不清孫的底細。從他辛亥年日記來看，這是他與孫中山第一次也是最後一次正式會晤。另據他自訂年譜記載，在此之前，他已在惜陰堂或其它地方與孫有過接觸（「孫文自海外回，晤之」）。此外在他擔任實業總長期間，也可能與孫談過。但這幾次好像都談得不怎麼樣。孫中山去世後，他在追悼演說中透露了他當年與孫交談的一些情況：

　　……即因與孫中山談論政治，知其於中國四五千年疆域民族習

170　《張謇全集》（第六卷），頁662，宣統三年（1911）十一月十五日日記。

俗政教因革損益之遞變，因旅外多年，不盡了澈。即各國政治
風俗之源流，因日在奔波危難之中，亦未暇加以融會貫通，故
勸其合計黨人，擇從前效忠隕命之烈士家屬，及與共患難奔走
之人，分別恤獎，不論人數多寡，數目千至萬至十萬，向政府
索取散給，即日解黨。特請中國一二富政治學問之老師宿儒，
與二三通曉各國文學之英俊，用往歐美留學三五年，以廣學而
養望。其旅費即由政府供給。一面即可監視袁項城趨向正軌，
是則兼堯舜湯武而一之，是千萬年不易得之機會。孫中山不能
用。[171]

「隕命」出自《左傳・成公十三年》，即殞命。張謇在這段話裏
雖然加了「旅外多年」、「日在奔波危難之中」這些解釋，但顯然認為
孫中山還不具備搞政治的資格，所以要孫外出留學，「以廣學而養望」
（「養望」出自《北史・魏收傳》，意思是培養自己的聲望）。所謂
「向政府索取」，即張謇向袁世凱提議的「以公債票酬同盟光復黨死
事效命人」，見前文。至於「監視袁項城趨向正軌」，則肯定是張謇的
「事後談」，決不是他一九一一年底或一九一二年初的想法，因為當
時他還把袁比為華盛頓，對華盛頓怎麼可以「監視」？華盛頓不是一

---

171 〈追悼孫中山演說〉，《張謇全集》（第五卷），頁491-492。張謇對孫中山也有肯定
之處，在這次演說中他說：「孫中山之革命，則為國體之改革，與一朝一姓之更變
迥然不同。所以孫中山不但為手創民國之元勳，且為中國及亞東歷史上之一大人
物……若孫中山者，我總認為在歷史上確有可以紀念之價值。其個人不貪財聚
畜，不自諱短處，亦確可以矜式人民。今中山死矣，其功其過，我國人以地方感
受觀念之別，大抵絕不能同。然能舉非常大事人，苟非聖賢而賢哲為之左右，必
有功過並見之處。鄙人願我國人以公平之心理，遠大之眼光對孫中山，勿愛其長
而護其短，勿恨其過而並沒其功；為天下惜人才，為萬世存正論。此則於追悼之
餘有無窮之感想者也。」

開始就走上「正軌」了麼？「孫中山不能用」，說明他們的交談不歡而散。

　　正因為張謇當時看好的是袁而不是孫，所以他對臨時政府的成立缺乏應有的熱情，也不願在臨時政府內任職。一九一二年四月孫中山解職，他的反應是「大善」[172]。此外還應指出，張謇在追悼孫中山的演說中提起十多年前的事，說明他對孫的看法沒變。

　　張謇不看好孫中山和臨時政府，還在於他們根本不能掌控局勢。一月八日，他在日記裏寫道：「寧垣兵隊搶劫之事日有所聞，難乎言軍紀矣。」[173]之前或之後，他在給黃興的信中引用了一位闖進他辦公室的什麼長官的話：「政府乃軍隊出力而後有之。今陸軍部止允北伐餉五萬，僅來一萬餘；其在寧之三營及總司令部，開支無著，請於總統，總統委之陸軍部，部又不能應。軍隊乏餉即潰，到那時只好自由行動，莫怪對不住地方。」而據他派人觀察，這位長官的副官，「房中方擁二妓」。「此等現狀，可以推見其餘矣。」[174]

　　正是在這種情況下，一月十一日，張謇寫了一篇〈革命論〉。該文回顧了我國歷史上的種種革命，結論是：

　　……是故二千年來，革命不一，而約其類有四：曰聖賢之革命，曰豪傑之革命，曰權奸之革命，曰盜賊之革命。湯武聖賢也，假湯武者豪傑或庶幾？其次類皆出入於權奸盜賊之間。此誠專制之國體，有以造之。假曰非專制而天人則猶是也，奈何乎革而不信，而況乎不正。吾見其自蹈於屬與凶悔與亡已耳，革命云乎哉！[175]

172　《張謇全集》（第六卷），頁666，民國元年（1912）二月二十六日日記。

173　《張謇全集》（第六卷），頁662，宣統三年（1911）十一月二十日日記。

174　〈為時政致黃克強函〉（1912年），《張謇全集》（第一卷），頁237。

175　〈革命論〉（1912年），《張謇全集》（第五卷），頁161。

　　大意是說，我國歷史上的革命可分為四種，但大多是介於「權奸盜賊之間」的革命，這是「專制之國體」造成的。而武昌起義以來，他看到的是「自蹈於厲與凶悔與亡」（即「自蹈於厲」、「自蹈於凶悔」、「自蹈於亡」，「厲」是禍患的意思），哪有什麼「革命」可言？如果一定要說這也是一次革命，則只能是「權奸盜賊之間」的革命。這個結論可以說是他對武昌起義以來整個事態的基本判斷。

　　不久張謇因漢冶萍與日本人合資事，與孫中山、黃興發生了嚴重分歧。漢冶萍是漢冶萍煤鐵公司簡稱，是當時我國最大的煤鐵鋼聯合企業，盛宣懷為該公司大股東並任總理。盛被「奉旨革職」後不久逃到日本，即與日商密謀合辦漢冶萍，以免其財產被臨時政府沒收。盛知道臨時政府需款甚急，遂表示將漢冶萍「華日合辦，或可籌借」。孫、黃迫於當時極其困難的財政情況，準備接受盛的提議。張謇獲知此事後於二月七日致信孫、黃，「爭漢冶萍不可與日人合資」：

　　……漢冶萍之歷史，鄙人知之最詳。綜要言之，凡他商業皆可與外人合資，惟鐵廠則不可；鐵廠容或可與他國合資，惟日本則萬不可。日人處心積慮以謀我，非一日矣，然斷斷不能得志。蓋全國三島，無一鐵礦，為日本一大憾事。而我則煤鐵之富，甲於五洲。鄙人嘗持一說，謂我國鐵業發達之日，即日本人降伏於我國旗之下之日；確有所見，非過論也。日人於銅官山，於大冶，於本溪湖，百端設法，思攘而有之，終亦不能如願。今盛宣懷因內地產業為民軍所佔，又乘民國初立，軍需孔亟，巧出其平日老滑手段以相嘗試。吾政府不加深察，一受其餌，則於國防，於外交，皆為大失敗。民國政府建立伊始，終不能有善良政策，為國民所謳歌，亦何至因區區數百萬之借

款，貽他日無窮之累，為萬國所喧笑？[176]

「銅官山」在安徽銅陵，盛產銅。「大冶」在湖北，盛產鐵、銅等。「本溪湖」在遼寧，盛產煤、鐵等。「孔亟」意思是「甚急」。「區區數百萬」，確數是五百萬。「我國鐵業發達之日，即日本人降伏於我國旗之下之日」這一句，反映了他從甲午戰爭以來對日本的態度，與他在半年前受載灃召見時的說法是一致的。當時社會對「漢冶萍與日人合資」事普遍持反對意見（漢冶萍股東大會也持反對意見，所以此事最後被否決），而這封信可謂這些意見的代表。

九日，孫、黃覆信張謇：「漢冶萍約已簽。」[177]

十日，張謇就漢冶萍事再次致信孫、黃，信中他退了一步，說「漢冶萍以之抵借猶可」[178]，但沒有收到孫、黃回覆。

十二日，張謇致電孫中山，「自劾辭職」：

> 漢冶萍事，曾一再瀆陳，未蒙採納；在大總統自有為難。惟張謇身任實業部長，事前不能參預，事後不能補救，實屬尸位溺職，大負委任。民國成立，豈容有溺職之人，濫竽國務？謹自劾辭職。本日即歸鄉里。特此馳陳。[179]

如此重大的「漢冶萍事」，他這個實業總長竟「事前不能參預，事後不能補救」（這也證明關於臨時政府各部部長「總長取名，次長

176　〈為漢冶萍借款致孫總統、黃部長函〉（1912年），《張謇全集》（第一卷），頁238、239。

177　《張謇全集》（第六卷），頁664，宣統三年（1911）十二月二十二日日記。

178　《張謇全集》（第六卷），頁664，宣統三年（1911）十二月二十三日日記。

179　〈辭實業部長電〉（1912年），《張謇全集》（第一卷），頁240。

取實」之說並非虛言，參閱唐德剛《袁氏當國》），這顯然是在大生紗廠、通海實業公司乃至江蘇商會習慣於說一不二的他所不能容忍的，他的反應自然是拂袖而去。當天晚上他離開南京，乘船回南通。過了一兩天，孫中山來電挽留，他回電說：「任事之初，本約短期。……辛諒素志，許踐前約。」[180] 這樣，他與臨時政府的「蜜月」僅僅四十三天就結束了。

十三日，張謇抵達南通。當天他獲悉「清帝以是日遜位」。這件大事是他這些天來一直關注的，此前在日記裏幾次提到，這不僅因為此事本身的重要性，還因為他起草了關於清帝遜位的所謂「內閣覆電」。據當時擔任總統府秘書長的胡漢民回憶：

> 清允退位，所謂內閣覆電，實出季直先生手。是時優待條件已定，弟適至滬，共謂須為稿予清廷，不使措詞失當。弟遂請季直先生執筆，不移時，脫稿交來，即示少川先生，亦以為甚善，照電袁。原文確止如此，而袁至發表時，乃竄入授彼全權一筆。既為退位文，等於遺囑，遂不可改。[181]

「清允退位」是所謂「內閣覆電」的內容。《張謇全集》收錄了這篇「內閣覆電」，全文如下：

> 前因民軍起事，各省回應，九夏沸騰，生靈塗炭，特命袁世凱為全權大臣，遣派專使與民軍代表討論大局，議開國民會議，公決政體。乃旬月以來，尚無確當辦法。南北暌隔，彼此相持；

180 〈覆孫總統電〉（1912年），《張謇全集》（第一卷），頁240。

181 〈清帝遜位詔〉原注，引自《張謇全集》（第一卷），頁208。

高（當為商之誤——引注）綴於途，士露於野。徒以政體一日不定，故民生一日不安。予惟全國人民心願，既已趨向共和，大勢所趨，關於時會，人心如此，天命可知；更何忍移一姓之尊榮，拂億兆過國民之好惡。予當即日率皇帝遜位，所有從前皇帝統治國家政權，悉行完全讓與，聽我國民合滿、漢、蒙、藏、回五族，共同組織民主立憲政治。其北京、直隸、山東、河南、東三省、新疆，以及伊犁、內外蒙古、青海、前後藏等處，應如何聯合一體，著袁世凱以全權與民軍協商辦理。務使全國一致洽於大同，蔚成共和郅治，予與皇帝有厚望焉。[182]

胡繩說：「以清朝皇太后、皇帝名義發佈的退位詔書，是袁世凱委託在上海的張謇起草的。」[183]李新說：「清帝退位詔書系張謇所擬，經南京臨時政府參議院討論後，由唐紹儀電達袁世凱轉交清廷公佈。其中『由袁世凱以全權組織臨時共和政府』一語，係袁世凱蓄意加入者，以表示他的權力乃得自清廷，而不必受革命政府的約束。」[184]唐德剛說：「退位詔為張謇所擬，末段『即由袁世凱以全權組織臨時共和政府，與民軍協商統一辦法』之句，為袁所增。」[185]胡、李、唐的說法都沒有涉及這篇「內閣覆電」，在我們看來，這裏有七個問題值得一說：

一、所謂「內閣覆電」，可能是對段祺瑞等四十七人在一月廿六日要求清帝立即退位、實行共和政體這個電報的覆電。當時南北雙方

---

182 〈內閣覆電〉，《張謇全集》（第一卷），頁191、192。《全集》編者把這篇〈內閣覆電〉作為〈覆北京內閣歌電〉的附錄，顯然有誤。

183 胡繩：《從鴉片戰爭到五四運動》（下冊），頁1116。

184 李新：《中華民國史》（第一編下冊），頁490、491。

185 唐德剛：《袁氏當國》，頁24。

可能考慮以「內閣覆電」這種形式宣佈清帝退位，但後來不知什麼原因，清帝退位消息是以清朝皇太后、皇帝詔書形式發佈的。換言之，這篇「內閣覆電」只發給袁世凱，沒有公開。

二、對清室優待條件的最後談判始於一月廿八日，二月十日確定。照胡漢民說的「是時優待條件已定」，則這份「內閣覆電」起草日期當在二月十日或十一日，理論上也不排除十二日白天起草的可能性，因為據上海《大陸報》說，清帝退位詔書是當晚「九點一刻」發出的。但胡的說法可能性不大。

三、據張孝若說：「我父此項親筆原稿現存趙先生鳳昌處。辛亥前後，趙先生本參預大計，及建立民主之役，那時我父到滬也常住趙先生家，此電即在彼處屬稿，亦意中事也。」[186]結合胡漢民的回憶，可見這篇「內閣覆電」是在惜陰堂起草的。

四、據胡漢民說，這篇「內閣覆電」是他「請季直先生執筆」的，「少川先生」（即唐紹儀）看後「以為甚善，照電袁」。這個說法與胡繩的說法不同，即不是「袁世凱委託在上海的張謇起草的」；與李新的說法也不同，即沒有「經南京臨時政府參議院討論」。

五、據趙鳳昌的兒子趙尊岳說，清帝遜位詔書是趙鳳昌請張謇起草的，草稿「亟電京師」後由袁世凱手下人作了補充和修飾[187]。趙尊岳的回憶中沒有提到胡漢民和唐紹儀。

六、清帝遜位那天（二月十二日）同時發出三道詔書，原文都沒有標題，從內容看可分別稱為〈清帝遜位詔〉、〈清室優待條件詔〉和〈勸諭臣民詔〉。其中〈清帝遜位詔〉（見下文）是在張謇起草的所謂「內閣覆電」基礎上修改而成的。就文字而言，〈清帝遜位詔〉勝過「內閣覆電」。

---

186 《張謇全集》（第一卷），頁192。
187 趙尊岳：〈惜陰堂辛亥革命記〉，《近代史資料》（總102號）頁254-255。

　　七、胡漢民說的「竄入授彼全權一筆」，當指〈清帝遜位詔〉中的「由袁世凱以全權組織臨時共和政府，與民軍協商統一辦法」這一句，但在「內閣覆電」中，已有「著袁世凱以全權與民軍協商辦理」的說法。

　　總之，關於〈清帝遜位詔〉頒發前的種種內幕和細節，還有待進一步研究。此外值得一說的是，胡漢民的比喻「既為退位文，等於遺囑」，很妙。「大清」這個「病人」的「遺囑」自己都不能口述，而是由他人代寫的，可見臨死前衰弱到什麼程度了。

　　二月十五日（辛亥年十二月二十八日），明天就是小年夜了，忙了一年的張謇終於在他南通海門老家坐下來了。當天他讀報時「見遜位詔」：

　　　朕欽奉隆裕皇太后懿旨，前因民軍起事，各省回應，九夏沸騰，生靈塗炭，特命袁世凱遣員與民軍代表討論大局，議開國會，公決政體。兩月以來，尚無確當辦法，南北睽隔，彼此相持，商綴於途，士露於野。徒以國體一日不決，故民生一日不安。今全國人民心理多傾向共和，南中各省既倡議於前，北方諸將亦主張於後，人心所向，天命可知。予亦何忍因一姓之尊榮，拂兆民之好惡，是用外觀大勢，內審輿情，特率皇帝將統治權公諸全國，定為共和立憲國體。近慰海內厭亂望治之心，遠協古聖天下為公之義。袁世凱前經資政院選舉為總理大臣，當茲新舊代謝之際，宜有南北統一之方，即由袁世凱以全權組織臨時共和政府，與民軍協商統一辦法。總期人民安堵，海宇乂安，仍合滿、漢、蒙、回、藏五族完全領土為一大中華民國。予與皇帝得以退處寬閒，優遊歲月，長受國民之優禮，親

見郅治之告成。豈不懿歟！欽此。[188]

張謇在讀這篇〈遜位詔〉時，肯定注意到其中「竄入授彼（袁）全權一筆」，也肯定知道這「一筆」是「慰庭」讓人加上的，不知他讀後有什麼感想？他能接受對「狀元文章」的這種竄改麼？從他此前此後頻頻為袁世凱出謀獻策，最後出任袁的農商總長來看，他當時大概默認了袁的竄改。

當天張謇在日記裏寫道：「見遜位詔，此一節大局定矣，來日正難。」[189]是的，「大局定矣」——隨著他起草的「大清遺囑」〈清帝遜位詔〉頒佈，持續兩千多年的帝制在我國算是壽終正寢了；「來日正難」——無論對他本人還是對新生的亞洲第一個共和國。

---

188 《鄭孝胥日記》（第三冊），頁1396，1912年2月17日日記。《申報》中華民國元年
　　二月二十一日第二版刊登了〈清廷遜位詔書〉，個別文字與鄭孝胥抄錄的不同。
　　《張謇全集》（第一卷）收有〈清帝遜位詔〉一文（頁207），個別文字與《申報》
　　刊登的不同，與鄭孝胥抄錄的也不同。
189 《張謇全集》（第六卷），頁664，宣統三年（1911）十二月二十八日日記。

第二篇
鄭孝胥

　　鄭孝胥（1860-1938），字蘇戡（亦作蘇堪、蘇龕、蘇盦），號太夷，福建福州人，時年五十二歲。上海商務印書館、中國公學、立憲公會、日輝呢廠、江蘇大生紗廠、通海墾牧公司等董事。八月初接任湖南布政使，中旬因公離職，武昌起義後沒有回任。

今年蹤跡頗極縱橫

　　宣統二年除夕（一九一一年一月廿九日）晚上，北京下雪，鄭孝胥在位於前門內石碑胡同的新屋與家人一起辭歲[1]。這天他興致不錯，吃罷年夜飯還與女兒、女婿等玩了一陣牌。女兒、女婿走後，他打開日記本，為自己作了一個「年終小結」：

　　　今年蹤跡頗極縱橫，內閣、國會已有萌芽，錦路、壺埠勢不可止。觸山之恨難償，逐日之力將盡，其所營者僅止於此，吁，可哀矣，吾其為共工、夸父也歟？[2]

　　鄭孝胥這一年的「蹤跡」確實「頗極縱橫」。自光緒三十一年九

1　「新屋」指新租賃的屋。《鄭孝胥日記》對這處新屋地址有兩個說法，一作「前門西石碑胡同」。
2　《鄭孝胥日記》（第三冊），頁1267，1911年1月29日日記。

月（一九〇五年十月）稱病辭去廣西邊防督辦後，他再次把家安在上海，先是租房，後是造屋：在南洋路（今南陽路）造了海藏樓[3]，在徐家匯虹橋路造了忠信院、直諒院等四座住宅。造這些房屋，不算地皮，光工價就要近三萬兩銀子[4]，好在前些年做官，這幾年經商，錢對他來說已不是問題。但是這一年，他在上海的日子卻不滿四個月。還在宣統元年底（一九一〇年二月初），他就應東三省總督錫良、奉天巡撫程德全邀請，為「錦路、壺埠」（錦州至愛暉鐵路借款、包工合同和葫蘆島建港開埠）事去了奉天（今瀋陽）和天津，次年四月下旬才回上海。八月中旬他再去奉天，還去了北京、葫蘆島、天津、青島、秦皇島和大連，十月上旬回上海。這兩次北上，他因辦事需要，多次進出奉天和天津。十月中旬去南京，十一月初先去蘇州，然後從上海出發經漢口、北京又去奉天，十二月下旬又去北京。累計算來，這一年他七次進津，六次到奉天（算上宣統元年底這次也是七次），三次上北京。「蹤跡」如此「縱橫」的旅客，不要說在當時，即使在今天也是很少見的。

3　海藏樓在趙鳳昌的惜陰堂對面，樓名取蘇東坡「萬人如海一身藏」詩意（林紓：〈海藏樓記〉，引自《海藏樓詩集》，頁548）。胡適從康奈爾大學轉到哥倫比亞大學，也有這樣的意思：「此間不可以久居也。……吾居此五年，大有買藥女子皆識韓康伯之慨。酬應往來，費日力不少，頗思捨此他適，擇一大城如紐約，如芝加哥，居民數百萬，可以藏吾身矣。」《胡適日記全編》（2），頁187、188，1915年7月5日日記。另據胡適晚年回憶：「五年的康奈爾大學生活，使我在該校弄得盡人皆知。……因而我想起一句中國詩：『萬人如海一身藏！』所以我想脫離小城鎮綺色佳，而轉到大城市紐約。該處人潮如海，一個人在街頭可以獨行踽踽，不受別人注意。這種心境至少也是促成我轉學的原因之一。其後兩年（1915-1917），我發現這個想法是有極大的道理。在一個數百萬人的大城市中，我是真正的『一身藏』了。」《胡適口述自傳》，頁62、63。因高夢旦的關係，胡適在鄭孝胥附逆前與他有數面之交。

4　據吳宓一九一一年八月廿七日日記，當天「銀十一兩兌洋十四元，又銅元若干（約近一元之值）」，《吳宓日記》（第一冊），頁130。

　　說鄭孝胥是旅客，實在是因為很難用其它詞來指稱他這一年外出時的身份。

　　他不是官。從廣西辭職到這一年外出這五年中，除了學部頭等諮議官這個不是官的「官」，他頭上沒有任何「烏紗帽」。倒不是沒有做官機會，僅一九〇七年就有三個美差等他上任（主要是他當年在廣西時的頂頭上司岑春煊推薦的），官也不算小，安徽、廣東按察使是正三品[5]，郵傳部丞參級別稍低，卻是肥缺，鑽營者有多人，但他都稱病不就。也是在一九〇七年，兩江總督端方保奏他為東三省巡撫，他「謝保奏」，還是無意出山。這次去奉天，錫良、程德全請他「主持錦愛路事，月薪一千兩」，接著又請他「督辦錦愛兼（葫蘆島）開埠事」[6]。不過從現有資料來看，這只是錫、程的意思，中樞並未點頭[7]。以後隨著「錦路、壺埠」事的擱置和錫良離職，「督辦」一職也就不了了之。他也不要這份月薪，一九一〇年五月，錫良讓人「送來銀四千兩」（「主持錦愛路事」四個月薪水），他「交還使暫存」，說「俟錦愛實行乃受之」[8]。「錦愛」以後沒有「實行」，他日記裏也沒有「受」的記載。如果他真的沒有「受」，則這一年去奉天辦「錦路、壺埠」事，除了剛到時收了錫良送來的三百元零用錢，完全是「義務勞動」。

5　胡繩說鄭孝胥「在廣東、廣西、湖南當過邊防督辦、按察使等官職」（《從鴉片戰爭到五四運動》下冊，頁896），有誤。鄭孝胥一九〇七年被授廣東按察使，但沒有上任。鄭孝胥一九一一年在湖南出任的是布政使。

6　《鄭孝胥日記》（第三冊），頁1256、1237，一九一〇年五月十八日、二月二十七日日記。又，當時按徐世昌「所定官制，總督年俸十二萬兩……巡撫五萬一千兩」，《鄭孝胥日記》（第三冊），頁1243，一九一〇年三月十一日日記。

7　鄭孝胥一九一〇年七月廿一日日記記有高夢旦給某人信中一句話：「聞錦愛已成議，太夷為督辦」，《鄭孝胥日記》（第三冊），頁1265。但這只是高夢旦一人之「聞」，沒有其它資料可以證明。

8　《鄭孝胥日記》（第三冊），頁1256，1910年5月20日日記。

他不是幕僚。他在出任廣西邊防督辦前入過李鴻章、張之洞幕府，在後者更是待了多年，「深為文襄（張之洞）倚重」，「百政無不預，軍事亦參贊機密」，「當時湖北官場，言必稱鄭總文案，其勢可見矣」[9]。但他不願長期做幕僚：「余不喜武漢，久居頗鬱鬱。……廣雅（張之洞）數有諮詢之務，夜談或至日高乃出。既使與聞營務，又令監操武建軍，累言以兵事相屬。余固辭之，恐久羈難脫也。」[10]端方在保奏他出任東三省巡撫前後幾次請他入幕，「月束四百金」，但他只拿了一個月薪水，以後就「辭不受」了[11]。這次去奉天，錫良在請他「主持錦愛路事」的同時也請他「辦幕府」（指主持錫良的幕府），他說「俟合同定後，再議久暫之局」[12]。當年八月程德全自奉天調任江蘇巡撫後，請他做顧問官，「月餽二百金」[13]，他也沒有答應。因此，儘管這一年他不時為岑春煊、端方、錫良、程德全等大員出謀獻策，操刀作文，但在名義上卻不是他們中任何一人的幕僚。

他也不是商人。早在去廣西前，他就是張謇創辦的大生公司、通海墾牧公司股東。這幾年他在上海與朋友一起創辦了日輝呢廠，在商務印書館、江蘇和浙江鐵路公司等也有投資，成了上海灘有影響的商人，談生意已成為他生活的一個重要組成部分。這次去奉天辦「錦路、壺埠」事，在某種意義上也可以說是去談生意，但這次談生意和他以往談生意不同。因為一、這是一筆總值達四千萬美金的大生意，絕不是個別商人所能拿下的；二、對手是美國人，背後是美國政府，

9　葉參等：《鄭孝胥傳》，頁132。汪國垣：《光宣以來詩壇旁記・談海藏樓》，引自《海藏樓詩集》，頁574、575。

10　《鄭孝胥日記》（第二冊），頁784，1901年2月18日日記。

11　《鄭孝胥日記》（第二冊），頁1074、1126、1144，一九○七年一月二十九日、一九○八年一月二十八日、六月七日日記。

12　《鄭孝胥日記》（第三冊），頁1235，一九一○年二月二十二日日記。

13　《鄭孝胥日記》（第三冊），頁1268，一九一○年八月八日日記。

再背後是英、日、俄三國政府；三、他不是以個人身份，而是以大清國地方政府代表的身份與美國人談生意。所以不能看他在天津租界洋房裏與美國人討價還價，就誤以為他是商人。

但換個角度看，也可以說鄭孝胥這一年外出時的身份既是官，也是幕僚，還是商人。全權代表地方政府參加錦愛路借款合同談判並擁有為葫蘆島工程撥款數萬元大權的，不是官，可能麼？岑春煊、端方、錫良等疆吏召之即來，來之不僅能建言、能屬文，還能陪他們賞花觀畫、飲酒吟詩，不就是標準的幕僚麼？此外他像張謇一樣，深諳經商訣竅，在參加上述談判之餘憑藉官場關係，為日輝呢廠拉生意[14]。例如一九一〇年五月，他向錫良「商請提倡華呢」（虛指中國廠商生產的呢，實指日輝呢廠生產的呢），而錫良在第二天就「劄飭各局，嗣後東省軍隊、巡警及各項軍學堂製辦軍衣操服，務須前赴陸軍糧餉局軍裝製造廠購用日輝華呢，不得再向他處購買」[15]。還有比讓官家發文強制購買更「高明」的商人麼？

鄭孝胥是複雜的。從他這一年外出時身份的名實不一，多少也可以看出這種複雜。

如果說對鄭孝胥這一年外出時身份的確定，從名從實還可以討論的話，那麼他的忙則是不爭的事實。他曾說張謇「比當官更忙」，他自己其實也是如此──做官也不至於忙得一年只在家裏待三四個月吧？有時甚至比張謇更忙，張謇再忙，過年總還是在南通老家過的，而他卻忙得在舊曆年底，還要千里迢迢趕去冰天雪地的奉天（抵達已是小年夜晚上十點了），還要在正月初一「詣清帥（錫良），談鐵路議約事」並「閱錦齊（錦州至齊齊哈爾鐵路，錦愛路前身）案卷三

---

14 據于右任說：「日輝呢廠，出貨非不精，然銷路疲滯。此何以故？曰國民愛國心薄弱之故。」《于右任辛亥文集》（復旦大學出版社，1986年9月），頁99。

15 《鄭孝胥日記》（第三冊），頁1256，1910年5月21日日記。

冊」，初二聽取關於路透社電報（涉及英國政府對錦愛路的態度——引者）的報告並「閱津浦鐵路借款合同」，初三繼續與錫良「談議約事」，初四「擬訂錦愛鐵路借款包工合同二十款」[16]。以至他自己也感到「甚奇，老而奇氣猶未衰耶？亦可謂多事矣」[17]。

確實是「多事」。「錦路、壺埠」事本來與他沒有任何關係，一定要扯上什麼關係的話，只能說這條「錦路」或許可以讓他過一把「借債造路癮」。這些年他一直鼓吹借債造路，去廣西前還在盛宣懷手下做過京漢鐵路南段（保定至漢口）總辦。不過說是「過癮」，實在是「淺嘗輒止」，因為到他最後離開奉天時，這條「錦路」還八字沒一撇呢。再說以往他與錫良沒有交往，與程德全也相識不久，他們慕名來請他，他完全可以來個口惠而實不至，但他還是「自告奮勇」急如星火般地去了，連過年也顧不上了。對此他自己解釋是「老而奇氣猶未衰」。其實這一年他才五十一歲，「告老甚早」，到七十六、七歲，他還「耳聰目亦明，無病聊自喜」，「自詡好身手」呢[18]。至於「奇氣」，其實是他「出任天下大事」之志在作祟，見下文。

多事者，自然忙，但夏敬觀卻說他「比出家更閒」[19]。老朋友這麼說，大概有兩個原因。其一，夏敬觀只看到他在海藏樓吟詩寫字乃至在四馬路「叫局」、「吃花酒」的一面，而沒有看到他在小年夜晚上趕到奉天並在新春佳節忙於「錦路、壺埠」事的一面。其二，他做事風格瀟灑，以至於讓夏敬觀誤認為他很閒。當年與鄭孝胥一起在上海做生意、以後創辦浙江興業銀行的葉揆初（1874-1949），曾經以「輓車」為例，對鄭孝胥、張謇和湯壽潛這三個「在今日號能任事者」的

16 《鄭孝胥日記》（第三冊），頁1229、1230，1910年2月10、11、12、13日日記。

17 《鄭孝胥日記》（第三冊），頁1228，1910年2月9日日記。

18 鄭孝胥：〈神往〉、〈四月十九日辭國務總理得允〉，《海藏樓詩集》，頁435、428。

19 《鄭孝胥日記》（第三冊），頁1267，1910年7月30日日記。

做事風格作了一番點評：

> 設為輓車人：鄭所御馬車，輕駛自喜，且以餘閒調笑；張則拉車，飛奔喘息；湯推獨輪車，竭蹶委頓之狀睟於面，盎於背矣。

「挽」是牽引的意思。同樣是牽引一輛車，鄭孝胥因為是「御馬」來「輓車」，而且「御馬」手段在葉揆初看來還很高明，所以「輕駛自喜，且以餘閒調笑」；而張謇和湯壽潛都是用人力來「輓車」，只是一個拉，一個推，所以前者「飛奔喘息」，後者「竭蹶委頓之狀睟於面，盎於背矣」（「睟」係潤澤貌，「盎」是洋溢、充盈之意，全句說湯壽潛累得汗流滿面、汗流浹背）。聽到葉揆初這樣評價，鄭孝胥笑曰：「僕無任事意，獨踏自轉車翱遊，評品倚市妍媸而已。」[20]「僕無任事意」說他無意做官，做其它事也只是玩玩而已；「自轉車」即自行車，鄭孝胥當時不會騎自行車，但辛亥年後在上海做遺老時學過，可見他欣賞「獨踏自轉車翱遊」那股瀟灑勁，故以此作比。「評品倚市妍媸」是「指點江山」的另一種說法。短短一句話，得意之情，溢於言表。

做事風格瀟灑者往往識見、能力、手段都不一般，視之蘇戡，也是如此。早在一八九七年，盛宣懷與鄭孝胥第一次見面後就對他「極相傾倒」，一年後又認為他「真能斷大事」[21]。也是在一八九八年，翁

---

20 《鄭孝胥日記》（第三冊），頁1266、1267，一九一○年七月二十九日日記。又，鄭孝胥當時不會騎自行車，見《鄭孝胥日記》。

21 《鄭孝胥日記》（第二冊），頁590，一八九七年二月二十八日日記。盛宣懷對鄭孝胥「極相傾倒」後不久，於一八九七年四月廿七日與王文韶、張之洞會銜奏請調用「學通中西、慮周識遠之士」，鄭孝胥是其中之一，見《盛宣懷年譜長編》（下冊），頁577。又，對鄭孝胥「傾倒」的還有溥儀。據溥儀說，他們第一次見面時，「他從盤古開天闢地一直談到未來的大清中興，談到高興處，眉飛色舞，唾星亂飛，說到激

同龢說他「識力議論皆好，較叔衡、子培為冗爽」[22]，張之洞說他「學識清超，志趣堅定……講求洋務，賅通透澈，能見本源，於洋務尤為考求詳實」[23]。一九〇五年，孟森稱他為「將之良者，恒兼宰相器」。嚴復看後認為，對「太夷」的評價，此「二語盡之矣」[24]。一九〇七年，陳璧說他「才識深敏，任事果決。中外古今政治得失，均得洞悉源流。於輪、電、鐵路各事，尤能考求利弊，決擇精透，言皆可行。現在各事正資整頓，實為臣部不可少之才」[25]。錫良、程德全則認定錦愛路「訂議貸款，事體重大，條理多端，非如鄭公負海內重望，明達時務，不足以語於斯」[26]。張謇眼界很高，也很早就承認他「胸次過人遠也」[27]。

　　昂慷慨處，聲淚俱下，讓我大為傾倒」。見《我的前半生》，頁158。鄭孝胥為盛宣懷「斷」的大事涉及借債造路（京漢鐵路），見《鄭孝胥日記》（第二冊），頁643，一八九八年二月十七日日記。

22　《翁同龢日記》（第五冊），頁2852，一八九五年十一月一日日記。叔衡是丁立鈞（1854-1902）字，丁是一八八〇年進士，曾任翰林院編修等。子培是沈曾植（1850-1922）字，沈也是一八八〇年進士，曾任總理衙門章京等職。另據鄭孝胥說，翁同龢說他「能見其大，亦為透闢」，「通達非常」。《鄭孝胥日記》（第一冊），頁526、528，一八九五年十一月二十、二十七日日記。

23　張之洞：〈薦舉人才折〉（光緒二十三年七月二十九日），《張之洞全集》（第二冊），頁1256。據鄭孝胥日記記載，張之洞對他的評價還有「子之才籠罩一切，無施不可」、「操守廉潔，才力堅強，博通西法，事事研究」等。《鄭孝胥日記》（第二冊），頁735、857，一八九九年九月七日、一九〇三年一月十日日記。

24　孟森（1869-1934），字蓴孫，號心史，曾隨鄭孝胥去廣西，當時是鄭的幕僚。以後積極投身立憲運動，辛亥革命後潛心研究清史，著有《心史叢刊》等。一九〇五年孟森寫了《廣西邊事旁記》，他評價鄭孝胥的這句話就出自該書。嚴復為該書寫了跋，「二語盡之矣」出自該跋，見《嚴復集》（第一冊），頁165。

25　《鄭孝胥日記》（第二冊），頁1102，一九〇七年八月二日日記。陳璧當時是郵傳部尚書。

26　這是錫良、程德全一九一〇年初致岑春煊信中的話，《鄭孝胥日記》（第三冊），頁1224，一九一〇年一月二十四日日記。

27　《張謇全集》（第六卷），頁236、237，光緒十年（1884年）九月三十日日記。

　　因此鄭孝胥雖然只是舉人（一八八二年福建鄉試解元，以後沒有參加會試），也沒有做過大官，在晚清官場卻聲譽甚隆，「所謂名督撫者爭相延攬」，岑春煊等推薦他做官、端方等請他入幕就是證明。在商界也是如此，他參股的上海華商銀行就有股東認為，如以「蘇戡先生為（銀行）總理，則銀行之信用更廣耳」[28]。以商人為主體的福建駐滬同鄉會，幾次選他做會長。在學界也是如此，學部任命他為頭等諮議官，端方請他出任中國公學校長。薈萃商學兩界人才並有部分官僚（如瑞澂等）參加的上海預備立憲公會，更是連續三屆選他為會長，他的得票數遠遠超過出任副會長的張謇和湯壽潛（都是進士，張還是狀元）[29]。如果他事先不「聲言不能再任正副會長」，第四屆會長很可能還是他。

　　提到立憲公會，正好接著說鄭孝胥在「年終小結」中提到的一件大事：「內閣、國會已有萌芽。」立內閣、開國會是包括立憲公會在內的全國各立憲團體的共同要求，鄭孝胥作為三屆立憲公會會長，在促使內閣、國會「萌芽」過程中扮演了一個重要角色。

　　早在一九○八年二月，他主持的立憲公會會員第一次常會就提議「求開國會」。不久他又「提議聯合各會（指全國各立憲團體），公呈求開國會」，並「合有志之士共編〈速成國會草稿〉，俟〈草稿〉成，合各省上書進呈〈草案〉，請政府實行」。當年六、七月，他獲悉朝廷

---

28 引自《鄭孝胥日記》（第三冊），頁1208，一九○九年九月二十日日記。

29 《鄭孝胥日記》（第三冊），頁1220，一九一○年十二月二十六日日記。立憲公會會長由會董（由會員選舉產生）選舉產生。第一屆會董十五人，鄭孝胥以全票當選會長，張謇、湯壽潛當選副會長。第二屆選舉，「會員到者七十餘人」，先選會董，鄭孝胥得「六十餘票」，是會董中得票最多的，「復為會長」。第三屆選舉，會長鄭孝胥（十七票），副會長張謇（十票），湯壽潛（七票）。第四屆選舉，會長朱福詵（十票），副會長張謇（八票），孟庸生（七票）。朱福詵（1841-1919），字桂卿，浙江海鹽人，一八六○年進士，張元濟曾就讀其門下。孟庸生是孟森之弟，當時是立憲公會駐北京事務所負責人。

想拖到六年後（後來決定九年後）開國會，兩次以立憲公會名義致電憲政編查館，請求「王爺、中堂大人上念朝事之艱，下順兆民之望」，「決開國會，以二年為限」，並說「遲疑顧慮，終於無成，實中國積弱之痼習；必先除去此習，乃有圖存之望」[30]。

他還提議在立憲公會內設立國會研究所，「先舉一時旅滬知名之士為會員，專以速成為主義，非獨破壞腐爛專制之政府，兼欲刪改列國完全之法度」。國會研究所成立後，他請會員研究「國會院制及國會召集法」，並「定為請開下議院，其上議院制度待下議院成立後再由眾議承認」。關於選舉國會議員，他認為「選舉權宜普及、宜寬，被選舉者立格宜稍嚴，審查之法宜稍密」[31]。

他還利用自己與督撫的關係，請他們出面求開國會。這方面最典型的是一九一〇年十一月一日晚上起草的一個電報。那天他在奉天，聽錫良說清廷即將宣佈先立內閣、後開國會（真實目的是不想開國會），感到事情「已急，此真最後十五分鐘矣」，決定「挾各督撫之力，為國民決一死戰」。於是他在一小時內為錫良起草了一個致軍機處電報：請求「將內閣、國會同時並舉，以慰民望」。電文辭理俱佳，錫良看後，「奮髯抵幾曰：『此電有力。我革職亦甘之！』」立即下令以急電發出。這個電報在報紙上登載後，「各督撫急電，言朝廷宜防官邪，不宜徒防民氣」[32]，紛紛要求同時立內閣、開國會，給朝廷造成了不小的壓力。

---

30 《鄭孝胥日記》（第二冊），頁1129、1137、1138、1147、1149，一九〇八年二月十六日、四月十一、十五日、六月二十七日、七月十日日記。兩個電報的署名人是鄭孝胥、張謇和湯壽潛。湯壽潛對第二個電報略有補充。

31 《鄭孝胥日記》（第二冊），頁1138、1141、1142、1147，一九〇八年四月十九日、五月十三、二十日、六月二十四日日記。

32 《鄭孝胥日記》（第三冊），頁1286、1287，一九一〇年十一月一、二、六日日記。「朝廷宜防官邪，不宜徒傷民氣」，出自鄭孝胥代錫良擬的電報。

　　雖然朝廷最終還是決定先立內閣、後開國會，但迫於當時高漲的立憲呼聲，不得不同時宣佈在「宣統五年」開國會，把原定為九年的預備立憲期縮短為三年。所謂「內閣、國會已有萌芽」，大抵就是如此。

　　鄭孝胥雖然不是立憲派中最早提出開國會的，但由於立憲公會的影響以及他本人在官商學三界的聲譽，他的主張在社會上產生了很大影響（鄭的一些文電當時大多見報）。正是在包括鄭孝胥在內的全國立憲派共同努力下，內閣、國會這些民主政治常識，在專制統治數千年的中國終於開始進入社會議程。值得指出的是，迄今為止對立憲運動尤其對立憲公會的論述，基本都聚焦在張謇身上，稱張是「立憲公會的靈魂」[33]，很少提到鄭孝胥，甚至根本不提，這不是實事求是的態度。要說「立憲公會的靈魂」，鄭孝胥肯定也是，至少是前期立憲公會的靈魂，否則就不能解釋他連任三屆會長而張謇只是在第五屆立憲公會上才被選為會長的事實，也不能解釋他去立憲公會的次數遠遠多於張謇的事實，我們不能因為他晚年附逆而無視他中年對立憲運動的貢獻。

　　下面說鄭孝胥在「年終小結」中提到的第二件大事：「錦路、壺埠勢不可止」。

　　隨著〈馬關條約〉簽訂，日本勢力大舉侵入我國東三省。日俄戰爭後，東三省形成日俄「南北分據之局，日人以旅順大連為海軍根據地，其鐵路直貫東省南部，俄人以符拉迪沃斯托克為海軍根據地，其鐵路衡貫東省北部。兩國陸軍均不數日可達，東省命脈蓋已懸於兩國之手」[34]。東三省是愛新覺羅氏「龍興之地」，清廷對此當然不會熟視

33　李新：《中華民國史》，頁45。汪家熔：《大變動時代的建設者》，頁137。
34　王芸生：《六十年來中國與日本》（第五卷），頁248。

無睹，遂於一九〇九年八月密諭錫良和程德全，要他們設法「廣開商埠」、「厚集洋債」，「隱杜壟斷之謀」、「陰作牽制之計」。接旨後錫、程「焦慮熟籌」，認為東三省「治標之計，非於兩國路線之外別築一路，不足以救危亡。然集款千數百萬，不特無此巨幣，且我若自修，不見阻於日，即見阻於俄，無論何路終無讓修之日」，所以「非借外人之款不足經營東省，尤非借外人之力無由牽制日俄」[35]。一個多月後，他們與美、英兩家公司簽訂了〈錦愛路草合同〉。

〈錦愛路草合同〉的簽訂，對日、俄在我東三省的「利益」構成了嚴重威脅，因而受到他們強烈反對。清政府外務部等也以「侵損利權」為由，要求將該合同「即行作廢」。正在這時，美國國務卿諾克司（P. C. Knox, 1853-1921）提出了國際共同經營滿洲鐵路並使之中立化的所謂「諾克司計劃」（Knox Plan）。清政府贊同這個計劃，並讓錫良、程德全與美國人改訂〈錦愛路草合同〉（這份〈草合同〉非常粗率，只有九款，一千餘字）。錫、程無力改訂，就通過岑春煊的關係，把鄭孝胥請到了奉天。鄭孝胥有與「洋鬼子」打交道的豐富經驗，一八九一至一八九四年，他隨李鴻章的兒子李經方出使日本，先任書記官，後任駐神戶、大阪總領事；出任京漢鐵路南段總辦時，與比利時、英國和法國人等也多有交涉。至於借債造路，他更是深有心得。所以到奉天後第五天他就「擬訂錦愛鐵路借款包工合同二十款」，然後於三月中旬赴天津與美國人談判，經過一番討價還價，終於在五月六日議定了〈錦愛鐵路借款正式合同〉（共廿一款，八千餘

---

35 王芸生：《六十年來中國與日本》（第五卷），頁248。盛宣懷也積極支持修建錦愛路，一九一〇年一月廿五日致電外務部等，說「錦暉借款營路實為保全滿洲最上策」；八月一日致電錫良，說「錦愛鐵路實為保全要策」，見《盛宣懷年譜長編》（下冊），頁902、909。

字）[36]，但未經簽字。

至於葫蘆島建港開埠，既是錦愛路配套工程，也是開放東三省的一個舉措。當時報紙對此事頗有報導，一九一〇年二月庚款留美考試復試也考到此事。由於這道題「超綱」，所以參加這次復試的吳宓大叫其苦，見第五篇。

與美國人改訂〈錦愛路草合同〉，是清政府試圖引進歐美勢力，打破日、俄在我東三省壟斷地位的一種努力。鄭孝胥對此是極力贊成的，因為此舉符合他的「借債造路」說。正因為如此，他才會有在小年夜晚上十點趕到奉天的「壯舉」。他甚至給自己侄子的女兒取名「錦愛」，可見他對錦愛路的一往情深。不過他說的「錦路、壺埠勢不可止」最終卻落空了，清政府懾於日、俄等國壓力，把他花了很多心血談成的〈錦愛鐵路借款正式合同〉束之高閣，不久武昌起義爆發，清室遜位，此事也就不了了之。

一是促使內閣、國會「萌芽」，一是與美國人議定錦愛路借款合同，一年做了這兩件事，一般人應該滿意了，但鄭孝胥卻不然：「觸山之恨難償，逐日之力將盡，其所營者僅止於此，吁，可哀矣。」鄭孝胥雖然自稱「僕無任事意」，其實胸有大志，所以用的比喻也不同常人。發怒時他喜歡把自己比作共工，輪船因故不能起航，他也說「此真使我怒觸不周山也」[37]。此刻他是對「腐爛專制」、「無能」的

---

36 王芸生編著的《六十年來中國與日本》（第五卷）收錄了這份合同，並說「當錦愛路草合同批駁之後，中美雙方曾另議一正式合同。此係宣統二年二三月間東督錫良、奉撫程德全派吉林交涉使鄧邦述及一鄭某在天津與司戴德議訂者」（頁282-293）。這裏的「鄭某」就是鄭孝胥。王芸生在「九一八」事變後在《大公報》開設「六十年來中國與日本」專欄，當時鄭孝胥已投靠日本軍國主義，不提鄭的名字以及把「鄭某」排在鄧邦述（即鄧孝先，他在錦愛路借款合同談判中是鄭孝胥的副手）之後是可以理解的。司戴德（Willard Straight）曾任美國駐奉天總領事，當時已離任，代表美國公司參加錦愛路借款合同談判。

37 《鄭孝胥日記》（第三冊），頁1287，一九一〇年十一月六日日記。

政府發怒，一恨政府沒有在立內閣同時開國會，二恨政府不敢在錦愛路借款合同上簽字，此外還有三恨、四恨……所以說「觸山之恨難償」。「逐日之力將盡」則把自己比作夸父，這一年他五十一歲，似乎也感覺到做事吃力，餘日無多。下面一個「僅」字，說明他還想做更多的事情，還能做更多的事情，然而事實是只做了這兩件事，這未免使他有一種壯志未酬的「哀」。「吾其為共工、夸父也歟？」沒有回答，一切盡在不言中。

在宣統二年除夕這天，鄭孝胥還寫了兩幅字。

一幅是「除夕桃符」即春聯：「堯年聞鶴語，稗史擬麟經。」「堯年」指太平歲月，「鶴語」指鶴壽長而多知往事，「稗史」指不同於正史的史籍，「麟經」即《春秋》。可以與這十個字做伴的是胡蘭成的十個字：「願使歲月靜好，現世安穩。」[38] 人對得上，意思也接近，可惜是「六四句」。

一幅是新年祝詞：「宣統三年，民強國振，道達詩昌。」鄭孝胥寫下這十二個字的時候，宣統二年只剩下幾個小時了，新年的腳步聲已依稀可聞，只是他當時不可能知道，「宣統三年」就是宣統末年，「大清」末年。「民強國振」是他對人民、國家的祝願。我們沒有理由懷疑他當時的真誠，促使內閣、國會「萌芽」以及與美國人談錦愛路合同，都可以說他真心希望「民強國振」。「道達詩昌」則是他對自己的祝願。「道達」的意思是指望自己的治國之道即「借債造路」能為上所用，茲事體大，下節再說。「詩昌」則是祈望自己有更多、更好的詩篇問世。鄭孝胥是同光體閩派代表[39]，與陳三立（字伯嚴，號

---

38 胡蘭成：《今生今世》，頁155。

39 陳衍說：「同光體者，余與蘇戡戲目同、光以來詩人不專宗盛唐者也」（《石遺室詩話》），引自《海藏樓詩集》，頁550。按：同光體詩人主要學宋詩，「不專宗盛唐者」只是一種說法。

散原，陳寅恪父）齊名。張之洞非常欣賞他的詩，驚曰「鄭蘇堪是一把手！」[40]胡適晚年「不喜歡舊詩詞」，卻「特別喜歡鄭孝胥的律詩」，說「律詩難做啊！要做到像鄭蘇戡那樣的律詩要下幾十年的工夫啊！」[41]在宣統三年即辛亥年，鄭孝胥果然寫了不少詩，只是這些詩很多是對「大清」的輓歌，也是他本人前半生的絕唱，見下文。

這兩幅字今已不存，否則拿去拍賣，大概可以拍個令人驚訝的價錢，這不僅因為作者有大名，還因為他的字。李鴻章說，鄭孝胥的字「好，有別致矣。……勁氣直達矣。……此豈非二甲高等卷乎，我平生不以鼎甲許人，為其繫於運氣；可以二甲，即可以鼎甲矣。」[42]沙孟海說，鄭孝胥的字「早年學顏蘇，晚年始習六朝，其筆力極堅挺，有一種清剛之氣。……最奇者，其作品既有精悍之色，又有松秀之趣，洽如其詩，於沖夷之中，帶有激宕之氣」，「其用筆確有過人之處」[43]。李鴻章於書法是外行，說的話姑妄聽之。沙老先生是書法巨擘，說的是行家話，只是這樣一來，就為「字如其人」說之不可信增加了一個例證。

寫了字，記了日記，鄭孝胥洗洗睡了，他的「蹤跡頗極縱橫」的

---

40 邵鏡人：《同光風雲錄》，《海藏樓詩集》，頁561。

41 唐德剛：《胡適雜憶》，頁94。按：胡適留學期間對鄭孝胥詩並不看好：「晚近惟黃公度可稱健者。餘人如陳三立、鄭孝胥，皆言之無物者也。」《胡適日記全編》（2），頁376，一九一六年四月十七日日記。

42 《鄭孝胥日記》（第一冊），頁71，一八八五年9月20日日記。清代殿試很看重書法，熊希齡曾因書法欠佳，殿試前住在北京一個破廟裏「專門鍊字」。周秋光：《熊希齡傳》，頁22。

43 劉正成：《中國書法全集》（第78卷），頁23。沙孟海與鄭孝胥有一面之雅，據鄭孝胥一九二三年一月卅日日記：「張讓三以書介紹沙孟海、朱百行來見。沙名文若，朱名義方；沙好公文，小學，能篆刻。」《鄭孝胥日記》（第四冊），頁1936。胡適也很欣賞鄭孝胥的字，曾與徐志摩一起去看鄭寫字，還託高夢旦請鄭寫了其父（胡傳）墓碑。

這一年就這樣過去了。睡下時他不會想到,在即將到來的宣統三年即辛亥年,他的「蹤跡」依然「縱橫」,更重要的是,他還將迎來在他一生中堪稱分水嶺的一年。

深心遠識〈覘國談〉

過了年,鄭孝胥在北京住了近四個月(他愛女即將生產,太太已於年前來京照料)。從辛亥年全年來看,這是他該年最輕鬆的一段日子。當時錦愛路借款合同雖已議定,但清廷懾於日、俄兩國反對,不敢批准,這樣他這個「督辦」也就無事可辦;葫蘆島建港雖已啟動前期工程,但一則由於錦愛路擱置,二則由於錫良因不滿「政府反覆之狀」(指朝廷先是授意他與美國人改訂錦愛路合同,談成後又不讓簽字)而稱病離職,他無意再作馮婦。於是在北京的這些天,他看上去又像「比出家更閒」:或會友——有幾十人之多,今天聽來比較熟悉的有端方、林琴南、冒鶴亭、楊度、曹汝霖、陳寶琛、嚴復、湯壽潛、陳衍、熊希齡等;或遊覽——去了清華學堂、萬生園(今北京動物園,去了兩次)、陶然亭等;或赴宴——僅百年老店「廣和居」就去了十二次;或到「英古齋」(琉璃廠一家古籍文物商店)「小坐」(去了十六次)。在家則寫字、寫詩、觀花、賞畫,不時也會客。此外,日輝廠的生意有機會還是要拉的,只不過隨著錫良離職,拉的對象改為陸軍部。

但如同他去年外出時的身份可作兩面觀一樣,上述這種悠閒日子也只是他這幾個月生活的一面。另一面,則是他對朝政的密切關注和對借債造路(其實也是朝政)的念念不忘。最忘不了的自然是已經議定的錦愛路。二月下旬,俄國人想在蒙古派駐領事,而昏庸的清外務部竟然忘了過去與俄國簽訂的有關條約(按條約規定,俄國不能在蒙

古派駐領事），說什麼「條約所有，均可照辦」。他聽說此事後想了一個「轉敗為勝之策」（其實是「交換之策」）：如「能於一月之內將錦愛路合同與英、美簽字，則俄人新得所求，必不能再出阻擾，是俄得虛而我得其實也。此機若失，則錦愛必無實行之日」[44]，並託與載灃有交往的人前去進言。他還就借債造路作了一次公開演講，「聽者百餘人」。此外在這幾個月他筆耕頗勤，除了詩之外，大多與借債造路有關，其中包括可看作他「謀國之思慮」結晶的〈覘國談〉。

一九〇七年二月，鄭孝胥在與端方討論變法時說：

> 謀國之思慮須如時文家作小題之訣：截上截下，必須認明來脈，眼光四照，然後手寫題中，而來脈之線索處處警策。今之言變法自強者，只是做爛墨卷，填腔調、堆字眼而已，於題理、題神毫無關涉，何益之有；……[45]

「小題」即報刊短評。「墨卷」與「朱卷」相對，指科舉考生本人繕寫的卷子，做「爛墨卷」就是做拙劣的應試文章。「腔調」即曲調，「填腔調」在這裏指墨守成規。寫報刊短評，確應「截上截下」，然後從一個點切入；寫時又須「認明來脈，眼光四照」，「來脈之線索處處警策」，唯有如此，才能彰顯「題理、題神」。「謀國之思慮」在鄭孝胥看來也應如此，否則就只是「做爛墨卷，填腔調、堆字眼而已」，而他自己的「謀國之思慮」，經過「截上截下」，最後集中在借債造路上，整個過程持續了十多年。

鄭孝胥對鐵路重要性的認識始於出使日本期間，正是在這幾年，他目睹了日本鐵路的發展及其對經濟的推動。甲午海戰後他從日本

---

44 《鄭孝胥日記》（第三冊），頁1309，一九一一年二月二十六日日記。

45 《鄭孝胥日記》（第二冊），頁1078，一九〇七年二月二十五日日記。

「下旗回國」，不久被張之洞延入幕府。一八九五年一月，他對幕友說：「若朝廷能因此役翻然改圖，更新政令，變易綱紀，造鐵路，講吏治，振商務，修戰具；……」[46]把「造鐵路」列為清廷如果改弦更張要做的第一件事。同年四月，他向主張「聯英抗日」的張之洞獻策：「遴派公正通達之大臣，速赴英國，訂立密約，與之同利害，圖富強，而以直省（直隸省）興造鐵路為先務。」[47]五月，他兩次向張之洞進言：「中國自借二萬萬為造鐵路、練海軍、開各礦之用」，「再借洋債，速造鐵路」[48]。六月，當時〈馬關條約〉已經簽訂但還未換約，他為張之洞起草「翻約折稿」（「翻約」即毀約，這裏指推翻〈馬關條約〉，這是當時包括鄭孝胥在內的很多官吏的主張），提出了朝廷如果「翻約」要做的八件事，其中造鐵路被列為第二，僅次於「巡幸」（這裏指清廷遷都）[49]。九月，他又向張之洞獻策：「請北方速造鐵路，與俄羅斯之西伯利亞新路接，必大得勢。」[50]一八九七年二月，他被積極主張借債造路的盛宣懷調到上海，為盛向比利時借款建造京漢鐵路（當時叫蘆漢鐵路）出了不少主意。次年一月，他在盛宣懷力邀下出任京漢鐵路南段總辦。一九〇三年六月去廣西後，他曾提議在那裏造鐵路，但未獲批准。一九〇五年十月回上海後，他積極參加商辦鐵路建設，先後投資江蘇和浙江鐵路公司，但這只是他為自己找一個新的「經濟增長點」，並不意味著他放棄了借債造路，否則就不能解釋他會去奉天主持錦愛路談判，也不能解釋他會為盛宣懷起草

---

46 《鄭孝胥日記》（第一冊），頁463，一八九五年一月十七日日記。

47 《鄭孝胥日記》（第一冊），頁485，一八九五年四月二十五日日記。

48 《鄭孝胥日記》（第一冊），頁489、491，一八九五年五月六、十一日日記。

49 《鄭孝胥日記》（第一冊），頁499，一八九五年六月二十四日日記。

50 《鄭孝胥日記》（第一冊），頁512、513，一八九五年九月二日日記。這條鐵路從張家口至俄羅斯恰克圖，簡稱張恰路。一九一一年六月被載灃召見時，鄭孝胥把建造張恰路視為「中國自強千載一時之機遇」。

「收回商辦鐵路奏稿」（見下文）。總之，從一八九五年向張之洞進言造鐵路，到一九一〇年受錫良、程德全委託與美國人談錦愛路，鄭孝胥始終堅持借債造路，可謂「鄭道一以貫之」[51]。

至於借債造路最受時人詬病的「侵損利權」，鄭孝胥自有看法。去奉天談錦愛路之前，他聽說「奉天諮議局反對錦齊鐵路，謂徒引外人操戈入室」，他的回答是：

> 民不信官，故有此見，不足怪也。然閉門非策，能擇人與之馳逐，外人亦不足懼。京漢鐵路，僕嘗從事五年，毫無所梗，今已贖回，即其驗也。[52]

京漢鐵路於一九〇六年四月全線竣工通車。一九〇九年一月，清政府迫於國內壓力還清了借款，收回了路權和管理權。因此在鄭孝胥看來，借債造路，「外人亦不足懼」，關鍵是要「能擇人與之馳逐」。不消說，他肯定自以為是這樣的人，張之洞、盛宣懷、錫良、程德全也認為他是這樣的人。

關於借債造路的「侵損利權」，鄭孝胥一九一〇年二月十九日的日記值得一提：

> ……余詢以東清鐵路條約本有由中國派總辦管理之權，後來何以不派。徐曰，東清鐵路條約乃許竹篔在俄京簽字，當時即派許為總辦。庚子，許公被害，總辦經費六萬兩遂撥為外部公

---

51 孔子曰：「參乎，吾道一以貫之。」（《論語‧里仁》）一八九八年九月，鄭孝胥在被光緒召見後「賞道員，充總理各國衙門章京」。《張謇全集》（第六卷），頁413。

52 《鄭孝胥日記》（第三冊），頁1221，一九一〇年一月三日日記。

費，從此不派總辦。路權全歸俄人矣。此真大可笑亦可大哭
也。[53]

　　「東清鐵路」是中國東清鐵路簡稱，通常簡稱中東路。「徐」是
一位「在黑龍江八年，近年三省官事無不預聞」的東北官僚。許竹篔
即許景澄（1845-1900），曾任吏部侍郎、駐德俄公使和中東路總辦等
職，一九○○年因反對慈禧等利用義和團對外宣戰被殺。「外部」指
清外務部。東清鐵路條約即中東路合同，第一款就寫明中國東省鐵路
公司「設公司總辦，由中國政府選派，其公費應由該公司籌給」[54]。
但清政府竟因許景澄死了就不派總辦，總辦之職自動放棄，總辦經費
另作他用，「此真大可笑亦可大哭也」——笑的是清政府的昏聵，哭
的是堂堂中華竟有這樣的政府，而這一笑一哭，可見當時的鄭孝胥並
不會隨意聽任外人「侵損利權」。

　　鄭孝胥最後與美國人議定的〈錦愛鐵路借款正式合同〉也可一
說。這份合同共二十一款，涉及「侵損利權」的主要有兩款：一是這
次借款本息，清政府允諾以東三省鹽課等四百萬兩進項作保；一是清
政府「願將全路暨本借款合同所擬修築之支路並一切產業或附屬之
物，作為頭次抵押」[55]。但這種作保、抵押，實在是當時通行做法，
錦愛路合同並無特殊之處。此外還應指出，這次借款的年息是五釐，
在當時借款中屬於最低的。

　　鄭孝胥既在日本看到過鐵路是怎麼一回事，自己又有在造路施工
現場的多年體驗，不久前主持的錦愛路合同談判又使他有了借債經
驗，於是在一九一○年十二月，鄭孝胥在與程德全（已調任蘇撫）交

53　《鄭孝胥日記》（第三冊），頁1221，一九一○年二月十九日日記。
54　王芸生：《六十年來中國與日本》（第三卷），頁123。
55　王芸生：《六十年來中國與日本》（第五卷），頁248。

談時把借債造路提升到「開通改革政策」：

> 今國人政見多以量入為出為策，此可名之為「閉塞改革政
> 策」；若就歲入之款擇要舉辦憲政，仍大借外債專辦鐵路，以
> 求將來之發達，此可名之為「開通改革政策」。[56]

　　無論治家治國，國人傳統的理財觀都是量入為出，而鄭孝胥卻反
其道而行之，主張「大借外債專辦鐵路，以求將來之發達」。也許是
考慮到國人不能理解他的「苦口婆心」吧，三個月後他開始寫〈覘國
談〉。

　　鄭孝胥晚年走上了「不歸路」，除了一部日記、一本詩集，其它
文字留下的很少。他比較系統地闡述借債造路的文字，今天可以看到
的似乎唯有〈覘國談〉。鄭孝胥本人對〈覘國談〉自視甚高：「余今年
所作〈覘國談〉三篇，深心遠識，度國人必有讀而感之者。淺夫夢想
不到，安能有動於其中哉。」[57]既然〈覘國談〉可能是鄭孝胥論借債
造路的「碩果僅存」者，作者自己又如此看好它，下面全文抄錄〈覘
國談一〉，摘要抄錄〈覘國談二〉（《鄭孝胥日記》只收錄了這兩篇，
不知何故缺第三篇），有些地方作些說明，看看其中是否有一些國人
「讀而感之者」或「淺夫夢想不到」的東西。

　　〈覘國談一〉寫於三月十九日，全篇借「言伊犁、雲南之形
勢」，正面闡述了造路的必要性：

56　《鄭孝胥日記》（第三冊），頁1292，一九一〇年十二月五日日記。

57　《鄭孝胥日記》（第三冊），頁1331，一九一一年七月八日日記。七年後，鄭孝胥寫
　　了〈覘國談四〉，見《鄭孝胥日記》（第三冊），頁1718，一九一八年三月十五日日
　　記。《鄭孝胥日記》沒收這篇〈覘國談〉。

中國立國於亞洲，名為大國，而國內毫無貫通一氣之機關，平
日以閉塞為主義，至今行政之人猶恃閉塞以為偷安苟活之幸事。

「大清」在鄭孝胥寫〈覘國談〉時已立國二百六十八年，但是
「國內毫無貫通一氣之機關」——這是他對清政府的評價。所謂「以
閉塞為主義」，用今天的話來說就是不想乃至抵制、反對改革開放
（當時也說改革、開發，但兩詞連用似乎沒有）。「偷安苟活」是鄭孝
胥常用成語之一，在他看來，這是包括官吏、商賈、農工在內的中國
人民的一種「特質」，值得一說。

一九〇六年十二月十六日，鄭孝胥在立憲公會成立大會上發表講
話，認為「中國數千年以來皆是家天下之制度」，「因此醞釀鍛鍊以成
今日中國人民一種之特質。此種特質有一最醜之名目，名曰苟安偷活
四字而已」。這種特質在他看來可分為「國政」和「身家」兩層：在
前者，「苟安二字是以數千年以來治國之制度，皆以居高臨下為主
義」；在後者，「偷活二字是為數千年以來謀生之計策，皆以利己損人
為主義」。以與本篇有聯繫的「官場偷活之情形」來說，他看到的是
「鑽營奔競，排擠傾軋，既無為國為民之心，亦無立功立名之意。自
將相至於微員，希以取巧推委為長技。雖責任極重、爵位甚崇者，絕
無經營一事關係於國家十年以上之計。其心則曰吾不過五日京兆而
已，誰能為久遠之計」[58]。這裏「責任極重、爵位甚崇者」主要指李
鴻章，甲午海戰後第三天，鄭孝胥就斥責「合肥（李鴻章）耄而驕，
平日居心行事，專以苟且偷安為得計」[59]。「五日京兆」出自《漢書・
張敞傳》，原指任職時間很短或即將去職，這裏指清末大小官僚「混

---

58 《申報》第四版，一九〇六年十二月十九日。《申報》影印本第八十五冊，頁702。
59 《鄭孝胥日記》（第一冊），頁436，一八九五年九月二十日日記。

日子」心理。鄭孝胥對「官場偷活之情形」的揭露，無疑都可以成立，這與他熟悉官場顯然不無關係。

　　鄭孝胥在〈覘國談〉裏說的「行政之人」的「偷安苟活」，其情形與他幾年前說的「官場偷活之情形」完全一樣，甚至更嚴重。至於他們「恃閉塞」為「幸事」的原因，鄭孝胥沒有說，不妨借用蔣廷黻的話來解釋：「我國文化是士大夫階級的生命線。文化的搖動，就是士大夫飯碗的搖動」[60]，而「恃閉塞」就能保住他們的飯碗。

> 近來報紙漸出，遇有邊境膠葛交涉之事，動輒亦大聲疾呼以警全國，然僅能叫號無知之蒼天及痛詈無能之政府而已。動曰力爭主權也，保守國土也，敢問將何所以恃以為力爭之預備，又何所恃以為保守之籌畫乎？

　　「膠葛」出自《漢書·揚雄傳》，意思是交錯糾纏，「邊境膠葛」指國家間的領土紛爭。「保守」在這裏是保衛、守護的意思。這兩句是對當時報紙上空談救國的批評。鄭孝胥以往一些言論也曾被人譏為「騰雲駕霧」，但他自以為「吾言皆主於切實，斗筲之人固宜驚為虛誕矣」[61]。至於他在〈覘國談〉裏說的屬於「切實」還是「虛誕」，不妨看後再說。

> 故名為大國，實則未嘗具有完全立國之體格，無異多數土司之自相結合耳。譬如一人之身體，必內有五臟六腑，外有四肢五官，血氣行乎其中，疾痛屙癢有極靈之知覺，而後可謂之活

---

60 蔣廷黻：《中國近代史》，頁35、36。

61 《鄭孝胥日記》（第一冊），頁492，一八九五年五月十五日日記。

人。今則五臟六腑之不全，四肢五官之未備，身不能使臂，臂不能使指，謂之活人可乎？

用「土司之自相結合」來比國家的「一盤散沙」，這種比喻很少見，可能與鄭孝胥有在盛產土司的廣西任職經歷有關。但不管怎麼比，「大清」確已不能「謂之活人」。鄭孝胥的悖謬在於，雖然他在一九一一年三月甚至更早就知道「大清」已是「死人」，但在辛亥革命後尤其是一九二三年後，他竟然開起了歷史倒車，要為這個「死人」施行「起死回生」術，結果自然是身敗名裂。

凡國家之境土，雖由歷代之遺傳，亦恃其各有天然之形勢。山海之區分、險要之負恃居其大半，其半則人力。政事之計劃往往可變天然之形勢而成新局。故《左傳》曰：「夫狡焉思啟封疆以利社稷者，何國蔑有？唯然，故多大國矣，唯或思或縱也。勇夫重閉，況國乎？」

前面三句說「國家之境土」的「保守」，結論是事在人為。《左傳》裏的這句話出自「成公八年」，楊伯峻等的譯文是「狡猾的人想開闢疆土以利國家的，哪個國家沒有？惟其如此，所以大國就多了。不過受覬覦的小國有的思慮有備，也有的放縱不備。勇敢的人還要層層關閉好內外門戶，何況國家？」[62]鄭孝胥「舊學精邃」，很多古語信手拈來，往往用得恰到好處，下面還將看到。

中國國土太大，自政府以至國民，於保國之法素不研究，邊遠

---

62 楊伯峻、徐提：《白話左傳》，頁180。

之地尤屬茫昧。東三省乃滿洲之根本，然割地數千里以奉俄人，列國驚為異事，國人毫不愛惜。察其所以至此者，由人事廢弛太甚。萬里之外，名為領土，實則皆在若亡若存之間。加以強鄰迫處，日近一日，漸使天然之形勢變遷而成新局。昔之屬於中國，今可謂之屬於他國。蓋主客之形已易，攻守之勢亦殊故也。

第一句話可以吳宓為例。在鄭孝胥寫〈戰國觀〉前一個月，吳在北京參加庚款留美考試復試。吳無疑是當時新派讀書人中的佼佼者，但就是他也不知道葫蘆島的「真確位置」，而葫蘆島雖在東北，其位置無論如何不能算是「邊遠之地」，可見當時國人對這些地方的「茫昧」程度。「割地數千里以奉俄人」，指清政府簽訂的〈璦琿條約〉和〈北京條約〉，把約一百萬平方公里領土割讓給俄國。清政府對「滿洲之根本」都這樣對待，其它「邊遠之地」自然「皆在若亡若存之間」了。「強鄰」指日、俄兩國。「攻守之勢亦殊故也」出自賈誼說的「攻守之勢異也」（〈過秦論〉）。秦國最後所以「身死人手，為天下笑」，賈誼認為是「仁義不施，而攻守之勢異也」的結果。「大清」是否也「仁義不施」？鄭孝胥半年後有一個說法，見下文。

即如伊犁者，乃中國之領土，俄國嘗取之，而復還中國矣。中國收還以後，距今三十餘年，為政府者亦嘗為長保伊犁之計乎？自北京赴伊犁，必四月有餘乃達；今之赴伊犁者，假道西伯利亞之鐵路，又陸行月餘日可達。一旦有事，中俄爭此伊犁，中國主也，豈能越百餘日之廣漠而為之主？俄人則居於主位以待客矣。中國守也，豈能絕萬餘里荒地而為之守？俄人則代為守土以代攻矣。又如雲南者，乃中國之中部，而許法人自

> 越南造路以達省城矣。中國許其造路，距今二十餘年，政府亦
> 嘗為永守雲南之計乎？自北京赴雲南，三月乃達。今之赴雲南
> 者，假道於越南，十餘日可達。一旦有事，此又與中俄之爭伊
> 犁何異？

　　用伊犁、雲南兩例來說明鐵路對國防的重要性，很有說服力，但
兩例中的時間有些問題。一八七一年俄國侵佔伊犁，後因左宗棠進兵
新疆，俄國不得不於一八八一年把伊犁「復還中國」，這樣到鄭孝胥寫
〈虤國談〉時正好三十年，而不是「三十餘年」。清政府「許法人自越
南造路以達省城（昆明）」是一八九八年的事，到一九一一年只有十
餘年，而不是「二十餘年」。此外「雲南者，乃中國之中部」，是從歷
史角度說的。至此，鄭孝胥分析了國土的三個方面：東三省在北面，
伊犁在西面，雲南在南面，至於東面，他將在〈虤國談二〉裏談到。

> 悲夫，悲夫，所謂由人事之廢弛，遂使天然之形勢變遷以成新
> 局。主客之勢已易，攻守之勢已殊，而中國上自政府，下及國
> 民，猶沉睡於閉塞之中，自稱為世界之大國，而不知己失其立
> 國之體格。分割之禍固彼之所自取，《左傳》所謂「或思或
> 縱」者，彼實縱人之肆割而不之悟也。

　　第一句說造成這種「天然之形勢變遷以成新局」的原因，在鄭孝
胥看來是「人事之廢弛」，其實還沒有點到要害，要害應該說是當時
的專制統治制度。即以用人來說，早在甲午戰爭後鄭孝胥就指出：
「朝廷視人才輕而視錢財重，視百官輕而視太監重，督撫之奏保人才
不如太監之私納賄賂……天下尚可為乎？」[63]第二句沒有問題，第三

---

63 《鄭孝胥日記》（第一冊），頁503，一八九五年七月十二日日記。

句則不夠全面。所謂「分割之禍固彼之所自取」，只是事情的一個方面，他沒說的另一個方面是，如果沒有帝國主義侵略，中國還將「沉睡於閉塞之中」，還將像他所說的「多數土司之自相結合」那樣馬虎下去。此外，國人中固然有「縱人之肆割而不之悟」者，但也有人在「思」，遠的不說，包括他在內的立憲派不是在「思」麼？「革黨」不也是在「思」麼？

> 吾嘗見舊家之子弟矣，其於祖父所遺之田宅、重器，折直賤售，猶不足以言失敗也，巨屋廣廈則拆其磚瓦樑柱以賣於市，書畫典籍則計其斤兩之輕重以賣於稗販廢物者，精麗之床榻几案私掇之啟後戶以易餅果食之而已。彼雖舉直千百萬之產業而破壞之，初未嘗得千百中之一二以為之報酬也。悲夫，悲夫，吾所見中國之謀國執政者皆若此殘子弟之類是矣。今雖號叫痛哭，而無力爭之預備、保守之計劃，亦何所益耶？則姑試取借債修路之說而研究之，何如？[64]

「直」通「值」。稱得上「中國之謀國執政者」，當時是載灃、奕劻等人，之前則是慈禧、李鴻章等人，然而在鄭孝胥看來，他們都是這樣三錢不值兩錢地變賣祖宗家產的「舊家之子弟」[65]。如此尖銳的文字竟然能登在當時北京報紙上[66]，可見當時北京政治環境之奇特：朝廷

64　《鄭孝胥日記》（第三冊），頁1500、1501。

65　〈馬關條約〉簽訂後，鄭孝胥對張謇、黃遵憲說：「國家有界限，條約有界限，而此曹（指李鴻章）專毀界限以媚他族，國亡無日矣。」不久對張之洞說：「國家用合肥作北洋大臣二十餘年，只算替日本用了，可歎！」《鄭孝胥日記》（第一冊），頁510、512，一八九五年八月十日、九月一日日記。

66　這三篇〈覘國談〉都登在北京《憲報》上。《憲報》是立憲公會駐北京事務所辦的，由孟庸生主編。

一方面「著民政部、步軍統領衙門立即派員將此項人等（指進京請願開國會者——引者）迅速送回原籍，各安生業，不准在京逗留」[67]，一方面卻能讓這種言論見報，而作者不僅沒有受到迫害，相反還在不久後做了官。這種政治環境的形成，顯然與立憲運動有關，值得進一步研究。

以上是〈觇國談一〉。十天後，鄭孝胥寫了〈觇國談二〉，全篇「論行政、養兵之無策」，從反面闡述了造路的必要性。

文章開頭說：「今中國舉國上下皇皇然互相詬病，日不暇給，所以圖存救亡者，豈不以行政、養兵二大端為立國之根本乎？」但在鄭孝胥看來，如果沒有鐵路，行政、養兵都是行不通的（「無策」）。其中論「行政之無策」部分很長，大意是說「列國行政制度所以能完密」，「恃有交通之便也」，「今若取列國交通便利之制度以行於交通阻塞之中國」，則「行政之經費較之列國亦非加至數十倍以上必不敷用。一加再加，費將何出？豈數千年聽其自生自滅之人民所能任此驟增百倍之國用乎！」「行政之務，其不能實行者如此。」接著說「養兵之無策」：

> 至於養兵之事，數千年以來戰術屢變，其攻守之法隨時消滅，無可相襲。今日猶為汽機火器之時代，自此以後，或將變為飛機電力之時代，未可知也。

「汽機」即汽輪機，「火器」指槍炮之類。鄭孝胥對科技發展的估計是正確的，可見說他「洋務諳練」並非虛言。但科技發展只是社會發展的一個方面，而鄭孝胥對更重要的社會制度的發展，不久卻做

---

67 《鄭孝胥日記》（第三冊），頁1296-1297，一九一〇年十二月二十五日記。

出了完全錯誤的估計，見下文。

> 其扼要之語，亦惟有備而已。然「有備」二字，蟠天際地，千
> 頭萬緒。故今日中國欲求參謀本部之人物，誠恐尚未出世，殊
> 不足以言海陸軍之國防也。

第一句說對科技發展帶來的「養兵之事」的變化，事先要做好準
備。「蟠天際地」出自《莊子・刻意》：「上際於天，下蟠於地」，原意
是上天入地，無所不在，這裏指應對「養兵之事」的變化，要做的事
情很多。「今日中國欲求參謀本部之人物，誠恐尚未出世」——這只
是鄭孝胥的看法，一個多月後，載灃不就讓自己弟弟載濤當上了軍諮
府大臣（相當於參謀總長）麼？清末官場之腐敗由此可見一斑。

> 中國土地之廣，海岸之修，比於列國，已為倍蓰；而益以交通
> 阻塞，養百人不抵十人之用，行千里不啻萬里之艱。試與之論
> 有備，則信息多梗，道路難行，器械不足，芻糧無蓄，勢必處
> 處皆有儲藏，必不足以應倉卒之用。且兵事非可以空理取勝，
> 必以實力為衡者也。設有敵人來犯，彼於若干日內能集眾至若
> 干人，其後路接濟之遲速若何，我必先知之，而後視我集兵之
> 多寡，接濟之遲速，以為之備。有意外之勝負，又必有意外之
> 補救以為之備。以中國之全域籌之，則練兵之多，分守之廣，
> 雖合歐美數國之兵力，猶不足以守中國。必全國鐵路告成，有
> 交通之便，則一國可縮而為一省，一省可縮而為一縣，兵少而
> 力有餘，庶幾養兵之事可得而詳言耳。

這裏他提到了國土東面：海岸。「修」是長的意思。「倍蓰」出自

《孟子・滕文公上》：「或相倍蓰，或相什百」，意思是數倍（倍，一倍；蓰，五倍）。「交通阻塞」對國防的危害，早在半個世紀前鄭孝胥的「鄉先達」林則徐就深有體會：「逆船朝南暮北，惟水師始能尾追，岸兵能頃刻移動否？」[68]而要解決這個問題，在鄭孝胥看來「必全國鐵路告成」。但這個說法只看到了事情的一個方面。應該說，「全國鐵路告成」是「守中國」的一個必要條件，而不是充分條件。在當時的社會條件下，即使「全國鐵路告成」也是不能「守中國」的。

> 昔黃公度嘗調為北洋海軍營務處，諮余以海軍之策，余曰：「今中國雖有軍艦數十艘，蓋不足謂之海軍也。使其有海圖，有軍港，有船塢，有學堂，有炮廠，有屯煤處，而後可以成軍矣。」今陸軍部欲速練兵使滿三十六鎮，縱使悉成，亦前此軍艦數十艘之比，何足以言陸軍哉！

黃公度即黃遵憲（1848-1905），曾出使日、美等國，以詩著稱，有《人境廬詩草》等。在鄭孝胥看來，軍隊是一個系統，並不是有了幾條船就可以稱之為海軍，也不是有了幾十個鎮（師）的兵就可以稱之為陸軍，惟有配上相應設施，「而後可以成軍矣」。這個說法顯然符合現代軍隊建設理論，但其中有一個致命缺失：沒有提及人的因素。以北洋海軍來說，鄭孝胥說的「海圖」、「軍港」、「船塢」、「學堂」、「炮廠」、「屯煤處」一應俱全，但打起仗來，還不是一敗塗地麼？

> 嗚呼，養兵而無其備，烏可以言養兵？有備二字乃細針密縷之事，豈鹵莽滅裂之粗才所可語也耶！由此觀之，新舊兩黨於養

---

68 林則徐：〈致姚椿王柏心〉，《林則徐全集》（第七冊），頁306。

兵實行之事，其未嘗研究也又如此，而皇皇然互相詬病，日不暇給，於圖存救亡之計不亦左乎！則姑試取借債造路之說而研究之，何如？[69]

　　強調「養兵」的關鍵在「有備」，是「細針密縷之事」，都是正確的。至於「粗才」，在鄭孝胥看來袁世凱就是：「眾謂袁世凱能兵，余素不信，因彼心粗，且官場習氣甚重故也。」[70]在對袁世凱的評價方面，鄭孝胥與張謇、嚴復等顯然不同。

　　以上是〈覘國談二〉。總的看來，這兩篇〈覘國談〉雖然未必當得起「深心遠識」這四個字，但還是切實的，不僅說明了鐵路交通的重要性，也痛斥了清政府的無能和失職。「度國人必有讀而感之者」這一點也可以成立，但「淺夫夢想不到」云云，言過其實了，因為他在這兩篇〈覘國談〉裏說的，即使在當時來看也並不高深莫測。

　　五月九日，鄭孝胥寫了〈覘國談三〉。從他所講究的「題理」、「題神」來看，既然前面兩篇〈覘國談〉說了造路的必要性，且它們都以「姑試取借債造（修）路之說而研究之，何如？」結尾，〈覘國談三〉似乎應該談借債的必要性。但仔細一想，未必如此，因為當時清政府根本無力籌措鐵路建設所需要的巨額資金，要造路就要借債，早已不證自明，根本沒必要撰文論述。但不談借債必要性又談什麼呢？這裏只能存疑了[71]。

69　《鄭孝胥日記》（第三冊），頁1502-1503。

70　《鄭孝胥日記》（第三冊），頁1402，一九一二年三月三日日記。

71　鄭孝胥一九一五年二月廿六日日記提到〈覘國談三〉：「余以辛亥四月十四日《憲報》所刊〈覘國談〉第三篇示之，且語之曰：『國亡矣！將來政黨與外人為敵，勢必日孤。袁世凱之命運將隨滿洲以俱進。華人盡化為南洋華僑及上海買辦之性質。立國之思想殆如死灰之不復燃，然則溺之而已。公等將何以救之？哀哉！』見《鄭孝胥日記》（第三冊），頁1551。〈覘國談三〉究竟寫了些什麼，似乎可從這條日記去猜測。

　　五月九日，這天也是「大清」歷史上重要一天，因為當天清廷發佈了兩道可謂「自掘墳墓」的上諭：一是宣佈實行鐵路國有政策，一是宣佈昨天成立的名為「責任內閣」實為「皇族內閣」名單，積極主張鐵路國有的盛宣懷出任郵傳部大臣。

　　盛宣懷（1844-1916）比鄭孝胥大十六歲，他們第一次正式見面在一八九七年二月，當時盛是鐵路督辦大臣，鄭在兩江總督屬下的南京洋務局任職。見面後盛對他「極相傾倒」[72]，隨即想把他調到自己手下，「經理（上海）商會公所事宜」（名義是「商會公所參贊」）。鄭「躊躇久之，遂應其請」[73]。鄭上任後盛對他印象很好，說「他真能斷大事」，並把他的薪水從剛去時的「百金」加到「百五十金」。第二年年底，盛對鄭說：「蘆漢宜得一全路大總辦，吾熟念此事無如君者。昨語南皮，亦無異辭。」鄭起初沒有答應。盛說：「蘆漢鐵路總辦，吾終以奉煩，不可卻也。」[74]後在張之洞勸說下，鄭於一八九九年一月出任蘆漢鐵路總辦，為這條鐵路建成出了不少力。一九〇一年，盛宣懷又請他主持南洋公學（今上海交通大學），說「後起之

72　與盛對鄭的「極相傾倒」不同，鄭對盛的第一印象不佳：「狀白晰微須，辭氣舉止圓轉輕便，只有瞻給之姿，而乏沉實之度」，見《鄭孝胥日記》（第二冊），頁590，一八九七年二月二十六日日記。之前鄭對盛的印象也不好。張之洞曾就蘇杭鐵路人選問鄭孝胥：「蘇杭紳士已有請先造上海之蘇杭者。設用紳士，則如盛宣懷者恐不能不用否？」鄭說：「盛未必得鄉人之望。且所謂曉洋務者，不過聚洋行買辦數人，雇無賴西人與之狼狽相倚耳。」見《鄭孝胥日記》（第一冊），頁508，一八九五年八月一日日記。鄭、盛關係的密切，當在一八九七年之後。

73　《鄭孝胥日記》（第二冊），頁590，一八九七年二月二十八日日記。《海藏樓詩集》所附的《鄭孝胥年譜簡編》沒記這段經歷，只說當年「自南京之上海，歲暮應張之洞召入鄂」（頁584）。

74　《鄭孝胥日記》（第二冊），頁697、702，一八九八年十一月二十九日、十二月十九日日記。盛宣懷所以請鄭孝胥出任京漢鐵路總辦，還有「兼可聯南皮」之意，見《鄭孝胥日記》（第二冊），頁640，一八九八年二月三日日記。

才，微公莫屬」[75]。從以上這些記載來看，盛宣懷對鄭孝胥是相當欣賞的。

因此盛宣懷出任郵傳部大臣的第四天（五月十二日）就託人「約談」鄭孝胥，但沒約成。十四日，「盛宮保來拜，不遇」。十五日，鄭去「答拜盛宮保，不遇」。十七日，兩人終於坐在一起了。這天鄭「腹瀉」，但還是到盛所住的府學胡同，與盛「談久之，代擬諭旨二道，飯迄乃去；又為擬收回商辦鐵路奏稿」[76]。兩人這天談了些什麼，外人自然不可能知道，但在這天談話中，盛很可能請鄭「出山」，而鄭也很可能答應了。理由有二：其一，四月底鄭從他人獲悉，盛想請他出任郵傳部下面的郵政局局長；其二，六月初鄭在上海收到盛請他進京的電報，當天就乘船北上。至於「諭旨二道」，現在無法確認是哪「二道」（擬後也未必發出），所以不清楚寫了些什麼，但從當時正在緊鑼密鼓地推行鐵路收歸國有的形勢來看，它們很可能與此有關。從盛讓鄭「代擬諭旨」和「奏稿」可以看出，盛對鄭是很信任的，他們對這些檔中所要說的事情，看法一致。

五月十八日，鄭孝胥把擬好的「收回商辦鐵路奏稿」送交盛宣懷。這篇「奏稿」今已不存，但盛宣懷文稿中的〈遵籌川粵漢幹路收回辦法折〉（五月度支部督辦大臣會奏），可能含有鄭的部分意見在內。而正是要「收回商辦鐵路」並規定了對川人不利的具體辦法，點燃了最後導致清朝滅亡的「導火線」。

五月十九日，鄭孝胥離開北京，經天津回上海。在天津至上海的船上，他寫了一首〈渡海〉詩：

---

75 盛宣懷：〈致鄭蘇戡函〉，《盛宣懷年譜長編》（下冊），頁730。據鄭孝胥一九○一年三月十二日日記：「午後謁督辦（盛宣懷），始知南洋公學事眾皆舉余接辦」，《鄭孝胥日記》（第二冊），頁787。

76 《鄭孝胥日記》（第三冊），頁1322，一九一一年五月十七日日記。

決決渤澥意如何，騰碧翻金眼底過。

出世只應親日月，浮生從此藐山河。

南歸不用懷吾土，東去誰能挽逝波。

愛煞滔天露孤島，棄船聊欲上嵯峨。[77]

有論者說，「讀此詩，想見其人其志。……睥睨一世之氣，冥心孤往之懷，感慨於中，情見乎外，不必即心馳三島也」[78]。也有論者說，「措辭狂放，快若並剪，頗有東坡之風」[79]。不管怎麼說，這次南歸，鄭孝胥心情是好的。

之官而北上

「之官而北上，留京而南歸」[80]，這是鄭孝胥在武昌起義後寫的一首雜詩中的一句，反映了他一九一一年六月上旬至十月下旬的「蹤跡」。本節講「北上」，下節說「南歸」。

鄭孝胥於五月廿五日抵達上海，這是他外出半年後第一次回家。到上海後，他去了日輝呢廠、商務印書館、立憲公會、時事報館和「花新寶家」和「王餘香家」[81]，見了趙鳳昌、湯壽潛、張元濟、夏瑞芳、高夢旦和孟森等朋友（張、夏、高都是商務印書館董事），赴了幾個飯局（最精彩的一個是岑春煊請的：「食熊掌、鹿筋，陳酒甚

---

77 鄭孝胥：〈渡海〉，《海藏樓詩集》，頁218。

78 汪國垣：《光宣以來詩壇旁記・談海藏樓》，引自《海藏樓詩集》，頁576。

79 黃坤、楊曉波：《海藏樓詩集》前言，《海藏樓詩集》，頁19。

80 鄭孝胥：《續海藏樓雜詩・四十二》，《海藏樓詩集》，頁221。

81 《鄭孝胥日記》（第三冊），頁1323，一九一一年六月一、二日日記。花新寶和王餘香都是上海妓女，當時官、商、紳常在妓女家聚集，讓妓女陪席，是謂「叫局」。嚴復日記裏有「開銷三處局帳」（「局帳」即「叫局」費用）的記載，見《嚴復集》（第五冊），頁1480，一九○八年九月十日日記。

甘」[82]）。然而僅僅過了兩個星期，他突然收到盛宣懷和端方聯名發來的電報：「刻有要事奉商，請速來京一談。」第二天（六月九日），又收到盛宣懷來電：

> 川、粵大局粗定，朝廷注重速成，午帥、莘帥會商，非賴公毅力熟手，難赴目的。本擬即日發表，午帥欲請公來面商辦法，已發公電，務乞速臨，至盼，至禱！[83]

「川、粵大局粗定」，指清政府初步確定了把川漢、粵漢鐵路收歸國有的大政方針。「午帥」指端方，前不久剛被任命為川漢、粵漢鐵路督辦大臣，即將前往四川履職。「莘帥」即瑞澂，當時任湖廣總督。「非賴公毅力熟手，難赴目的」，反映了端方、瑞澂、盛宣懷乃至載灃、載澤等當時對鄭孝胥的器重。「已發公電」指昨天那個電報。「本擬即日發表」，指發表讓鄭孝胥出任某個官職的上諭。

收到這兩個電報，鄭孝胥肯定明白端方、盛宣懷要他去做官，只是不清楚具體做什麼官。這是他一生面臨的重要選擇之一：是像以往那樣稱病不就，還是一反常態，欣然從命？如是前者，他的後半生有可能以另外一種方式度過；如是後者，就把自己的命運與「大清」的命運緊緊地捆綁在一起了。結果他選擇了後者，九日覆電盛宣懷：「今晚行」，隨即登上了駛往天津的「盛京」號船。

鄭孝胥以往面臨重大選擇時往往「躊躇久之」，這次所以會如此爽快地做出決定，很可能與五月十七日在北京與盛宣懷「談久之」有關（見上文），只是這樣一來，他就打了自己一記響亮的耳光。

鄭孝胥的官宦之路是從一八八九年春考取內閣中書（文秘人員）

82　《鄭孝胥日記》（第三冊），頁1323，一九一一年五月三十一日日記。

83　《鄭孝胥日記》（第三冊），頁1324，一九一一年六月九日日記。

開始的。該職雖然位處中樞，畢竟是從七品小官，薪水自然不高。另外做這種官，每天還得看上司臉色。所以據說他當時滿腹牢騷：「仕官而任微秩，無日不趨承上，在外猶得溫飽，居內有貧而不能自存者，吾不欲久於其位矣。」[84]一八九〇年一月他在給朋友的信中說：「已迫中年，而一家衣食，不能擔荷，憤與慚並」[85]，可見他當時的日子確實不好過。同年四月，朋友勸他把家眷接到北京：「百歲夫婦，盛年曾有幾時，詎可輕棄耶？」他聽後「頗為之動」：「人世別離之恨多矣，余去閩四年，弟兄暌隔，未能歸覲，敢念及此耶？使吾於江南有田數頃，當棄官歸隱，不忍聞此語也。」[86]之所以「未能歸覲」，也不敢動把太太接過來的念頭，顯然是因為手頭拮据。從這些記載來看，鄭孝胥剛進官場就因錢太少而想打退堂鼓。

接下來十五年，鄭孝胥在官場雖然不能說平步青雲，總體上還算順暢，更重要的是掘到了「第一桶金」（主要是在廣西任職期間），「於江南有田數頃」的目標已經實現，於是在一九〇四年十一月「電奏告病，乞開去（廣西）督辦邊防差使」（促使他辭職的還有對朝政不滿等原因）。一九〇五年二月五日（正月初二），他對太太說：

> 吾今年四十六，得棄官歸田，便可作一生收束，列傳、行狀皆可預作。從此以後，若中國迄無振興之日，則終老山林，不失為潔身去亂之士；倘竟有豪傑再起，必將求我，雖埋頭十年，至五十六歲出任天下大事，依然如初日方升，照耀一世。是吾以一世之人作兩世之事，豈不綽然有餘裕哉！[87]

---

84 汪國垣：《光宣以來詩壇旁記‧談海藏樓》，《海藏樓詩集》，頁574。

85 《鄭孝胥日記》（第一冊），頁158，一八九〇年一月三十一日日記。

86 《鄭孝胥日記》（第一冊），頁173，一八九〇年四月二十三日日記。

87 《鄭孝胥日記》（第二冊），頁975，一九〇五年二月五日日記。

　　當時他還在廣西，但去意已定。他如果真的就此「作一生收束」的話，那麼僅憑他的詩和字，確實「列傳、行狀皆可預作」，他也「不失為潔身去亂之士」。但從他接著說的「以一世之人作兩世之事」可以看出，他這次「棄官歸田」只不過是在等「豪傑再起」，這就為他一九一一年六月復出埋下了伏筆。

　　一九〇六年一月廿四日（乙巳年除夕），已從廣西辭職來到上海的鄭孝胥在日記裏寫道：

> 余四十六歲稱疾致仕，去家十六年，乃歸展墓，平生輕世肆志之學，至此施行。[88]

　　這裏「展」是視察、檢查之意。此前不久，「去家十六年」的鄭孝胥回福建老家祭掃了祖墳。「輕世肆志」出自《史記‧魯仲連鄒陽列傳》，意思是藐視世俗，放縱心志。對鄭孝胥這種文人，「世俗」的要求是讀書做官，而他卻「棄官歸田」，算是「輕世」了一回。但他的「輕世肆志之學」只「施行」了五年多，一九一一年六月九日他給盛宣懷發出「今晚行」的回電，意味著「施行」的終止。

　　一九〇八年二月一日，又是除夕（丁未年），鄭孝胥又在日記裏提到「棄官」：

> 老態已成，殊無生趣。厭世之意益堅，棄官其餘事耳。恨無知者，可與深言，嗟乎！[89]

88　《鄭孝胥日記》（第二冊），頁1025，一九〇六年一月二十四日日記。
89　《鄭孝胥日記》（第二冊），頁1126，一九〇八年二月一日日記。

　　當年鄭孝胥只有四十八歲，但「歎老」是中國詩人的傳統，他也不例外，四十歲時他就說「志業區區漫愴神，行年四十老相親」[90]，四十五歲時寫下了「終年無好懷抱，安得不老」的感歎（寫的這天也是除夕）[91]。這一年（丁未年）五月他還說「留須甚遲而告老甚早」[92]，但整個一年也有滋有味地活著，可見「老態已成，殊無生趣」只是詩人之言。至於「厭世」，其實主要是不滿朝政，而「棄官」則是「厭世」的「餘事」。這一年他確實多次辭卻了岑春煊、端方等人的推薦（見前文），但「恨無知者，可與深言」這句話透露了一個消息：當時就有人不相信他真會「棄官」。一九一一年六月九日他登上「盛京」號，證明這些人的懷疑是有理由的。

　　一九〇九年三月，他對朋友說：

> 凡人胸有建功立名、安民濟世之志者，此如小兒帶有胎毒，將發天花，輕則傷面目，重則喪性命，惟有輕世肆志之學足以救之。此如西法種痘者，預收其毒，使不得發。吾已種痘，當可免矣。[93]

　　「小兒帶有胎毒，將發天花」是當時民間的說法，鄭孝胥是相信的，所以用來作比。他這次被盛宣懷、端方「召之即來」，無疑想在他們手下做一番「建功立名、安民濟世」的「偉業」，只是欲令智昏，忘記了自己說過的如此這般「將發天花，輕則傷面目，重則喪性命」的戒忌。由此看來，他的「輕世肆志之學」實在沒有學好，或者

90　鄭孝胥：〈除夕〉，《海藏樓詩集》，頁92。
91　《鄭孝胥日記》（第二冊），頁974，一九〇五年二月三日日記。
92　《鄭孝胥日記》（第二冊），頁1097，一九〇七年六月二十九日日記。
93　《鄭孝胥日記》（第三冊），頁1181，一九〇九年三月十八日日記。

說雖「已種痘」[94]，但沒有收到「預收其毒」的效果。其實他早在十二年前（一八九九年）就說「功名自是誤人物，敗德喪真作吾害」[95]，現在卻急如星火為「之官而北上」，如此自食其言，不就是他深惡痛絕的「偽」麼？不就是「根器淺薄，心志不堅」麼（見下文）？

六月十三日下午，鄭孝胥抵達北京。他隨即趕到盛宣懷家，那天盛家人多，談的也多，「歸已十二點半」。可惜他在日記裏沒有透露究竟談了些什麼，否則與張謇的回憶（見第一篇）對照起來看，或許可以看出點名堂。十四日，他「告盛、端鐵路包工之策」，並說「此策既定，則風潮自息，甚費而工速，不可忽也」[96]。當時四川保路運動已經拉開序幕，鄭孝胥提議的「鐵路包工之策」，充其量在包工具體做法方面作一些讓步，不可能在根本上解決問題，「風潮自息」只是他的自說自話。

十八日上午，鄭孝胥又應盛宣懷之約「至其寓，談鐵路事，飯畢乃去」。這天已是他抵京第五天，但盛九日來電中說的「即日發表」卻不見「發表」。他心知肯定有點蹊蹺，但在日記裏沒有流露。當天下午，消息終於來了：「午帥來，密談湖南藩臺事」（指端方來與他「密談」朝廷要他出任湖南布政使事）。他顯然沒想到「發表」的竟是這樣一個結果。如果他在上海就知道結果如此，這次很可能不會為「之官而北上」，因為據說他曾經對端方放言：「吾欲行其志，匪疆吏不為」[97]，而藩臺離封疆大吏至少還差一個檔次。於是他立即請端方「代辭」，當天又託人帶話給盛宣懷，請盛為他「密辭」並表示願意

94 鄭孝胥似乎很相信「種痘」，五十六歲時還「至（上海）麥根路工部局衛生分處種痘，村婦數十，抱兒袒臂待種，見余入，皆驚笑」。《鄭孝胥日記》（第三冊），頁1560，一九一五年五月七日日記。

95 鄭孝胥：〈三月十二日作〉，《海藏樓詩集》，頁97。

96 《鄭孝胥日記》（第三冊），頁1325，一九一一年六月十四日日記。

97 汪國垣：《光宣以來詩壇旁記・談海藏樓》，《海藏樓詩集》，頁575、576。

「就郵傳部局長」。但此時「生米已煮成熟飯」，經過端方、盛宣懷「做工作」，他終於答應「屈就」湖南布政使並擬了「謝恩折」。

按照當時規矩，出任布政使這類官職的人要向皇上謝恩並聆聽「最高指示」。皇上年幼，則由「監國」代行。於是在廿一日，他淩晨即起，「昧爽（出自《尚書‧太甲上》，是黎明的一種說法——引者），入東華門，繞至西苑門……八點，至勤政殿謝恩」。載灃「命坐」，然後他對這位比他小廿三歲、比他長女大一歲的「監國」說：

> 中國如欲自強，機會只在二十年內。以二十年內世界交通之變局有三大事，一帕（巴）拿馬運河，二恰克圖鐵道，三俄印鐵道是也。歐亞交通恃西伯利亞鐵道，俄人始為主人，戰時之後，日人經營南滿，遂與俄分為主人。今中國如能急造恰克圖鐵路，則由柏林至北京只需八日半，世界交通得有四日半之進步。從此以後，中國與俄分作歐亞交通之主人，而南滿、東清皆成冷落，日本經營朝鮮、滿洲之勢力必將倒退十年。此乃中國自強千載一時之機遇也，願攝政王勿失機會。

接著又「痛論『借債造路為變法之本』策」，共講了約二十分鐘。據說載灃聽時「屢頷」（頻頻點頭），「甚悅」[98]，至於「屢頷」、「甚悅」之餘是否說上一兩句，鄭孝胥日記裏沒有記載，但即使說了，也不會有幾個字，因為這位王爺是「惜字如金」的（見第一篇）。

一周前，張謇也在同一個地方受到載灃召見，時間「逾三刻」，比鄭孝胥受召見時間多了一倍。張謇那天講了外交、內政共六件事，而鄭孝胥「截上截下」，只講交通。誰比較高明，自然見仁見智，但

---

98 《鄭孝胥日記》（第三冊），頁1326、1327，一九一一年六月二十一日日記。

有一點可以肯定：他們的「應對之辭」都沒有提到當時已經開始的四川保路運動，可見這兩位立憲公會會長、學部頭等諮議官都眼光有限，沒有意識到這場運動的嚴重性。

但有些洋人很看好鄭孝胥。七月三日，上海《時事新報》登載了一篇節譯自《泰晤士報》的文章，題為〈西報論鄭蘇戡之奏對〉：

> 中國直省大員中，其辦一事或建一言可稱為優美明達而卓然具有政治家之態度者，蓋久已寂寂無聞矣。今何幸而得某大員，抵掌而談，發揮所見，聆其議論，洵不愧為優美、為明達、為政治家也。此某大員即新任湘藩鄭蘇戡，其奏對之辭已備載於各華報，大抵審度時勢既極精當，復極博大，無論世界何國之政治家，固莫不以能建斯言自豪。倘中國能簡拔如是之人才十數輩或數十輩，列諸要津，畀以政權，則中國之應付時局，其和平堅卓自應遠過今日也。鄭氏之論全國財政情形，誠大可為訓，而其審度國勢之後，歸本於鐵路之在國家實具有軍事上之重要，斯真簡明翔實之論也。[99]

「直省大員」即省級大員。「簡拔」出自諸葛亮〈出師表〉，與選拔同義。全文對鄭孝胥推崇備至，被推崇者看後心裏自然美滋滋的，以至一字不漏地抄在日記上。但從「鄭蘇戡之奏對」一字不提借債造路可能出現的問題及其對策，可見在所謂「審度時勢既極精當，復極博大」後面，實在可以加上一個大大的問號。至於「列諸要津，畀以政權」後會怎麼樣，不妨請看鄭孝胥「夫子自道」。一九一九年五四運動期間，他對朋友說：

99　《鄭孝胥日記》（第三冊），頁1332，一九一一年七月十二日日記。

> 使我執政，先行三事：禁結黨，封報館，停學堂，皆以丘山之
> 力施之，使莫敢犯，不過一年，天下朝覲，謳歌皆集於我矣。[100]

　　由此可見，當時還在上海做遺老的鄭孝胥如果「執政」的話，所要「行」的也是武力鎮壓，與臺上的段祺瑞沒什麼兩樣。從這段話還可以看到，與發起成立立憲公會時相比，大清遺老鄭孝胥的思想倒退到了什麼程度。

　　被載灃召見的當天，鄭孝胥還謁見了奕劻、那桐。對內閣這第一、第二把手，他是看不上眼的（見下文），之所以仍去拜訪，想來是官場規矩。接下來幾天，他拜見了載洵、載濤和徐世昌等顯要，與端方、盛宣懷幾次晤談，還見了張謇、林琴南、嚴復等老友。七月四日，他按例向載灃「請訓」，並陳「內閣統一之策及造路預算案，約一刻而退」。六日「昧爽」，他乘火車離京赴津，當晚十點登上「官升」號船。七日清晨，「官升」起航。這次他訂了「洋艙」（主要供洋人乘坐的船艙），巧的是「洋艙」裏只有他一人，於是「攜日記於餐臺上隨意雜書」：

> 《北京日報》捏造余廿五日召對之語，各報和之，意皆尤余為政府所利用。余果再辭，則亦與彼等以鼓譟為恫嚇者等耳，焉能得所憑藉以小試其施行之手段哉。

　　《北京日報》前身是北方立憲派在一九〇四年七月創辦的《北京報》，一九〇五年八月改名，民初陳叔通（1876-1966）曾任該報經理。「尤」是怨恨、歸咎之意。從上引鄭孝胥「奏對之辭」來看，各

---

100 《鄭孝胥日記》（第四冊），頁1787，一九一九年六月二十三日日記。

報所以「尤」他「為政府所利用」，原因無疑是認為他對「借債造路為變法之本」的「痛論」，是在為清政府的鐵路國有政策搖旗吶喊。當時立憲派掌控的報刊幾乎一邊倒地認為借債造路是「賣路」、「賣國」，而鄭孝胥卻認為借債造路是「開通改革政策」、「立法之本」，可見當時他與立憲派主流在這個問題上的分歧之深[101]。「余果再辭」云云，則是他為自己「出山」尋找的一個理由。

> 朝廷不令某登臺演劇，而令向金魚池布棚下變戲法耶？

「金魚池」在北京天橋附近。被載灃召見前幾天，鄭孝胥「欲詣金魚池，過天橋，布篷綿亙數里，飛蠅千萬，語聲喧天，乃下流社會所集也，遽命回車」[102]，可見「金魚池布棚下」不是一個好去處。全句表明他對出任湘藩是不滿意的，因為他有「登臺演劇」的本事，而朝廷卻讓他在「金魚池布棚下變戲法」，實在是大材小用。

> 僕未嘗為實缺官。今入官場，殆如生番不可以法律拘束者，不
> 知鬧何笑柄。然決不能合格，明矣。

所謂「實缺官」，簡單說就是被清政府列入正式編制的官[103]。鄭

101　一九一〇年十一月廿日，錫良致電鄭孝胥，請他對資政院裏一些比較激進的立憲派議員「做點工作」。鄭孝胥回電說：「官民程度皆低，非衝突不能進步。老成有識者望其和平漸進，恐難如願。胥年來頗忤輿論，故辭立憲會長，同志轉少，無從為力。」《鄭孝胥日記》（第三卷），頁1290，一九一〇年十一月二十一日日記。這條日記似可幫助理解鄭孝胥與當時立憲派主流的分歧。

102　《鄭孝胥日記》（第三冊），頁1326，一九一一年六月十七日日記。

103　為了確保統治，清政府把中央和地方重要官缺分為滿官缺（占絕對多數）、蒙古官缺、漢軍官缺和漢官缺四種，並確定各官缺人數，不同官缺只能由本族人出任或補授。

孝胥雖然曾任廣西邊防督辦，但該職不屬「實缺官」，故這裏有「僕未嘗為實缺官」一說。「今入官場」云云，表明了他想不落窠臼、大幹一番的雄心。

> 「天下明白人居多數乎？少數乎？」曰：「少數耳。」
> 「然則作事宜求諒於少數之明白人，抑將求諒於不明白之多數乎？」[104]

第一句自問自答。第二句只問不答，但從他不顧輿論反對、積極鼓吹借債造路可以看出，他「作事」是「求諒於少數之明白人」，而不是「求諒於不明白之多數」。

第二天，他在船上繼續「隨意雜書」：

> 眾生造孽，惟一偽耳。根器淺薄，則心志不堅，偽亦非其罪也。

這麼看來，癥結還在於「根器淺薄」，而不久他就要痛斥岑春煊「庸劣無根柢」了，見下文。

> 柳子厚自言「以愚辱焉」。反己而愚，吾將誰咎矣？何故妄用吾情，何故妄用吾信，又何故已覺而不能自遣，非愚而何？

鄭孝胥古文學柳宗元，「喜子厚之無障翳」[105]。「以愚辱焉」出自柳宗元名篇〈愚溪詩序〉，該文是作者被貶謫到永州後寫的，短短五百四十五字，竟有廿七個「愚」字，表達了作者憤鬱的心情。鄭孝胥

---

104 《鄭孝胥日記》（第三冊），頁1330，一九一一年七月七日日記。
105 《鄭孝胥日記》（第一冊），頁446，一八九四年十一月十二日日記。

在這裏連用三個「何故」，說明最近他頭腦裏有兩個「蘇戡」在爭
吵：一個「蘇戡」要出山「建功立名、安民濟世」，另一個「蘇戡」
要施行「輕世肆志之學」。這次「之官而北上」，顯然是前者戰勝了後
者，但從這三個「何故」以及最後的「非愚而何」來看，此時他對自
己這次北上似乎有點悔意，然而「反己而愚，吾將誰咎矣？」他只能
喝下自釀的這杯「鴆酒」（見下文）。接著他寫下了對〈覘國談〉的自
我評價（見前文），接著賦詩一首：

> 玉皇頂上曉雲堆，海色山光滿眼哀。
> 哀者不知心死未，更攜遠鏡看山來。

　　「玉皇頂」（亦叫毓璜頂）是建於煙臺市郊山上的一座道教廟
宇，乘船經過煙臺時隱約可見。鄭孝胥是矛盾的，昨天他還在日記裏
說：「海波洶湧，與長煙斜日融合於天際，人生航海之樂，固非城市
中人所能夢想」，今天寫下的卻是「海色山光滿眼哀」。這個「哀」是
詩人看到的「大清」現狀，應該說是符合實際的。下句筆鋒一轉，說
起了「哀者」：「哀者不知心死未」？沒有回答，但從他這次北上可以
肯定地說，他「出任天下大事」的「心未死」，這是不用「遠鏡」（望
遠鏡）就可以看得清清楚楚的。莊子曰：「哀莫大於心死」（《莊子‧
田子方》），但也有很多人認為「哀莫大於心不死」。就鄭孝胥而言，
他的「哀」顯然在於「心不死」。

> 常人類多偏狹而不知輕重，故其是非顛倒有不可以理喻者。

　　這句話與他前面說的「天下明白人居少數」是一致的。不久他就
在上海看到了很多「不可以理喻者」，見下文。

余既出任世事，當使愚者新其耳目，智者作其精神，悠悠道路
之口何足以損我哉。[106]

「道路之口」指前面說的《北京日報》「捏造」和「各報和之」
之類。鄭孝胥口氣很大，可惜他這次「出任世事」只有十三天（見下
文），還未做出任何「政績」就走了，當地的「愚者」、「智者」還根
本來不及瞻仰鄭布政的「英姿」，「耳目」一新、「精神」一振之類也
就無從談起了。

在船上「隨意雜書」後第二天（七月十日），鄭孝胥抵達上海。
他當時已是湖南「第二把手」，但從虹口碼頭下船後，上海官方沒有
派馬車或肩輿迎接，他自己「坐電車歸南洋路」[107]。如果當時官場確
實沒有這種迎往送來的規矩，則藩臺乘電車回家倒不失為一個亮點。
接下來幾天，他還是訪友會客赴宴，並應「雪帥」（程德全）之約去
蘇州一天，其中值得一提的是他十九日日記：

吾今挺身以入政界，殆如生番手攜炸彈而來，必先掃除不正當
之官場妖魔，次乃掃除不規則之輿論煙瘴，必衝過多數黑暗之
反對，乃坐收萬世文明之崇拜。天下有心人曷拭目以觀其效！
雖不免大言之謗，然其蓋世衝天之奇氣，終不可誣也。[108]

這是他最近第二次提到「生番」，與上次不同，這次「生番」是
「手攜炸彈而來」，「出任天下大事」的決心更大，可見要「建功立

---

106 《鄭孝胥日記》（第三冊），頁1331，一九一一年七月八日日記。
107 《鄭孝胥日記》（第三冊），頁1331，一九一一年七月十日日記。當時有官報，所以
    上海官方肯定知道鄭孝胥出任湖南藩臺。至於為什麼不派員迎接，待考。
108 《鄭孝胥日記》（第三冊），頁1333，一九一一年七月十九日日記。

名、安民濟世」的「蘇戡」，這幾天又戰勝了要施行「輕世肆志之
學」的「蘇戡」；或者說他又「反己而愚」了，而這距他上次有點悔
意僅僅隔了十一天。「不正當之官場妖魔」是他對當時官場的總體印
象，並非特指誰。「不規則之輿論煙瘴」即前面說的「道路之口」之
類。「必衝過」云云，他自己也知道「不免大言之謗」，只是他在湖南
的日子太短了，「出師未捷人先走」，世人自然不能「觀其效」了。

　　廿一日晚上鄭孝胥離滬去長沙。接下來一個月，他的蹤跡又「頗
縱橫」——

　　廿五日抵達武漢。當天他就拜見了即將成為新聞人物的「兩
帥」：午帥和莘帥，以後幾天也幾乎天天與他們見面。廿九日，他與
端方「談包工及川陝鐵路之策」，並說「自與午帥論路事，是日稍為
盡言」[109]。四川保路運動涉及的是川漢鐵路，而他卻置這條可謂「導
火線」的鐵路於不顧，「眼光遠大」地想到了川陝鐵路，可見此時他
的「識力」實在大有問題。至於「包工之策」，與他前些時與盛宣懷
說的不會有什麼兩樣。當晚他離開武漢。

　　卅一日抵達長沙。八月二日「辰刻接印」，鄭布政正式上任。然
而位子還未坐熱，第二天就接到瑞澂來電，要他去北京參加外官制討
論（見下節）。他本想不去，但瑞澂幾次來電催促，還為他辦好了
「請假手續」（奏請載灃批准），他只好「勉為其難」，於十五日辦了
移交手續，十九日離開長沙。這樣算來，他「大印在握」只有十三
天，在長沙則連頭帶尾只待了二十天。

　　廿一日抵達武漢。廿三日，「莘帥以扇屬書」，他題寫一絕：「心
事昭昭爭日月，忠精赫赫走雷霆。安能盡合時人意，只把平生付汗
青。」[110]當時，瑞澂對湖北、湖南保路運動的高壓政策受到輿論嚴厲

109　《鄭孝胥日記》（第三冊），頁1334，一九一一年七月二十九日日記。

110　《鄭孝胥日記》（第三冊），頁1339，一九一一年八月二十三日日記。

譴責，而他的借債造路說也得到同樣待遇，所以這首詩既是為「莘帥」拍馬打氣，也是對他自己的一種安慰。廿四日，端方說要請他出任「川漢、粵漢鐵路總參贊，月支薪水、公費一千兩」。他「笑謝曰」：「公能用吾策，不必加以參贊之名，薪水則不敢受也。」[111]笑聲中他們誰也沒有想到，這竟是他們最後一次見面，兩個月後，端方被起義清軍割下了腦袋。

廿五日——這天成都開始罷市，距離武昌起義也只有四十五天了，鄭孝胥登上了進京快車。他「不喜武漢」，但這裏畢竟是他工作、生活多年的地方。上車時他不會想到，以後他再也無緣來到黃鶴樓下，今生今世與武漢的一段情就此了斷。

留京而南歸

八月廿六日，鄭孝胥抵達北京。下車時他帶著途經保定時買的「鐵球三副」（鐵球是保定三大特產之一，每副兩顆，可握在手裏揉玩；另兩樣特產是醬菜、春不老），可見他當時興致不錯。玩物也是要有好心情的，兩個月後他倉皇南歸時還會帶上這沉甸甸的玩意嗎？

他這次到北京是參加法制院組織的外官制討論。法制院是「皇族內閣」下屬機構，職責是釐定法制，編纂法規。外官制即地方官制，與中央官制相對。清廷早在宣佈預備立憲的第二天（一九〇六年九月二日）就出於加強中央集權的目的而下令進行官制改革。一九一一年五月八日「皇族內閣」的成立意味著中央官制構建完畢，於是爭吵了多年的外官制被重新提上議事日程。

自稱「僕無任事意」的鄭孝胥對外官制頗有研究，一九一〇年底

---

111 《鄭孝胥日記》（第三冊），頁1339，一九一一年八月二十四日日記。

在武漢曾向瑞澂談過他的設想：

> 以各省分為三等，先定中央集權完全之制度。以直隸、山西、
> 山東、河南為王畿三輔，試裁督撫，以民政司直接民政部。次
> 為腹地各省，以巡撫任之，分年進行，以次歸於統一，則撤巡
> 撫。又次為邊疆各省，設總督，仿各國屬地總督之許可權，以
> 專責成。[112]

　　不久他把這個設想概括為十二個字：「中央集權，各省分權，邊
省全權」[113]，其中重點是「中央集權」，而受到指責最多的也是「中
央集權」，一九一二年八月吳稚暉在諷刺他說話出爾反爾的一篇文章
中曾提及他這個「惡名」[114]。瑞澂贊同這「十二字方針」，所以在接
到派員進京參加外官制討論的上諭後很自然地想到了鄭孝胥，也顧不
上人家剛到長沙、席不暇暖了——所謂能者多勞，在鄭孝胥身上得到
了充分體現。

　　但是從鄭孝胥抵達北京這一天到十月十日這四十五天中，他只去
過五次法制院，其中四次是進去「小坐」，正式參加會議只有一次
（九月十九日，另一次他接到電話後趕去，會議「已欲散」）。倒不是
他不去開會，實在是法制院只組織了這兩次會議。對清政府來說，當
時亟需處理的無疑是愈演愈烈的「四川抗路事」，而載灃、奕劻卻興
師動眾，讓各地派員來討論無關緊要的外官制。法制院的老爺更是顢

---

112 《鄭孝胥日記》（第三冊），頁1294，一九一〇年十二月十五日日記。

113 《鄭孝胥日記》（第三冊），頁1299，一九一一年一月二日日記。

114 《鄭孝胥日記》（第三冊），頁1335，一九一一年八月三日日記。吳稚暉的文章登在
　　《民立報》上，題為〈政黨問題〉，鄭孝胥在一九一二年八月八日日記裏全文抄錄，
　　《鄭孝胥日記》（第三冊），頁1427。

頊，在四十五天中竟然只就外官制開了兩次會。可見在清朝末年，這些中央大員都昏聵到了什麼程度。

既然法制院的安排如此荒唐，他在這段日子自然有了大把時間，至於怎樣打發，他人完全不必操心。從他這些天日記可以看到，他的日程表幾乎被填滿了：拜謁（權貴，計有盛宣懷、載澤、奕劻、那桐和徐世昌等）、訪友、會客、赴宴、聽戲、購物、作詩、寫字（有一天「為人作字數十幅」），乃至與遠在四川的端方頻頻通信，可以說每天都過得很充實。其中最重要、可寫入他一生「列傳、行狀」的是就財政問題和「四川抗路事」給盛宣懷、載澤和端方出了不少主意。

進京第二天（廿七日）他就去見了盛宣懷，「談久之」，並「約明日往見澤公（載澤）」。廿八日，他去「謁澤公，談統一國庫及理財行政分科之法，澤頗是之」[115]。這些辦法專業性很強，不是他出任布政使後短短十來天所能搞清楚的（一省財政也屬布政使的職責範圍），而他這天談的竟讓時任度支部大臣的載澤「頗是之」，可見他雖然自稱「僕無任事意」，實際上平時對這些問題很有研究。至於「將發天花」什麼，自然早就忘得一乾二淨了。

卅日，他與盛宣懷「談四川抗路事，為擬辦法節略以商於澤公」。雖然外人不可能知道那天他說了些什麼，但他提出的這些辦法顯然得到了盛的首肯，因為盛聽後說：「北京少公不得，湖南想可不往。」[116]

九月七日，他致電端方：「蜀事似宜嚴拿罷市罷課之主動者，俟平靜後，從寬辦結。」[117]這個電報是上午發出的，幾乎同時，號稱「屠戶」的四川總督趙爾豐果然開始「嚴拿」，先是設計抓捕蒲殿

---

115 《鄭孝胥日記》（第三冊），頁1339，一九一一年八月二十七、二十八日日記。

116 《鄭孝胥日記》（第三冊），頁1340，一九一一年八月三十日日記。

117 《鄭孝胥日記》（第三冊），頁1342，一九一一年九月七日日記。

俊、蕭湘、羅綸等四川諮議局頭面人物（他們也是四川保路運動組織者），當天中午又下令向聚集在督府衙門前的民眾開槍，當場打死卅餘人。當然，鄭孝胥的電報是發給端方而不是發給趙爾豐的，趙也不是因為他的電報而「嚴拿」的，但在怎樣處理「四川抗路事」上，他顯然是主張「先嚴後寬」的。

十二日，他受人之託致電端方：「聞蒲殿俊、蕭湘、羅綸、顏楷、胡嶸、鄧孝可等各有隱情，事定自白。似宜保全，以為轉圜之地。」[118]這個電報既做了人情，也提醒端方做事要留有「轉圜之地」（餘地）。

十五日，他先致電因「四川抗路事」而「方寸」已亂並萌生退意的端方，要端方「將真確為難情形迅奏固辭」，接著又致信盛宣懷：「竊見午帥內懷疑怯，智勇並竭，如強遣之，必至誤事。請公切言於中樞，日內須速另籌辦法，萬勿大意。亂本易了，措置失宜，或釀巨禍。」[119]所謂「另籌辦法」，意思是讓載灃把端方換下，另派人去四川。不知是否是這封信起了作用，清廷當天就發出上諭，派岑春煊前往四川「辦理剿撫事宜」。但即使這封信沒起作用，也可以說在這個換人問題上他與載灃等人想到了一起，可謂「英雄所見略同」。至於「或釀巨禍」，說明他在成都血案後開始意識到了「四川抗路事」的嚴重性。

十七日，他對盛宣懷說：「岑宜乘商輪值赴宜昌，換輪入重慶。派兵直修電線，通至成都。一面用告白解散亂黨，不過一月，亂可定矣。」[120]當時岑春煊在上海，由滬入川有兩條路，一是經武漢轉，一是經宜昌轉，前者較慢但比較順暢，後者較快但路途不便（岑後來出

---

118 《鄭孝胥日記》（第三冊），頁1343，一九一一年九月十二日日記。

119 《鄭孝胥日記》（第三冊），頁1344，一九一一年九月十五日日記。

120 《鄭孝胥日記》（第三冊），頁1344、1345，一九一一年九月十七日日記。

於種種考慮，選擇經武漢轉）。這段話一方面說明他做事的周密，另一方面則再次表明近期他的「識力」出了大問題，事實是「不過一月」，不是「亂可定矣」，而是岑春煊逃回了上海。

從以上這些記載可以看到，在怎樣處理「四川抗路事」上，鄭孝胥是堅決站在持強硬立場的盛宣懷、端方和他們背後的載灃、載澤一邊的。

此外值得一提的是，鄭孝胥在為盛宣懷、端方出謀獻策的同時，拒絕了端方邀他入川相助的請求。在當時督撫大員中，他與端方（比他小一歲）私交最深。除了政見接近之外，還因為他們都是文人，他的詩、書不必說了，端方對金石字畫也頗有造詣。從他的日記來看，端方以往待他是不錯的。或許正是考慮到這一點，端方入川後幾次來電請他去幫忙，但他都「辭不從」。

九月五日，端方致電盛宣懷，託他幫忙「請蘇堪同方入蜀」，並說「緩急扶持，交情乃見，蘇堪健者，必不吝此一行」。盛讓他看了這個電報，他看後給盛寫了一封信：「午帥既行，風潮自息，必無險阻，何用扶持。孝胥本不樂湘藩，若復遠調入蜀，益非所堪。……求我公婉解於午帥，幸甚。」這封信有兩點值得注意，一是「風潮自息」，說明他當時還不認為「四川抗路事」有多麼嚴重；一是「孝胥本不樂湘藩」，索性向盛交了底。當天他又致電瑞澂：「午帥欲調胥入蜀。……求帥婉謝。」致電端方：「蜀本無亂，帥節既臨，風潮自息。胥家累重，實難遠行。」當天晚上他「得午帥來電，置不譯」[121]。——「蘇堪」連來電都不譯了，端方這次算是看走眼了。

第二天他譯出了端方昨晚來電，其中有「風雨同舟，不能無印須之助。……祈即日啟行，方在宜昌專候」等句。「印須」出自《詩

---

121 《鄭孝胥日記》（第三冊），頁1341，一九一一年九月五日日記。

經・邶風》，全句是「人涉卬否，卬須我友」。「卬」即我（古代女性
自稱），余冠英和周振甫對該句解釋有所不同[122]。在端方電報裏，「卬
須」即「我友」。儘管端方認為「蘇堪」是在危難之際可以幫點忙的
「卬須」，他卻隔了一天才回電（見上文）。當天他去女兒那裏吃晚
飯，飯後「至大舞臺看戲」[123]。

十四日，端方又來電託盛宣懷請他「往助」。他對盛說：「午帥退
縮不暇，雖往何益。」當天他也收到端方兩個電報，其中之一說「處
萬難之危地，又預知良果之必無，如公不允來助，唯有奏陳真確為難
情形……」表示想打退堂鼓了，他「詫曰：『此公分寸亂矣』」。第二
天他致電端方，除了要端方「將真確為難情形迅奏固辭」之外，明確
表示「胥來無益，請仍作罷論」[124]。

廿二日，端方給他發來了最後一個電報：「諮議局諸人必當設法
保全，以係人望。」從現有資料看，這也是端方與他最後一次聯繫，
不久他們就分處陰陽兩界了（端方於一九一一年十一月廿七日被
殺）。一九一二年一月八日（辛亥年十一月廿日），他見上諭，知道
「端果死矣，痛哉！」十四日他在日記裏寫道：「端午帥奉命入川，
在武昌、宜昌有二電求余同往，辭不能從，心竊悼之。使余果從，或
能免於死地，未可知也。……倉卒覯禍，豈非智不足以自救乎，哀
哉。」[125]不久他又在端方的一首詩後題詩，最後一句是：「平生辱見

122 余冠英譯為：「旁人過河我等待，等個人兒過河來。」（余冠英注譯：《詩經選》，頁
　　35）周振甫譯為：「人來擺渡我則否，我是須要我的友。」（周振甫譯注：《詩經》
　　譯注》，頁46）
123 《鄭孝胥日記》（第三冊），頁1341、1342，一九一一年九月六日日記。
124 《鄭孝胥日記》（第三冊），頁1343、1344，一九一一年九月十四、十五日日記。
125 《鄭孝胥日記》（第三冊），頁1383，一九一二年一月十四日日記。其中省略的是鄭
　　孝胥為端方設想的兩條「逃死之策」。

知，泣下親此題。」^{126}算是表達了他的悼念和感激。這裏有三點可說。其一，如果算上端方託盛宣懷出面講話的電報，端方請他「同往」的電報不止兩個。其二，端方被殺固然與他無關，但人家死也死了，他還說端方「智不足以自救」，端方如果地下有知，想必也會對「蘇堪」寒心吧？其三，「使余果從，或能免於死地，未可知也」這句話，說明他對自己的智謀是很看好的，其實這「未可知也」只是一種可能，另一種可能是：他如果「從」之，則或與端方一起被起義清軍割下腦袋，也「未可知也」。

鄭孝胥這次在北京的四十五天就這樣過去了。總的看來，這四十五天猶如暴風雨來臨前的天氣，北京是平靜的，沒有出現載灃、奕劻等最頭痛的要求開國會的請願；他的生活也是平靜的，十月六日那天甚至還有閒心與家人「打麻雀四圈」（他極少打麻將）。唯一使他感到不快的是「各報近極詆余」，上海《神州日報》還登載了他的小傳，題為〈鄭蘇戡之歷史〉，其內容用他的話來說是「皆妄捏詆毀語」（當時報紙對鄭的抨擊主要集中在兩點，一是借債造路，一是中央集權）。這些「詆毀」也就是他要「掃除」的「不規則之輿論煙瘴」。好在他已經服下自制的「安慰藥」：「安能盡合時人意，只把平生付汗青」，此刻也就不去計較了。

暴風雨終於來了。十月十一日下午，他獲悉武昌起義消息：「過孟庸生聞湖北兵變，督、藩署毀，張彪陣亡，瑞帥登兵輪。」但當時他「疑未確」，晚上還「赴英古齋之約於萬福居」（北京一家老字型大小飯店），一直到他兒子帶來上諭，他才知道「革黨」於「十九（十月十日）夜如期大舉矣」^{127}。

---

126 鄭孝胥：〈金罍伯求題端午橋詩後〉，《海藏樓詩集》，頁227。
127 《鄭孝胥日記》（第三冊），頁1349，一九一一年十月十一日日記。

第二天上午，盛宣懷請他「往談」，他連忙趕到盛宅。盛入「大內」（皇宮）未歸，來電讓他去澤公府。他「即往謁見」，載澤說：「明早叫起，請酌應陳之策。」──此刻真正是火燒眉毛了，載灃卻還是按部就班，讓載澤「明早」召見時說對策，「大清」由這樣的人「當家」，不亡真是「無天理」了。於是他「請言四事」：

一、以兵艦速攻武昌；
二、保護京漢鐵路；
三、前敵權宜歸一；
四、河南速戒嚴，更請暫緩秋操。

「秋操」指清軍原定在這年秋季晚些時候進行的演習。與張謇十四、十五日在南京向鐵良、張人駿提出的「合力援鄂」相比，他建議的這「四事」顯然具體得多，「高明」得多，所以「澤甚然之，留飯畢乃去」[128]。從以後的事態發展來看，這「四事」都被載灃等採納了。

十三日，「訛言長沙有變」，他「致電詢其狀」。接著又聽說「長沙已失守」，他「雖不遽信，亦頗震動」──主要不是為長沙政局「震動」，而是為他夫人、孩子等的安危「震動」，因為他到長沙做官，他們於八月中旬也跟著去了。

十五日，他又應盛宣懷之約去盛宅，並為盛致電京漢鐵路負責人，「使設法購線（線人──引者），招回漢陽四十一標附匪之營，懸賞十萬元，保全兵工廠、鐵廠」。回來後他自己「擬稿一通，請發上諭」：「赦從匪之學生、兵士及許匪首以悔罪自投，俟其抗拒乃擊之」，隨即送到盛宅。十九日，「內閣奉上諭，赦蜀、鄂兵民之被脅從

---

128 《鄭孝胥日記》（第三冊），頁1349，一九一一年十月十二日日記。

匪者」[129]。這份上諭很可能含有他部分意見。

從鄭孝胥十二日和十五日這兩天的表現來看，武昌起義後他是堅決站在清廷一邊的。

廿日，他收到內閣派人送來的通知：「湖南布政使鄭孝胥著即請訓，迅速回任。欽此。」這份通知「用白竹紙一開寫之，殊草草」。「白竹紙」是當時一種普通紙張，「欽此」的通知以往絕不可能寫在這種紙上，由此可見當時朝廷上下惶亂到了什麼程度。此外這份通知還說明盛宣懷此時說話已經沒有分量了（六天後盛被「革職」），因為盛在十五日還對他說過：「必不回湖南。」[130]

廿三日，他去中南海勤政殿「請訓」即受載灃召見。他當天日記裏沒記載灃說了些什麼，這倒並非有什麼機密，很可能是載灃當天沒說什麼。以往載灃也惜字如金，此時此刻，還能指望這位王爺說什麼呢？此外值得一說的是，那天他還去看了盛宣懷，盛「出示電局來電，云長沙電局已為亂黨佔據，萬急。盛意緒頗倉皇」[131]。

廿四日，他「夜謁盛宮保」，可惜沒有記下兩人說了些什麼。兩天後，盛就被「奉旨革職，永不敘用」了。

廿五日，他離京南歸。還是火車到天津，然後乘船到上海。船上有足夠時間，於是他廿七日日記又是長篇大論：

> 冥想萬端，有極樂者，有至苦者，行將揭幕以驗之矣。

既然是「冥想」，說明他接著要寫下的並非隨便說說，而是經過這些天深思熟慮的。他不僅想得深，還想得廣，「極樂者」和「至苦

---

129 《鄭孝胥日記》（第三冊），頁1350、1351，一九一一年十月十五、十九日日記。

130 《鄭孝胥日記》（第三冊），頁1351、1350，一九一一年十月二十、十五日日記。

131 《鄭孝胥日記》（第三冊），頁1351，一九一一年十月二十三日日記。

者」這兩端都被他想到了，「行將揭幕以驗之矣」，而他的後半生也「行將揭幕」矣。

> 政府之失，在於紀綱不振，苟安偷活；若毒甫天下，暴虐苛政，則未之聞也。故今日猶是改革行政之時代，未遽為覆滅宗祀之時代。彼倡亂者，反流毒全國以利他族，非仁義之事也。

首先想到「政府之失」，說明他也知道造成「鄂亂」的原因所在，只是他對「政府之失」的分析在根本上錯了。清政府的「紀綱不振，苟安偷活」是他承認的，不必多說。至於「毒甫天下，暴虐苛政」——用賈誼在分析秦國滅亡原因時的話來說就是「仁義不施」——在他看來卻是「未之聞也」。關於這一點，不妨看他過去是怎麼說的。甲午戰爭期間，他頗有「識力」地指出：

> 朝廷能堅持力戰，不過數月，倭必自困。終多所喪失，即至突犯陵闕，乘輿播遷，而中國人心尚不至失，創深痛巨，世事或有可為也。如屈意乞和，苟求目前之安，仍括天下之膏血以償鄰敵，此為強彼而自弱。戰事甫息，積習更張。所謂臥薪嚐膽以求雪恥，固必無之事；而漢人憤怒，仇視滿洲，叛者四起，一舉而失中國，可立待矣。[132]

「即至突犯陵闕，乘輿播遷」，意思是即使倭寇侵佔北京，清廷遷都。在他寫下這段日記後不久，清政府簽訂了〈馬關條約〉（賠款二萬萬兩），「屈意乞和，苟求目前之安，仍括天下之膏血以償鄰敵」，這不是「毒甫天下，暴虐苛政」麼？

---

132 《鄭孝胥日記》（第一冊），頁455，一八九四年十二月二十五日日記。

戊戌政變時他正在北京。九月廿八日,「日斜,聞柴市殺六人。
長班來言,於宣武門大街逢囚車,其第三車即暾谷也,衣冠,反接,
目猶左右視,其僕奔隨且哭。慘矣哉」[133]。「暾谷」是林旭的字,他
們既是同鄉,也是朋友。十月二日,他「步至清慈寺哭暾谷、叔嶠」
(「叔嶠」是楊銳的字)並「作〈哀林暾谷〉三詩」[134]。清廷不經審
訊就在「柴市殺六人」(「柴市」即菜市口,「六人」即「戊戌六君
子」),這不是「毒甫天下,暴虐苛政」麼?

一九一〇年十二月廿四日,清廷就立憲派到北京請願開國會事發
出一道措辭嚴厲的上諭(見前文)。第二天他在日記裏寫道:「人心去
矣!初無以維繫之,而遽絕之,可乎?」[135]——如果不是「毒甫天
下,暴虐苛政」,人心怎麼會「初無以維繫之」?現在怎麼會「去
矣」?

因此他說的「毒甫天下,暴虐苛政,則未之聞也」是根本站不住
的。其實任何政府,只要「紀綱不振,苟安偷活」,必然「毒甫天
下,暴虐苛政」,而他竟然看不到這一點,可見現在他的「識力」實
在大有問題,至少比甲午戰爭和戊戌變法時大大退步了。正因為看不
到這一點,所以他得出了「今日猶是改革行政之時代,未遽為覆滅宗
祀之時代」的錯誤結論。正是這個結論,使他不能像張謇他們「幡然
改悟,共贊共和」,而是「理不能喻,情不能感」,於是先做遺老,後
成國賊。下面接著說他廿七日日記:

---

133 《鄭孝胥日記》(第二冊),頁684,八九八年九月二十八日日記。

134 《鄭孝胥日記》(第二冊),頁686、690,一八九八年十月二日、十二日日記。鄭
   孝胥在日記裏沒有抄錄這三首詩,《海藏樓詩集》也沒收。林旭是在光緒二十四年
   八月十三日(一八九八年九月廿八日)遇害的,張謇在林遇害後第二天日記裏把
   林稱為「喜新豎子」,《張謇全集》(第六卷),頁414,光緒二十四年(1898)八月
   十五日日記。

135 《鄭孝胥日記》(第三冊),頁1296、1297,一九一〇年十二月二十五日日記。

此時以袁世凱督湖廣，兵餉皆恣與之，袁果有才破革黨、定亂
事，入為總理，則可立開國會、定皇室，限制內閣責任，立憲
之制度成矣。使革黨得志，推倒滿洲，亦未必能強中國。何
則？擾亂易而整理難，且政黨未成，民心無主故也。

這裏分析了時局發展的兩種可能，不過都沒有說準。袁世凱果然
「入為總理」，「滿洲」也果然被「推倒」，但他萬萬沒有想到，袁先
是小「破革黨」，然後與「革黨」坐到一起，然後當上了「革黨」讓
出的總統，然後解散「革黨」，最後竟做起了「洪憲皇帝」，而「革
黨」先是「得志」，然後建立臨時政府，然後把總統拱手相讓，最後
是分崩離析。「推倒滿洲，亦未必能強中國」這一點倒被他說對了，
「擾亂易而整理難」的分析也對，民初亂相可以充分證明，但「政黨
未成，民心無主故也」的說法至少有簡單化之嫌，理由很簡單：並不
是任何政黨都能「主」民心的，辛亥革命期間出現的政黨還少麼？張
謇他們不也組織了什麼共和黨、統一黨嗎？它們能「主」民心嗎？再
進一步說，他曾連任三屆會長的立憲公會也可以說是政黨的雛形，立
憲公會能「主」民心嗎？答案顯然都是否定的。

然則漁人之利其在日本乎？特恐國力不足以舉此九鼎耳。必將
瓜剖豆分以隸於各國，彼將以華人攻華人，而舉國糜爛，我則
為清國遺老以沒世矣。時不我與，戢彌天乎一棺，惜哉。

鄭孝胥在日本待過三年，可以說是「日本通」。日本國力「不足
以舉此九鼎（指中國）」這句話被他說對了，但他當時對日本侵華野
心的估計顯然嚴重不足，四年後日本不就提出了「二十一條」嗎？
「必將」云云則只說了一個方面，他沒說的另一方面是中國人民的堅

決抵抗，正是這種抵抗，粉碎了帝國主義對中國「瓜剖豆分」的夢想。至於他對自己的展望，也只說對了一半。如果他真的「為清國遺老以沒世」，就像他的同鄉辜鴻銘、林琴南一樣，那麼對他一生的評價，至少要比現在蓋棺論定的好得多。事實是他在做了十來年遺老後，終於下水附逆，成了人皆曰可殺的「國賊」。「戢彌天乎一棺」出自陸機〈弔魏武帝〉，意思是與天同歸於盡（「戢」是聚集之意），然而「惜哉」，「時不他與」，他這一年終究沒死。民國元年除夕（一九一三年二月五日），他在日記裏記下一段對話：

> 張堅伯（即張鳴岐，曾任兩廣總督等——引者）語余曰：「去年能死，亦可保全名節，然心頗不甘；今年乃追悔其不死，奈何！」余曰：「子盍作已死觀？今日遊魂為變，亦足樂也。」[136]

雖然是開玩笑，但也是實情。進入民國後，之前的鄭孝胥已死，活著的鄭孝胥只是「大清」的「遊魂」。下面接著說他廿七日日記：

> 未死之先，猶能肆力於讀書賦詩以橫絕雄視於百世，豈能徜徉徒倚於海藏樓乎！樓且易主，而激宕悠揚之嘯歌音響乃出於何處矮屋之中，未可知也。

這裏分析了他個人今後的兩種可能，或是在海藏樓「讀書賦詩」，或是「樓且易主」，不知淪落到「何處矮屋之中」。在一九二三年之前，他的實際情況是前者，但「橫絕雄視於百世」、「豈能徜徉徒倚於海藏樓乎」的野心，使他最終離開海藏樓，走上了「不歸路」。

---

136 《鄭孝胥日記》（第三冊），頁1452，一九一三年二月五日日記。

今日我所親愛之人在長沙乎，在漢口乎，抑能自拔以至上海乎？炸彈及於胸腹，我將猛進以不讓矣。使我化為海鷗出沒於波濤之上，其能盡捐此親愛之累與否，未可知也。

「親愛之人」指他的眷屬，此刻失去聯繫，下落不明。「炸彈」、「海鷗」云云，則都是周作人所說的詩。

官，吾毒也；不受官，安得中毒！不得已而受官，如食漏脯、飲鴆酒，饑渴未止，而毒已作。

第一個「毒」作「痛恨」解。「食漏脯、飲鴆酒」出自葛洪《抱朴子・嘉遯》：「咀漏脯以充饑，酣鴆酒以止渴也。」「漏脯」指腐臭的肉乾，「鴆酒」即毒酒。此刻他似乎對自己六月九日為「之官而北上」有點後悔了，因為沒有這次「北上」，現在也就談不上「南歸」，也就不存在「親愛之人在長沙乎，在漢口乎」的問題。但「不得已而受官」的說法則站不住腳，因為無論端方、盛宣懷乃至載灃，都不可能強迫他做官，實在是他要「登臺演劇」的「大志」害了他。用他自己的話來說：「反已而愚，吾將誰咎矣？」

京師士大夫如燕巢幕上，火已及之。亂離瘼矣，奚其適歸。至親至愛，莫能相救，酷哉！

「燕巢幕上」出自《左傳・襄公二十九年》，比喻處境非常危險。「亂離瘼矣，奚其適歸」出自《詩經・小雅・四月》，周振甫譯為

「亂離苦了,在何處適宜可以回歸」[137]。「至親至愛,莫能相救,酷哉!」——至此,他終於感受到了「毒已作」之「酷」。

> 魄之將狂,魂來救之;魂魄俱狂,孰能救之?又舉遠鏡,見玉皇頂峰巒千迭,皆積恨耳。[138]

「人生始化曰魄。」(《左傳・昭公七年》)杜預注:「魄,形也。」「魂」指人的精神。「魂魄俱狂,孰能救之?」答案自然是無救。世事動盪,玉皇頂歸然不動。只是同樣隔海遙望,他兩個多月前看到的是「曉雲堆」,現在看到的卻是「積恨」。佛家說「境由心造」,與五月時的南歸不同,這次南歸,他的心境糟透了。

寢不安席,食不甘味

十月廿九日下午,鄭孝胥抵達上海。由於當時船上通信不便,所以他下船後才獲悉兩個「惡訊」,一是湖南已經宣佈獨立,這意味著他的家眷陷入「險境」;一是盛宣懷已作為「替罪羊」被「奉旨革職,永不敘用」,這意味著他在內閣中失去了一個賞識他並能為他說上幾句話的人。

第二天是重陽節。鄭孝胥在重陽這天往往寫詩,且多有佳作,故當時有「鄭重九」之稱[139]。但這個重陽節他沒心思寫了:「今日重九,登臺憑眺,真欲發狂。與其坐以斷腸,無寧與匪決死。」[140]海藏

---

137 周振甫:《《詩經》譯注》,頁307。據陳衍說,鄭孝胥「善說詩,尤深〈小雅〉」。(〈書海藏詩後〉),引自《海藏樓詩集》,頁547。

138 《鄭孝胥日記》(第三冊),頁1352、1353,一九一一年十月二十七日日記。

139 鄭孝胥自己也說「杠被人稱鄭重九」(〈九日〉),《海藏樓詩集》,頁306。

140 《鄭孝胥日記》(第三冊),頁1354,一九一一年十月三十日日記。

樓高三層，築有露臺，而當時南洋路一帶樓房很少，所以他有可能
「登臺憑眺」──在他的詩裏叫「登高望洞庭」。想到「親愛之人在
長沙乎，在漢口乎，抑能自拔以至上海乎」，他「分寸亦已亂」[141]，
「真欲發狂」。「匪」，是他對武昌起義軍的稱謂，與張謇最初把他們
稱為「敵」是一致的；至於「決死」，自然是說說而已。好在過了一
天，「夜，月明，將別，有叩門者，馳報『眷口已到！』中照（他的
太太──引者）率婦孺臧獲（指僕人──引者）四十人坐龍門來，悲
喜如在夢中」[142]。

　　重陽這天有兩個朋友來看他，「勸勿赴漢」。說是「赴漢」，其實
指去長沙，因為當時從上海去長沙，通常先乘船到武漢。這個「勸」
可能有兩個意思，一是勸他不要遵旨「迅速回任」，一是勸他不要去
長沙接家眷。究竟「勸」什麼，外人不得其詳。但他第二天還是叫兒
子去買船票，是「迅速回任」還是去接家眷？答案很快就揭曉了。當
天晚上，隨著一聲「眷口已到」，他就不「回任」並「遂留上海」
了。然而這樣一來，他在三個多月前說的「生番手攜炸彈而來」以及
「當使愚者新其耳目，智者作其精神」之類「豪言壯語」，就統統被
他自己拋到了九霄雲外，同時也使他口口聲聲說的「忠義」（見下
文）顯得蒼白無力，因為真講「忠義」的話，不說「與匪決死」，至
少應該「迅速回任」，因為此時他還是現任湖南布政使，維護地方秩
序是他的職掌所在。

　　關於鄭孝胥不「回任」的原因，論者說是「道梗不行」[143]。與上
面的「勸」一樣，這個「道梗不行」似乎也有兩個意思，一指交通阻

141　鄭孝胥：《續海藏樓雜詩・其三十九》，《海藏樓詩集》，頁221。

142　《鄭孝胥日記》（第三冊），頁1354，一九一一年十月三十一日日記。

143　葉參等：《鄭孝胥傳》，頁5。黃坤、楊曉波：《鄭孝胥年譜簡編》，《海藏樓詩集》，
　　頁586。

隔乃至中斷，一指時局「險惡」。兩者互有聯繫：時局「險惡」會影響交通，而交通阻隔乃至中斷，本身就是時局「險惡」的一種反映。當時交通確實較亂，但好像還沒有亂到不能出門的程度，既然他的「中照夫人」都能在人陪同下「率婦孺臧獲四十人」從長沙返回上海，憑他的本事，一個人從上海去長沙不會有大的麻煩。因此這個「道梗不行」，應該說是時局「險惡」的一種委婉說法。對他來說，此時去長沙很可能意味著去送命，而他雖說要「與匪決死」，但送命的事是不幹的。

除了「道梗不行」，鄭孝胥不「回任」可能還有兩個原因。一是他「本不樂湘藩」，現在既然「道梗不行」（如果需要向朝廷解釋的話，這個「道梗不行」倒不妨充分強調交通問題，只是他永遠沒機會解釋了：十一月廿六日，袁世凱宣佈了新任湖南布政使人選），他也就有了不「回任」的藉口。二是此時「官，吾毒也」的想法佔了上風。十一月四日，他「書《四十二章經》終卷」[144]。言為心聲，書亦為心聲，這部講清心寡欲的佛經是支持「官，吾毒也」的想法的。

既然「道梗不行」，再加上他「本不樂湘藩」，而在佛經上也找得到「官，吾毒也」的依據，他就心安理得地「遂留上海」了，畢竟他的家在上海。然而與以往不同，這次他住在海藏樓，用他十一月廿三日日記裏的話來說是「昧爽即起，寢不安席，食不甘味，運思操勞，絕非庸庸厚福之比」[145]。鄭孝胥有早起的習慣[146]，但現在使他「昧爽即起」的除了習慣，還因為他「寢不安席，食不甘味」。究其原因，

---

144 《鄭孝胥日記》（第三冊），頁1354，一九一一年十一月四日日記。《四十二章經》相傳是東漢時譯的一部佛經，「重點論述人生無常和愛欲之蔽」（《辭海》）。

145 《鄭孝胥日記》（第三冊），頁1358，一九一一年十一月二十三日日記。

146 陳衍說鄭孝胥早起是藉口，「實就其妾宿也」，見《錢鍾書集》（寫在人生邊上・人生邊上的邊上・石語），頁483。但陳衍的話是他們斷交後說的，也沒有說明何時何地，故只能視為一家之言。

他自己說了一個：「運思操作」，對象自然是時局；在他的日記和詩裏還可以找到三個，一是對自己安全的擔憂，一是對「大清」命運的憂慮，一是對慈禧等人的憤慨。

首先是對自己安全的擔憂。這個原因在十一月廿三日那天還不存在，但僅僅過了兩天就成了他必須正視的頭等大事。其實此事早有預警，重陽這天朋友來看他，除了「勸勿赴漢」之外，還告誡他「雖居租界內，亦防匪黨干涉」。朋友的話不幸言中，只是對他來說，過程是「先禮後兵」而已。

在鄭孝胥抵達上海後的第五天（十一月二日），一個自稱「湘軍政府駐滬交通員」，送來一封署名他在中國公學某朋友的信，要他「為漢族效力，剋日啟程，以慰湘人之望」，並說「大都督當郊迎十里，泥首馬前，以先主待武鄉者待先生，祈勿妄自菲薄」[147]。這封信可能是當時在上海的湖南革命黨人寫的，也可能是傾向「黨人」的中國公學學生寫的，目的顯然是「統戰」。「先主待武鄉者」，指劉備對諸葛亮「三顧茅廬」這般殷勤。然而他對命令他「迅速回任」的上諭都置之不理，對「革黨」這種「統戰信」自然一笑了之。

「禮」既然不納，「兵」隨後就來了。十一月廿五日，他收到兩封匿名信，一封是自稱「民國團」寄來的，對他來了一番「毒詈」；另一封更厲害，說「已決議暗殺（他）」。對「亂黨」這種投書，他不能一笑了之了，立即向租界巡捕房報案，並在日記裏憤憤寫道：「亂黨之鄙野如此，於共和何望。」[148]沒想到這兩封信僅僅是開始，從十二月三日開始，他接連收到六封匿名信（有些附傳單、報紙），或罵他是「漢奸」，或要他「自殺」，其中有三封明確告知來暗殺他的日期[149]。

147　《鄭孝胥日記》（第三冊），頁1354，一九一一年十一月二日日記。

148　《鄭孝胥日記》（第三冊），頁1359，一九一一年十一月二十五日日記。

149　《鄭孝胥日記》（第三冊），頁1369、1374、1380，一九一一年十二月十三、二十

此時的鄭孝胥用他自己的詩來說，真正是「已坐虛名人欲殺」[150]。於是海藏樓成了「危樓」——他當時寫的一首詩就名為〈危樓〉，他只能再次報案，並聽從「西捕」要他防止「亂黨」放火的建議，從十二月四日開始派四個男僕值夜班，「自十點至六點止各看兩點鐘，每夜津貼點心錢二角」[151]。他自己倒也「身先士卒」，「昧爽」之前「即起」（大多是凌晨三四點起來「察看」，最早一次是凌晨兩點「起視」）。十二月十八日那天凌晨，「風急雨集」，他四點鐘就起來了，「察看」之餘寫了〈夜起〉一詩，前兩句說：「樓前夜色暗屯兵，雨猛風饕正四更。呵壁問天終不測，枕戈待旦獨難平」[152]，蓋是紀實。

雖然暗殺者最後都「爽約不至」（鄭孝胥語），但這些匿名信使他憂心忡忡，吃不香，睡不安。不僅如此，這些信還使他不敢外出走動。當時各地逃到上海租界的官紳很多，他們或隱姓埋名，或閉戶不出。他倒沒有隱姓埋名，但在閉戶不出方面，在這些官紳中很可能名列第一。十月廿九日抵達上海後，他除了去了一次徐家匯的家（十一月廿四日，收到要殺他的匿名信前一天），竟然做到「避世不見人」（指不見上門拜訪而他不想見的人），「半年不出戶」，直到一九一二年七月二日才第一次「入市」[153]，這些匿名信的震懾力由此可見一斑。

其次是對「大清」命運的憂慮。鄭孝胥對「大清」的感情是複雜

三日和一九一二年一月八日日記。革命黨人所以說要暗殺他，主要原因是當時報紙上謠傳袁世凱派他「帶了重金」到上海來破壞共和。

150 鄭孝胥：〈危樓〉，《海藏樓詩集》，頁222。

151 《鄭孝胥日記》（第三冊），頁1365，一九一一年十二月四日日記。

152 鄭孝胥：〈十月二十八日夜起〉，《海藏樓詩集》，頁222。

153 鄭孝胥：〈續雜詩・其四十四〉、〈張讓三聞余不出枉視相唁且求作詩〉，《海藏樓詩集》，頁224、225。一九一二年七月二日日記：「自到上海以來，今日入市為第一次，凡八閱月。」（《鄭孝胥日記》第三冊，頁1422）按：十一月廿四日後鄭孝胥第一次出門在一九一二年四月十五日，以後在海藏樓附近有幾次走動，但均沒有「入市」。

的。他是「大清」的解元，也做過「大清」的官（在十一月廿六日前，他在理論上還是「大清」的官），「大清」景皇帝（光緒）更是擢升他為總理各國事務衙門章京——「戊戌六君子」中的楊銳、劉光第、林旭和譚嗣同之前也被授予同樣官職，因此像張謇說到光緒時「不覺哽咽流涕」一樣，他也「平生獨感景皇帝知遇，言之淚泫然」[154]。甲午戰爭和戊戌政變後他看到了「大清」的種種問題，也能不時予以批評、抨擊，但出發點還是為了「大清」的長治久安。一九○七年七月，他為端方擬了一份檔，其中說：

> 今宜利用多數希望立憲之人心，以制少數鼓動排滿之亂黨。各省所立立憲公會，如主持得人，則宗旨甚正，朝廷宜加考察，量與扶持，使信從漸廣，亦可暗銷亂黨煽惑愚氓之力。[155]

可見他這個立憲公會會長，實在也是「大清」的一個頗有「識力」的忠實謀士。但愚昧無知的慈禧、載灃和奕劻是聽不進這些「忠言」的，先是反對立憲，後來搞假立憲，於是他就說要「破壞腐爛專制之政府」了，憤激時甚至說要與這個政府同歸於盡：「吾視京都如疫屍場，王公大人如微生物，震旦山河如燒毒火，吾身軀命如石炭酸。」[156]然而平靜下來「冥想萬端」之後，他還是覺得「政府之失，在於紀綱不振，苟安偷活」，至於「改朝換代」則還未到時候：「今日猶是改革行政之時代，未遽為覆滅宗祀之時代。」

然而時代潮流是不以他的意志為轉移的。武昌起義後僅僅過了一

---

154 陳寶琛：〈鄭蘇龕布政六十壽序〉，《海藏樓詩集》，頁546。
155 《鄭孝胥日記》（第二冊），頁1099，一九○七年七月十一日日記。
156 《鄭孝胥日記》（第三冊），頁1304，一九一一年一月二十三日日記。按：當時我國東北地區發生鼠疫，故有「京都如疫屍場」之說。

個多月，他就在海藏樓上看到，「北京朝事危急，君臣臥薪嚐膽，以淚洗面；外省則山西、山東、陝西、湖北、湖南、江西、安徽、江蘇、浙江、廣東、廣西、福建、四川、雲南、貴州，亂者四起，無乾淨土」[157]。對此他真正是「寢不安席，食不甘味」，而最能反映他憂心如焚的莫過於他的日記和詩。

從十月廿九日抵達上海至辛亥年除夕（一九一二年二月十七日）這一百一十二天中，他日記裏只有十二天不涉及時局，其餘一百天每天都記載了當時不斷「惡化」的時局，不少日記篇幅很長（全文抄錄或摘錄報紙上刊登的有關檔和報導），有時還予以分析、評論，直至最後哀歎「嗚呼，亡矣」，充分反映了他對「大清」命運的憂慮乃至絕望。在本書介紹的這些人物中，就這段時間所記日記天數和文字量而言，他是第一名；就對「大清」命運的憂慮程度而言，他也是第一名。

這一百一十二天天中他還寫了十四首詩（五言十一首，七言三首），主題之一也是對「大清」命運的深深憂慮。它們或借景抒情，如「樓前菊始花，樓上月又滿。填胸無底哀，花月空掛眼」、「雲含海雨千重暗，秋盡籬花十日黃」等[158]，或感歎朝廷無人出來「力挽狂瀾」，如「事急嗟無人，堪為朝廷羞」、「誰能屬忠義，抗節誓不撓」等[159]。陳衍說：「蘇戡詩最工於哀挽者。」[160]在「大清」末年，鄭孝胥的詩才得到了充分發揮。

第三是對慈禧等人的憤慨。至遲在戊戌政變後，他就對慈禧強烈不滿。一八九八年十二月，他看到對已被「開缺回籍」的翁同龢「永

---

157 《鄭孝胥日記》（第三冊），頁1358，一九一一年十一月二十三日日記。
158 鄭孝胥：《續海藏樓雜詩・其四十》，《海藏樓詩集》，頁221。
159 鄭孝胥：《續海藏樓雜詩・其三十八》，《海藏樓詩集》，頁221。
160 陳衍：《石遺室詩話》，見《海藏樓詩集》，頁552。

不敘用」並「交地方官嚴加管束」的硃諭（不經軍機處直接下發的上諭——引者），在日記裏寫道：

> 詆翁之辭甚多，使上失師傅之恩，君臣情誼，國家體統掃地盡矣。嗚呼，女德無極，婦怨無終，昌被至此，其能久乎？[161]

「上」指光緒。「女德無極，婦怨無終」出自《左傳‧僖公二十四年》，意思是女人做起好事來「無極」，做起壞事來也「無終」。「昌被」或作「昌披」、「倡披」，出自〈離騷〉，原義指「衣不繫帶，散亂不整。引申為不遵法度，任意恣為」（《辭海》）。這些話顯然是針對慈禧的。一九〇一年春在張之洞那裏，他明確說自己「不願事女主耳」[162]。慈禧死後，他對載灃的印象也不好，認為「監國暗弱，不足鎮壓政府」（意思是說載灃愚昧軟弱，不能有效地控制政府）。至於奕劻、那桐，他的評語是「狂呆橫肆，必不能久」[163]。

武昌起義後尤其是進入十二月下旬後，隨著局勢的逐漸明朗，他對慈禧等人的憤慨又大大進了一步，儘管這時慈禧已死了三年多，載灃、奕劻也已下臺。

十二月廿日，一個朋友告訴他，「（京中）親貴私蓄二千九百萬，皆不肯借作國債（用途是作清軍軍費——引者），惟慶邸出十萬而已」，他憤憤地說，「雖謂親貴滅清可也」[164]。

一九一二年二月初，當時報紙紛紛報導清室即將遜位，他聽說「滿洲皇族所爭者，優待條款而已」，在四日日記裏寫道：

161　《鄭孝胥日記》（第二冊），頁699，一八九八年十二月六日日記。

162　鄭孝胥：〈吳菊農七十壽詩〉自注，《海藏樓詩集》，頁428。

163　《鄭孝胥日記》（第三冊），頁1273，一九一〇年九月一日日記。

164　《鄭孝胥日記》（第三冊），頁1372，一九一一年十二月二十日日記。

是已甘心亡國，孰能助之，哀哉！苟皇室有死社稷、殉宗廟、
寧死不辱之志，則忠臣義士激發奮厲，終至亡國，猶可為史冊
之光耳。今惟聞載澤、溥偉不願遜位，其餘皆苟活偷生，不敢
反抗。王室如此，而欲責忠義於臣民，難矣。

一個「哀哉」，一個「難矣」，表明了他對皇室的態度：哀其不
幸，怒其不爭。在這天日記裏，他還寫下了幾天前對孟森等分析的
「時事遽至斯」的原因：

革命黨魁，君知其為何人乎？景皇帝為君主立憲之黨魁，反對
立憲者，孝欽也。有孝欽反對立憲於前，遂有慶王、攝政王偽
飾立憲於後，乃成瓦解土崩之局。故革命黨魁非他，即孝欽是
也；慶、攝助而成之，亦其次耳。[165]

「孝欽」即慈禧。他這裏說的「革命黨」與一般說的革命黨顯然
不同，但從他封慈禧為「革命黨魁」可以看出，在顛覆清朝統治方
面，他認為慈禧和「革黨」起了同樣的作用，相比之下，還是慈禧起
的作用更大一些，而反對立憲和搞假立憲，則是清朝統治走向「瓦解
土崩之局」的轉捩點。半個月後，他重申了這個看法：「孝欽後初反
對立憲，庚子後乃為假立憲。慶邸、攝政王承其宗旨，遂成革命之
局。」[166]可見慈禧、奕劻和載灃三人，在他看來都是「大清」的罪
人，而慈禧更是罪大惡極。

如果搞真立憲，是否就能避免「瓦解土崩之局」？他在這天日記
裏沒有說，但從他一九一一年一月十三日說的一句話來看，回答是肯

---

165 《鄭孝胥日記》（第三冊），頁1390，一九一二年二月四日日記。
166 《鄭孝胥日記》（第三冊），頁1400，一九一二年二月二十一日日記。

定的。這天錫良與他說起政府對錦愛路的「反覆之狀」（見前文），他
對錫良說：

> 專制之政，今日可許，明日可不許。不若是，何以為專制？若
> 內閣、國會既立，則此事不行矣。[167]

　　由此可見，只要搞真立憲，專制統治在他看來就「不行矣」，「瓦
解土崩之局」也就不會出現了──當然，這只是鄭孝胥的一廂情願。
　　最後是對時局的「運思操勞」。鄭孝胥回上海後雖然「不見人」、
「不出戶」，但「秀才不出門，盡知天下事」，更何況他還是「八閩解
元」，學部頭等諮議官，所以當時的「天下事」，除了北京紫禁城和袁
世凱那里正在發生的事和海藏樓對面的惜陰堂里正在發生的事他不知
情，其它事都知道個八九不離十。「知」的管道主要有兩條。一是讀
報。讀的報紙有《申報》、《民立報》、《中外日報》、《時事報》、《大陸
報》和《大共和報》等。不僅讀，他還在日記裏大量摘抄或全文抄
錄，甚至想「索所存今年各報，將以編《革命紀事本末》」[168]。二是
朋友來訪。這期間來海藏樓的朋友少了一些，就以葉揆初說的「在今
日號能任事者」中的另兩位來說，張謇「幡然改悟，共贊共和」了，
再加上忙得不可開交，自然不來了；湯壽潛倒來了兩次，一次是請他
「電致薩鎮冰，勸勿多殺」[169]，一次是聽說他生病，「故來視，小坐

167　《鄭孝胥日記》（第三冊），頁1301，一九一一年一月十三日日記。
168　《鄭孝胥日記》（第三冊），頁1384，一九一二年一月十六日日記。
169　《鄭孝胥日記》（第三冊），頁1354，一九一一年十一月四日日記。據鄭孝胥十一
　　　月五日日記：「趙竹君來，言致薩電不能發，請余添注數字，將原稿託丹麥領事寄
　　　去。」可見鄭孝胥確應湯壽潛之請，寫了致薩鎮冰的電文。如果他在電報裏確實
　　　勸薩鎮冰「勿多殺」，這可能是他在這期間做的唯一一值得稱道的事。此事與趙尊岳
　　　說法不同，參閱《近代史資料》（總102號），頁249。

即去」[170]。就是住在對面的趙鳳昌也只來過兩次。但還是有不少朋友來看他，其中主要有高子益（高夢旦之兄）、高夢旦、李拔可、孟森、陳散原等。此外嚴復南下參加南北議和談判，也拖著辮子特意登上了海藏樓[171]。

說起辮子，鄭孝胥倒早在十二月九日就剪去了。當天他在報上看到：內閣奉十七日（十二月七日）上諭：「資政院奏，懇請降旨，即行剪髮，以昭大同。凡我臣民均准其自由剪髮。欽此。」於是他在「四點鐘剪髮」[172]，比張謇還早了六天。鄭孝胥所以會如此爽快地「回應上諭」，很可能是因為拖著一根辮子實在不好看、不方便，而絕不意味著他與「大清」的一刀兩斷。因此他剪掉的只是頭上的辮子，至於他心中的「辮子」，則終生未剪，一直帶入墳墓。

「知」了「天下事」後，鄭孝胥絕不像「庸庸厚福」之人，知道了也就知道了，而是「運思操勞」。至於結果，在他日記裏可以找到兩個：

一個寫於十一月六日：「如能挾外交之力，抱尊王之義，誠今日之正論也。」[173]所謂「挾外交之力」，說穿了就是引狼入室，甚至就是「借助外兵」的一種說法。武昌起義爆發後，清室中個別頑固分子確有「借助外兵」的考慮。張謇聽說這個陰謀後「遠鑒前明，近鑒亡韓，心膽俱裂」，認為「借助外兵，陷全國於必亡之地」[174]，並以江

---

170 《鄭孝胥日記》（第三冊），頁1388，一九一二年一月二十四日日記。
171 據鄭孝胥一九一一年十二月廿一日日記：「嚴右陵來，談甚久。右陵不剪辮，以示不主共和之意……」《鄭孝胥日記》（第三冊），頁1373。
172 《鄭孝胥日記》（第三冊），頁1368，一九一一年十二月九日日記。
173 《鄭孝胥日記》（第三冊），頁1355，一九一一年十一月六日日記。
174 張謇：〈江蘇諮議局為阻借外兵致各省諮議局電〉（原載一九一一年十月廿三日《申報》），《張謇全集》（第一卷），頁177。又，一九一二年二月初，上海報紙上還有「載澤欲借兵日本」的消息。

蘇諮議局名義致電各省諮議局，表示強烈反對。在中華民族危急存亡之秋，鄭孝胥想「挾外交之力」，張謇是「心膽俱裂」，可見他們兩人當時分歧之深。至於「抱尊王之義」，就是堅持君主立憲，反對共和。因此鄭孝胥說的「正論」，實在是大謬之論。

　　一個寫於十二月廿四曰：「今為袁計，有路三條：守君主而戰，一也；辭職避居他國，二也；漫應總統之舉以圖後日之反正，三也。然第三條詭譎太甚，亦極危險。」[175]這其實是他為袁世凱「運思操勞」，但考慮到袁當時的地位和影響，也不妨說是他對時局的「運思操勞」。與張謇不同，鄭孝胥對袁世凱始終不看好：「眾謂袁世凱能兵，余素不信，因彼心粗，且官場習氣甚重故也。」[176]一九一〇年十二月廿四日，清廷就東三省諮議局派代表到北京請願開國會事，發出一道措辭嚴厲的上諭（見前文），這份上諭據說出自袁世凱的主意，鄭孝胥看後說，「袁教之，徐贊之，亂必成矣」[177]。徐指袁世凱的老搭檔徐世昌，可見鄭孝胥當時就把袁視為「釀亂」的因素。武昌起義後，鄭孝胥對袁世凱「破革黨、定亂事」一度抱有希望，只是他在這裏為袁指出的這三條路，說明他並沒有讀懂袁，或者說他也被袁所迷惑了。不過「第三條詭譎太甚，亦極危險」，倒被鄭孝賢說對了，但他當時做夢也不會想到，袁豈止是「漫應總統之舉」，豈止是「圖後日之反正」，四年後，「項城」竟自已做起了「皇帝」（鄭孝胥看到有關報導後「皆裂髮指」[178]）！

　　鄭孝胥在十一月廿三日日記裏還說，「使余與聞世事，必有過人

175　《鄭孝胥日記》（第三冊），頁1374，一九一一年十二月二十四日日記。

176　《鄭孝胥日記》（第三冊），頁1402，一九一二年三月三日日記。又，據說陳其美曾問袁世凱：「如鄭君者何以不用？」袁說：「大才盤盤，難以請教。」《鄭孝胥日記》（第三冊），頁1654，一九一七年三月三十一日日記。

177　《鄭孝胥日記》（第三冊），頁1297，一九一〇年十二月二十五日日記。

178　《鄭孝胥日記》（第三冊），頁1589，一九一五年十二月十六日日記。

之處」。從以上兩個「運思操勞」的結果來看，他並沒有什麼「過人之處」。一定要說有的話，只能說他當時就想到了「挾外交之力」，可見他以後投靠日本軍國主義並拼湊偽滿洲國並非偶然，在這方面，他確有「過」汪精衛等人之處。

不過讓鄭孝胥想不明白的是，雖然他以為自己「必有過人之處」，但在這「天下多事，能者自見之秋」，他卻「獨袖手海藏樓上，似有天意不令入競爭之局者」。從這年八月起，他「在湖南則驅之至北京，在北京則驅之至上海」。到上海後他雖然「昧爽即起，寢不安席，食不甘味，運思操勞，絕非庸庸厚福之比」，但令他感到「奇異」的是，他「所種者實為用世之因，而所收者轉得投閒之果」，在這危急存亡之際，竟沒有人來請教他的「過人之處」。他曾與中照夫人談起這種「因果不一」的怪事，「莫能索解」，只能「記之以待研究」。其實也不需要研究，因為答案是現成的：任何人，即使他過去做過一些有益的事，在新的時代潮流面前，如果不投身其中，還逆潮流而動，必然會被潮流無情淘汰。

但鄭孝胥不僅看不清這一點，竟然還做了一個夢：出任朝廷與「革黨」之間「調停人」。請看他是怎麼說的：

余今日所處之地位，於朝廷無所負，於革黨亦無所忤，豈天留我將以為調停之人耶？窗外陰雲甚黑，吾將訊之鬼神。[179]

是否「負」，是否「忤」，姑且不論，這種夢也只有他這種「胸有大志」的人才做得出。不過在「窗外陰雲甚黑」之際，在「南人」紛紛「變態」之際（見下文），他也只有拉個「鬼神」做「知己」了：

179 《鄭孝胥日記》（第三冊），頁1358，一九一一年十一月二十三日日記。

　　世風忽揚塵，吹我墮何所？舉頭失日月，震耳劇雷雨。

　　營營魂不昧，耿耿意自許。欲呼平生親，顧笑反予侮。

　　高樓外無地，掩卷成獨思。雲垂鬼神黑，知己幸有汝。[180]

理不能喻，情不能感

　　正因為在鄭孝胥看來今日還不是「覆滅宗祀之時代」，所以十月
廿九日抵達上海後，他與當時迅猛發展的形勢格格不入，並把正在全
國各地熊熊燃燒的反清烈火視為「無明火燒世界」。按佛典說法，「無
明」即「癡」、「愚」，無有智慧之意。「無明火」就是「癡暗之火」、
「愚昧之火」。對這種「火燒世界」，他「理不能喻，情不能感」[181]，
而火光中最讓他痛心疾首的是「南方士大夫」當時的表現。

　　一九一二年一月八日（辛亥年十一月二十日），上海《大共和
報》發表的一篇文章引用了屈原〈九章・思美人〉中的一句話：「吾
且僶俛以娛憂兮，觀南人之變態。」[182]「僶俛」即徘徊，「娛憂」是
排除憂愁的意思，「南人」原指楚國南方卑鄙無恥的小人，這裏指江
浙原立憲派人士和清朝官僚，「變態」指他們的「幡然改悟，共贊共
和」。鄭孝胥看到了這句話，在當天日記裏寫道：「此乃海藏樓語耳，
彼何以稱焉！」[183]是的，這句話也正是他想說的，因為他抵達上海後

180　鄭孝胥：《續海藏樓雜詩・其四十一》，《海藏樓詩集》，頁221。

181　《鄭孝胥日記》（第三冊），頁1354，一九一一年十一月三日日記。

182　《大共和報》是中華民國聯合會機關報，一九一二年一月四日創刊（鄭孝胥的日記
　　　說是一月五日創刊）。後為統一黨、進步黨機關報。章太炎任社長，馬敘倫為總編
　　　輯。一九一五年六月卅日停刊，共出一千二百五十一期。據陳衍說，鄭孝胥「喜頌
　　　〈離騷〉，其音繁以屬。」見陳衍：〈書海藏詩後〉，《海藏樓詩集》，頁548。

183　《鄭孝胥日記》（第三冊），頁1380，一九一二年一月八日日記。

看到的正是「南人之變態」，深惡痛絕的也正是「南人之變態」，只不過他把「變態」的「南人」稱為「南方士大夫」或「南方士君子」而已。

「南人之變態」主要發生在進入十一月之後。當時江浙一帶越來越多的原立憲派人士和清朝官僚「幡然改悟，共贊共和」，上海、杭州和蘇州等地相繼光復（鄭孝胥稱為「上海縣城及製造局已失」、「杭州叛」、「蘇州已降於革黨」[184]）。十一月十四日，孟森要去光復後的蘇州「謁程都督」（程德全），鄭孝胥冷冷地對他說：

> 世界者，有情之質；人類者，有義之物。吾於君國，不能公然為無情無義之舉也。共和者，佳名美事，公等好為之；吾為人臣，惟有以遺老終耳。[185]

這是他在武昌起義後第二次稱自己為「遺老」。如果說十月廿七日他在赴滬船上說自己將為「遺老」還多少有點算命的意味，那麼現在說自己「惟有以遺老終耳」，則頭上已帶定了「遺老」這頂帽子，因為當時情況用他的詩來說是「大江接烽火，捲土紛驚鼠」[186]，他原先朋友中很多人「幡然改悟，共贊共和」，餘下的自然成了遺老。

當時的遺老，有的公開發表言論，反對共和，如下面要提到的梁鼎芬（字星海，1859-1919）；更多的在公開場合一言不發，甚至不參加任何公開活動，私下則另當別論，如當時登上海藏樓的那些人。海藏樓主人屬於後者，從現有資料來看，鄭孝胥還是其中反對共和最激烈的一個，在他看來，江浙原立憲派人士和清朝官僚的「幡然改悟，

184　《鄭孝胥日記》（第三冊），頁1355，一九一一年十一月五日日記。
185　《鄭孝胥日記》（第三冊），頁1356，一九一一年十一月十四日日記。
186　鄭孝胥：《續海藏樓雜詩・其三十九》，《海藏樓詩集》，頁221。

共贊共和」是「毫無操守」、「失心瘋」，結果將是「擾亂天下」：

> 南方士大夫毫無操守，提倡革命，附和共和。彼於共和實無所
> 解，鄙語有所謂「失心瘋」者，殆近之矣。以利己損人久成習
> 慣之社會，而欲高談共和，共和者，公理之至也，矜而不爭、
> 群而不黨之效也，此豈時人所能希望乎！君子一言以為智，一
> 言以為不智，擾亂天下，能發而不能收，其禍可勝言乎！[187]

「失心瘋」即通常所說的「發神經病」。「矜而不爭、群而不黨」
出自《論語・衛靈公》，意思是君子「莊矜而不爭執，合群而不鬧宗
派」[188]。「此豈時人所能希望乎！」換言之，當時的國民在他看來還
不配談共和（張謇當時撰文批判了這種「國民不具程度」論，見第一
篇）。「君子一言以為智，一言以為不智」出自《論語・子張》，意思
是君子「由一句話表現他的有知，也由一句話表現他的無知」[189]。
《論語》裏這句話的下文是「言不可不慎也」，而「南方士大夫」鼓
吹共和的「無知」言論，在他看來豈止是「不慎」，簡直是「擾亂天
下」，它們如覆水難收，禍害不可勝言！

　　因此鄭孝胥把「南方士大夫」視為當時最可惡的一類人。辛亥年
剛過去二十天，他在日記裏寫道：「今日所見者只有亂臣、賊子及反
覆小人三種人而已。亂臣之罪浮於賊子，反覆小人之罪又浮於亂臣，
其餘皆難民也。」[190]「亂臣」指「袁黨」，「賊子」指「革黨」，而

187　《鄭孝胥日記》（第三冊），頁1358，一九一一年十一月二十二日日記。
188　楊伯峻：《論語譯注》，頁166。又，李零把「矜而不爭」解釋為「自愛自尊，不與
　　人爭」，把「群而不黨」解釋為「合群，拿自己當普通人，甘當群眾一分子，並不
　　拉幫結派，搞小集團。」李零：《喪家狗──我讀《論語》》，頁278。
189　楊伯峻：《論語譯注》，頁205。
190　《鄭孝胥日記》（第三冊），頁1403，一九一二年三月八日日記。

「反覆小人」就是指「南方士大夫」，因為他們原先主張立憲（江浙的清朝官僚中之前也有支持或傾向立憲的），現在「幡然改悟，共贊共和」，而有些人「改悟」後又有「反覆」，或「欲脫身而不可得」，或「若進若退，日處愁城」[191]。此外他之所以如此痛恨「南方士大夫」，很大一部分原因還在於他們中很多人不久前還是他的親密朋友和同志，這顯然是他感情上難以接受的。

詩言志。鄭孝胥在這期間寫的詩，除了憂慮「大清」命運之外，另一個主題就是痛斥「南人之變態」。十二月十八日他對孟森說起今年寫的詩：「今春在京所作，多痛執政之釀亂；近日之作，則不解南中士君子何為干名犯義以附和蕩檢逾閑之亂黨。然今尚不可出以示人。」[192]十二月廿一日，嚴復到上海參加南北和談時來看他，鄭孝胥讓他享受了孟森沒有得到的待遇：出示「近日之作」讓他欣賞。嚴復的「讀後感」是兩句話：其一，「子生平數有奇辟之境遇以成其詩之奇，此天相也」；其二，「經此事變，士君子之真面目可以見矣。南方學者，果不值一錢也。」[193]「奇文共欣賞」，「奇詩」也不妨摘錄幾句：

> 丈夫縱失敗，善死固有道。首鼠深可憎，窟兔詎為狡。（其三十六）
> 君子尚不屈，尺蠖時求伸。欲伸而暫屈，此義難喻人。……
> 士窮見節義，顛倒非所聞。向來繆揚抑，囁舌吾何云。（其三十七）

---

191 這是夏敬觀說的當時程德全、張謇的情況，見《鄭孝胥日記》（第三冊），頁1370，一九一一年十二月六日日記。
192 《鄭孝胥日記》（第三冊），頁1372，一九一一年十二月十八日日記。
193 《鄭孝胥日記》（第三冊），頁1373，一九一一年十二月二十一日日記。

　　舉世輕忠義，苟全為高流。誰能從重華，甘與鹿豕遊。（其三
十八）

　　功名與節義，時論方背馳。名教已掃地，何人能維持。（其四
十二）[194]

　　「丈夫」，指元末率軍大敗明軍的王保保。鄭孝胥當時把他捧上
了天，說「天下奇男子，惟有王保報。平生惜此人，豪傑盡推
倒」[195]。「首鼠」、「窟兔」、「尺蠖」，均指「南中士大夫」，在鄭孝胥
看來，他們或首鼠兩端，或狡兔三窟，或尺蠖求伸，總之都是一群應
時而生的「驚鼠」。

　　書亦言志。繼十一月四日「書《四十二章經》終卷」後，十二月
十八日，鄭孝胥「夜書〈伯夷列傳〉」。伯夷、叔齊唱的「登彼西山
兮，采其薇矣。以暴易暴兮，不知其非矣。神農、虞、夏忽焉沒兮，
我安適歸矣？於嗟徂兮，命之衰矣！」此刻顯然也正是他想唱的，而
〈伯夷列傳〉中所引的「子曰『道不同不相為謀』，亦各從其志也」
這句話，此刻想必引起了他深深的共鳴，因為從此開始，他與原先一
起搞立憲的很多朋友就「道不同不相為謀」，「各從其志」了。

　　至於「南方士大夫」中誰「深可憎」，鄭孝胥點了四個人的名。
首先是張謇和湯壽潛。十一月卅日，報紙上登載了〈梁星海致黎元洪
勸降書〉。他認為這篇〈勸降書〉寫得「詞氣甚美」，「乃空谷足音
矣」，然後說：

　　武漢亂後，國人多以排滿為心理，士君子從而和之，不識廉恥

194　鄭孝胥：《續海藏樓雜詩・其三十六、三十七、三十八、四十二》，《海藏樓詩集》，
　　頁220、221。

195　鄭孝胥：《續海藏樓雜詩・其三十六》，《海藏樓詩集》，頁220。

為何物，於黎元洪何責焉；宜作書一正張謇、湯壽潛之罪，他
不足道也。[196]

　　這是鄭孝胥在日記里第一次對老友直呼其名。二十世紀五〇年代
末，胡適看到「不諳古禮」的臺灣青年寫信稱他「胡適先生」而不是
「胡適之先生」，無奈地對唐德剛說「也很好，也很好」[197]。但在清
末民初，士大夫圈子裏對人直呼其名還是一種大不敬，更何況鄭孝胥
還要「正」他們的「罪」。

　　鄭孝胥與張謇訂交於一八八〇年，至辛亥年已是三十年的老朋
友。他們曾一起辦實業，一起搞立憲，可謂志同道合，親密無間。但
從現有資料看，至遲在一九一〇年，他們對借外債、鐵路國有等問題
就有不同意見。武昌起義後尤其是進入十一月以來，他們更是走上了
截然相反的兩條路。鄭孝胥雖然「半年不出戶」，但通過報紙和朋友
來訪，顯然清楚張謇當時的言行。張謇無疑也從孟森等人那裏知道他
的立場，所以在頻頻到惜陰堂密謀之餘，也「知趣」地沒有登上馬路
對面的海藏樓，兩人當時關係可見一斑。從鄭孝胥日記來看，武昌起
義前他們最後一次見面在六月廿五日，下次見面已是一九一二年四月
卅日了。當時他對張謇說的第一句話是「真可謂苟全生命於亂世
矣」[198]，半是記實，半是譏諷（出自諸葛亮〈出師表〉的這句話下句
是「不求聞達於諸侯」，而張謇當時已「聞達於諸侯」），可惜他沒有
記下張謇聽後反應如何。對湯壽潛也是如此。他寫的「紛紛正欲廢大
倫，謬託同心定何益」這句詩，就是斥責湯壽潛借明朝遺老朱舜水

196　《鄭孝胥日記》（第三冊），頁1359、1361，一九一一年十一月三十日日記。
197　《胡適口述自傳》，頁265。
198　《鄭孝胥日記》（第三冊），頁1414，一九一二年四月三十日日記。

「以自解其排滿之說」[199]。辛亥革命高潮過後，鄭孝胥與張謇、湯壽潛雖然恢復了交往，但這一年發生的事情顯然給他們的關係蒙上了陰影。湯壽潛、張謇去世後，鄭孝胥日記裏沒有提及，更沒有寫詩悼念，這是很不尋常的。

其次是程德全和岑春煊。程德全與鄭孝胥同歲，一年前，程和錫良一起把鄭孝胥請到奉天「主持錦愛事」，他們當時的合作是愉快的。七月十九日，鄭孝胥在去長沙就任湖南藩臺前專程去蘇州，「肩輿入署，謁雪帥（程德全）」。十一月五日，程在張謇等策劃下宣佈蘇州光復，自任都督，成為督撫大員中所謂「辛亥反正第一人」。不久在「革黨」攻打南京之際，程又作「宣告書」，說「將赴鎮江督戰」。鄭孝胥廿二日（即他痛斥「南方士大夫」「毫無操守」、「失心瘋」這天）獲知此事，在當天日記裏寫道：「彼江蘇巡撫也，何不用之於革黨入蘇之日耶？異哉。」[200]換言之，他認為程德全此刻完全站錯隊了：作為蘇撫，程應在「革黨入蘇之日」站在清軍一邊「督戰」，而不是在「革黨」攻打南京時站在「革黨」一邊「督戰」。

岑春煊比鄭孝胥小一歲，是鄭孝胥在廣西時的上司（岑當時是兩廣總督）。從鄭孝胥之前的日記看，岑待他是很不錯的，是岑把他從張之洞那裏「挖」到廣西，也是岑幾次向朝廷推薦他做官，因而在他日記裏，「云帥」（岑春煊）、「云帥」不絕於紙。七月十八日即鄭孝胥去蘇州「謁雪帥」前一天，岑請他吃飯。這次宴請雖然沒有上「熊掌」、「鹿筋」（五月卅一日岑宴請鄭時有這兩道菜），但鄭孝胥也「飲酒甚多」，可見兩人相見甚歡。武昌起義時岑正在當地，十月十一日

199　鄭孝胥：〈湯蟄先求作明遺老朱舜水詩〉，《海藏樓詩集》，頁253。《鄭孝胥日記》（第三冊），頁1484，一九一三年九月二十四日日記。按：這首詩寫於一九一三年秋，但「紛紛正欲廢大倫」表明，湯壽潛一九一一年十一月四日或一九一二年一月廿四日到海藏樓時，很可能與鄭孝胥談起朱舜水，「以自解其排滿之說」。

200　《鄭孝胥日記》（第三冊），頁1358，一九一一年十一月二十二日日記。

一早就「買舟渡江，乘輪東下」，逃到上海住下來了。一九一二年一月十日（辛亥年十二月二十二日），報紙上刊登了岑致袁世凱一個電報，開頭就說「今日國民多數均以共和為目的」。鄭孝胥讀後寫了一段「批語」，先是借用嚴復一句話：「南方士大夫真不值一錢也」[201]，接著寫道：

> 岑庸劣無根柢，一生色厲而內荏，固宜以降伏革黨為收場也。岑避地滬上，本可不發一語；今一開口而肺肝盡露，原來亦是主張推翻王室之宗旨，平日聲名掃地。此與自投糞坑何異，其愚至此，豎子真不知君臣忠義為何語！[202]

從用詞來看，岑是當時被鄭孝胥罵得最厲害的一個，可見他的「原則性」是很強的。任何人，即使是有恩於他的人，只要「不知君臣忠義」，一概「翻臉不認人」。

對張元濟他也有微詞。張比鄭孝胥小七歲，戊戌政變後他們曾一起被人參劾，可見當時是「一條戰壕裏的戰友」。鄭孝胥從廣西回滬後投資商務印書館，與張同為該館董事（辛亥年前後，鄭孝胥幾次任董事會主席），交往頻繁。一九〇六年九月，醞釀成立立憲公會時，鄭孝胥「約高（夢旦）、張（元濟）入會，皆諾」。所以鄭孝胥與張有三重關係：朋友、同事和同志。十一月廿一日，張被袁世凱任命為學部副大臣。張「致袁世凱電，稱意見不合，不能承受；且雲，『為皇室計，不必爭此虛位以致奇禍』」（意思是要求清室遜位——引者）。鄭孝胥在報紙上看到了這個電報，認為張「縱以『危行言孫』為主，

201　《鄭孝胥日記》（第三冊），頁1380，一九一二年一月十日日記。
202　《鄭孝胥日記》（第三冊），頁1381，一九一二年一月十日日記。

辭不就可矣，何用鼓吹遜位之說以媚亂黨耶」[203]（「危行言孫」出自《論語‧憲問》，全句是「邦有道，危言危行；邦無道，危行言孫」，意思是「天下有道，可以直言直行；無道，行可以直，說話一定要小心謹慎」[204]），對張顯然是不滿的。不過這是發生在辛亥革命高潮期的事，以後十來年中，他們的關係還是很不錯的。

在痛斥「南人之變態」的同時，鄭孝胥也稱頌了兩個人，一是古人王保保，一是今人沈瀛。王保保前面已經提及，沈瀛當時是長沙縣知縣，湖南光復時因執迷不悟被革命黨人所殺。十一月十六日《民立報》登載了〈沈瀛之愚忠〉一文，介紹了沈瀛被殺經過。鄭孝胥讀後當天就「作〈哀沈瀛〉詩一首」，首聯是「吳兒輕靡盡隨風，九鼎吾終重此公」[205]。「吳兒」即「南方士大夫」，「九鼎」比喻分量之重。一貶一褒，表達了他憎愛分明的感情。

除了「南方士君子」，鄭孝胥對當時民眾（按他的說法，他們屬於「難民」）投入反清鬥爭的熱情也是「理不能喻，情不能感」，有詩為證：「獨怪億萬心，亦有億兆詛。蒸民喪懿德，孰可以理喻。」[206]但與他對「南方士君子」的深惡痛絕相比，他對民眾「不能喻、不能感」的程度就低得多了，也許在他看來，他們「不足道也」。此外值得一提的是，鄭孝胥在日記裏只有一次稱孫中山為「孫汶」（「汶」猶惽惽，昏暗不明貌，清政府在通緝孫中山的文電裏有時用「汶」代「文」），其餘都稱「孫文」，沒有批評。對趙鳳昌也沒有批評，這可能與趙的「八面玲瓏」有關。與對張元濟一樣，辛亥革命高潮過後，鄭孝胥與趙的關係也是很不錯的。

203　《鄭孝胥日記》（第三冊），頁1374，一九一一年十一月二十三日日記。

204　李零：《喪家狗——我讀《論語》》，頁251。

205　鄭孝胥：〈哀長沙縣知縣沈瀛〉，《海藏樓詩集》，頁222。

206　鄭孝胥：《續海藏樓雜詩‧其三十五》，《海藏樓詩集》，頁220。

　　鄭孝胥對「南方士大夫」之所以「理不能喻，情不能感」，原因在於他反動（逆歷史潮流而動）的忠義觀。據說他小時候，「吾父潛郎署，趨庭只教忠」[207]。在我國傳統社會的士大夫家庭，父親給孩子「教忠」是家庭教育的「保留節目」，尤其是對男孩子。我們不能指望鄭孝胥的父親（鄭守廉，一個小京官）能像大穆勒（James Mill，1773-1836）教小穆勒（John Mill, 1806-1873）那樣，教鄭孝胥要有懷疑精神[208]，關鍵是忠於誰。鄭孝胥對這個問題曾經有清醒的認識。一九〇七年六月，岑春煊在出任兩廣總督前曾與他談起「粵民歡迎之備」（指「粵民」為「歡迎」岑上任做了周到的準備），他對岑說：「公須知社會之感情勝於朝廷之恩遇耳。」[209]這句話說得好，值得所有做官的銘記。然而僅僅過了四年，他就把這句話拋到九霄雲外，只憂慮「大清」的命運，置「社會之感情」於不顧了。一九一一年春，他在北京看到一枚據說是岳飛的印章，「摩抄」之餘，賦詩一首，其中寫道：「幼慕湯陰節，日夜搜稗史。壯過臨安墳，憤慨看湖水。」[210]「湯陰節」指岳飛，「日夜搜稗史」指他小時候對岳飛事蹟入了迷，讀了正史不過癮，還要讀野史。岳飛墳在杭州西湖畔，一八九五年春他去杭州遊覽時曾「循湖至岳廟」，「憤慨看湖水」，表達了他對「直把杭州當汴州」的南宋小朝廷的憤慨。由此可見，他也知道朝廷未必都是值得「忠於」的。但現在他卻因對「政府之失」的錯誤判斷而割捨不了對「大清」的感情，並認為這是士大夫應該堅持的「忠義」。

---

207 鄭孝胥：〈聞詔述哀二首〉，《海藏樓詩集》，頁223。

208 小穆勒問其父親對報紙上一篇文章有什麼看法，大穆勒說：「不要信我的，我的看法可能是錯的，你要信你自己的。」張中行：《流年碎影》，頁196。

209 《鄭孝胥日記》（第二冊），頁1097，一九〇七年六月二十九日日記。

210 鄭孝胥：〈題岳飛名印〉，《海藏樓詩集》，頁217。參閱《鄭孝胥日記》（第一冊），頁478，一八九五年三月二十五日日記。

對不講「忠義」的「南方士大夫」，他自然是「理不能喻，情不能感」了。

　　鄭孝胥一生可以辛亥年（準確說是武昌起義）為界一分為二。他的前半生還可分為幾個階段，總的看來，正如勞祖德所說的，「頗知民生疾苦，早歲奮發有為，深思力學，一時以幹略稱，晚清所謂名督撫者爭相延攬，士林亦謂其舊學精邃，洋務諳練，直諒相與，事功可期」[211]。但他的後半生出了大問題。一九一〇年三月他在過五十歲生日時，寫下了頗為時人傳誦的〈哀五十詩〉，其中說：「一生到此小結束，置我何等猶疑猜。」[212]對一般人來說，五十歲無論如何不能說是「小結束」了，但鄭孝胥胸有大志，認為只是「小結束」，這倒也罷了——西諺不是說「人生始於四十歲」（Life begins forty）麼？現在更有人說「人生始於六十歲」。如果這一年（或再過十年）他不是「小結束」而是「大結束」，則歷史置他於「何等」是不需「疑猜」的，他的詩和書可以記上一筆，他對立憲運動的貢獻也可以記上一筆。只是「造物定何意，留此老不朽」[213]，他的「大結束」來得太遲了（活了七十九歲）。更要命的是他還堅持反動的忠義觀，先是做「大清」遺老，以民國為「敵國」[214]；後來和末代皇帝溥儀一起投靠日本軍國主義，逃到東北拼湊了偽滿洲國，自己做起了「國務總理」，於是他的後半生（尤其是在一九二三年後）就與罪惡連在一起了，他的名字也就永遠被釘在歷史的恥辱柱上了。所謂「壽則多辱」用來說他真是毫釐不爽，而這一切都是從武昌起義後開始的。

---

211 勞祖德：〈《鄭孝胥日記》整理說明〉，見《鄭孝胥日記》（第一冊）「整理說明」部分，頁3、4。

212 鄭孝胥：〈哀五十詩〉，《海藏樓詩集》，頁186。

213 鄭孝胥：〈四月十九日辭國務總理得允〉，《海藏樓詩集》，頁428。

214 鄭孝胥說：「僕不認有所謂『民國』者……」又說：「余與民國乃敵國也；……」《鄭孝胥日記》（第三卷），頁1705，一九一八年一月十八日日記。

　　一九一二年二月十二日（辛亥年十二月二十五日），上海「驟暖，甚有春氣」。但鄭孝胥心裏不會有「春氣」，因為這些天報紙上一直在說清室遜位事，二月八日還登出了「遜位條款」，第一款就是「帝號不替」，「民黨議決以『宣統及身而止』為限」，而他的反應是繼前些時哀歎「嗚呼，亡矣」之後，在「幽絕」的月色下再次哀歎「如此直是滅亡耳」[215]。

　　十三日，上海「陰雨」，氣溫想必也下來了。鄭孝胥的心更是冷到了冰點，因為他在報紙上看到，「昨夜九點一刻，遜位詔下，凡三道，仍以自行辭政為宗旨」[216]。這天一個正逢生日的遺老來看他並「示〈自壽詩〉」，他在當天晚上或第二天淩晨「作一詩答」，最後寫道：

　　　　傷心生日詩，不曾以自誅。歌哭老更衰，意氣付逝水。
　　　　惟應奮史筆，文獻徵宋杞。惡名彼何成，千秋誅豎子。[217]

　　「文獻徵宋杞」出自《論語・八佾》：「子曰：『夏禮，吾能言之，杞不足徵也；殷禮，吾能言之，宋不能徵也。文獻不足故也。足，則吾能徵之也。』」楊伯峻的譯文是：「孔子說：『夏代的禮，我能說出來，它的後代杞國不足以作證；殷代的禮，我能說出來，它的後代宋國不足以作證。這是他們的歷史檔和賢者不夠的緣故。若有足夠的檔和賢者，我就可以引來作證了。』」[218]李零說，這裏的「文

215　《鄭孝胥日記》（第三冊），頁1393，一九一二年二月八日日記。按，這天報紙上登的「遜位條款」，不是正式的「遜位條款」，而是記者採訪到的「遜位條款」。

216　《鄭孝胥日記》（第三冊），頁1396，一九一二年二月十三日日記。

217　鄭孝胥：〈十二月二十五日鑑泉示生日詩〉，《海藏樓詩集》，頁223。

218　楊伯峻：《論語譯注》，頁26。

獻」，「不光指檔案，還包括遺老遺少」。這四句詩，表達了他的痛心疾首，無可奈何和刻骨仇恨。

十四日，上海還是「陰雨」。他「作五律二首」（〈聞詔述哀二首〉）：其中一首有句云：「恨深孝欽世，氣盡景皇前。」「孝欽世」指慈禧「垂簾聽政」的四十七年，正是在「孝欽世」，「大清」一步一步地走向終點。鄭孝胥在「聞詔」當天提起慈禧，可見他對這個「女主」的「恨之深」。「氣盡景皇前」則是說「大清」的「氣數」早在光緒前就已盡了，這倒是實情。另一首有句云：「宦途偏不遂，國史忽云終。」[219]「宦途偏不遂」，指他在長沙上任伊始就北上南歸，竟不能「得所憑藉以小試其施行之手段」；「國史忽云終」，「大清」的歷史遽然而止，他的前半生也要落幕了。

三天後是辛亥年除夕（一九一二年二月十七日）。據吳宓說，那天晚上上海「大馬路（今南京東路──引者）一帶，燈火光明，笙歌嘹亮」（見第五篇）。鄭孝胥住在海藏樓（離今南京西路很近），也「聞爆竹聲甚繁」。但他再也沒有心情像去年那樣寫什麼「除夕桃符」了，更不要說什麼「新年祝詞」了。日記倒還記，而且寫了很長，開頭是一句咒語：「北為亂臣，南為賊子，天下安得不亡。」然後全文抄錄（或剪貼）了三道詔書，一道是〈清帝遜位詔〉──他做夢也不會想到，這份〈詔書〉竟是在馬路對面的惜陰堂起草的，而起草人竟是張謇，另兩道是〈清室優待條件詔〉和〈勸諭臣民詔〉。接著他寫道：

干名犯義，喪心昧良，此乃財狼狗彘之種族耳，何足以列於世界之人類乎！孟子曰：『上無禮，下無學，賊民興。』今日此

219　鄭孝胥：〈聞詔述哀二首〉，《海藏樓詩集》，頁223。

謂也。……夜，聞爆竹聲甚繁，於是乎大清二百六十八年至此夕而畢。[220]

於是乎鄭孝胥的前半生也「至此夕而畢」。

---

220 《鄭孝胥日記》（第三冊），頁1396-1399，一九一二年二月十七日日記。

第三篇

周氏兄弟

　　魯迅（1881-1936），原名周樹人，時年卅一歲，紹興府中學堂教員兼監學，紹興光復後轉任山會師範學堂監督。一九一二年二月（辛亥年十二月下旬）去南京教育部任職。

　　周作人（1885-1967），時年廿七歲，日本東京立教大學校學生，一九一一年七月回國，在紹興閒居。

　　周建人（1888-1984），時年廿四歲，紹興府僧立小學堂教員。

越中棘地不可居

　　一九一一年是魯迅自日本回國後的第二個年頭。新年伊始[1]，萬象更新的喜氣並沒有沖淡他內心的苦悶。一月二日（庚戌年十二月初二），他給時在北京度支部任職的摯友許壽裳（1883-1948）寫信說：

> ……聞北方土地多湁淖，而越中亦迷陽遍地，不可以行。……
> 僕歸里以來，經二大濤，幸不顛隕，顧防守攻戰，心力頗瘁。
> 今事已了，正可整治，而子英漸已孤行其意。至於明年，恐或
> 莫可收拾。於是僕亦決言不治明年之事。……越中理事，難於

1　雖然一九一二年一月一日南京臨時政府成立後才規定改用西曆，但接受了「新顥氣」的我國留學生在此之前已有過西曆元旦的，例如一九〇三年一月一日，留日學生一千餘人在東京「清國留學生會館」舉行團拜會暨反清活動。所以對魯迅來說，庚戌年十二月初二這天也可以說是「新年伊始」。

杭州。伎倆奇觚，鬼蜮退舍。近讀史數冊，見會稽往往出奇士，今何不然？甚可悼歎！上自士大夫，下至臺隸，居心卑險，不可施救，神赫斯怒，湮以洪水可也。[2]

「滈淖」出自《淮南子‧原道訓》，意思是潮濕泥濘。「迷陽」出自《莊子‧人間世》，指有刺的草。「迷陽」而且「遍地」，喻當時「越中」即紹興環境之險惡。魯迅是去年八月到紹興府中學堂（以下簡稱「府校」）任教的，「二大濤」指該校當月下旬和十一月中旬發生的兩次學潮（一次罷課、一次罷考）。第一次學潮後，他受老同學、新校長（當時稱「監督」）陳子英之請兼任該校監學[3]，「少所建樹，而學生亦尚相安」[4]。但好景不長，不久發生了第二次學潮，結果校方先是命令全體學生解散，然後開除了帶頭鬧事的學生，最後讓跟著鬧事的學生復學。事後魯迅心裏頗不好受，因為「此次風濤，別有由緒，學生之哄，不無可原」[5]，當年他和許壽裳在日本留學時也鬧過這樣的學潮。不過彼一時，此一時，此刻他作為監學，不得不隨從校方意旨行事，但「顧身為屠伯，為受斥者設身處地思之，不能無惻然」[6]。經歷了這兩次學潮，魯迅一方面慶幸自己沒有「顛隮」（出自〈離騷〉，意思是墜落），另一方面也感到心力交瘁，因為「防守攻

2 一九一一年一月二日致許壽裳，《魯迅全集》（第十一卷），頁341。
3 陳子英（1884-1950），名濬，浙江紹興人，光復會成員，周氏兄弟留日同學，回國後也有交往。監學也叫學監，《魯迅全集》解釋是「清末學校中負責管理學生的職員，一般也兼任教學工作」（第一卷，頁489），《魯迅年譜》解釋是「相當於現在的教務長」（第一卷，頁228），魯迅自己則說他回國後的第二年「到紹興中學堂去做教務長」，《集外集‧俄文譯本《阿Q正傳》序及著者自敘傳略》，《魯迅全集》（第七卷），頁85。從這些說法來看，監學既是學生主管，也是教務長。
4 一九一〇年十一月十五日致許壽裳，《魯迅全集》（第十一卷），頁335。
5 一九一〇年十二月二十一日致許壽裳，《魯迅全集》（第十一卷），頁337。
6 一九一〇年十一月十五日致許壽裳，《魯迅全集》（第十一卷），頁335。

戰」即與學生和有關各方打交道，實在很累。再加上「子英漸已孤行其意」，明年即辛亥年「恐或莫可收拾」，所以他「決言不治明年之事」即在辛亥年離開「府校」。新年第二天魯迅就要自砸「飯碗」，可見他當時真的很想離開故鄉。其實他在去年八月十五日就致信許壽裳說：「他處有可容足者不？僕不願居越中也，留以年杪（即年底）為度。」[7]當時他剛接受「府校」聘請，但人還沒有進去或剛進去才幾天，他就想走了，只是「年杪」沒走成而罷了。

　　下句中的「杭州」指位於杭州的浙江兩級師範學堂，魯迅回國後先在該校任教（一九〇九年九月至一九一〇年七月）。兩次學潮後，魯迅感到在「府校」做事要比在浙江師範學堂難，因為該校一些人的「伎倆奇觚」（指為人為事的各種卑劣手段），即使「鬼蜮」（用心險惡的人）也要自歎不如，退避三舍。「近讀史數冊」（指魯迅當時為輯錄《會稽郡故書雜集》而抄古書，見下文），他在書中看到「會稽往往出奇士」，現在為什麼沒有？他為之深感悲傷，惟有歎息。不僅如此，在他看來當時的紹興城，「上自士大夫，下至臺隸」（「臺隸」出自《後漢書・光武十王列傳》，原指地位最低下的奴僕，這裏泛指普通百姓），都「居心卑險，不可施救」，所以他說，看到這一切，神也會赫然發怒[8]，並會發一場洪水，把他們都給淹沒了。憤懣之心，溢於言表。偏激之情，也顯而易見。

　　這是一九一一年魯迅致許壽裳的第一封信，也極可能是他當年寫下的第一篇文字——魯迅一生雖然寫了很多，卻似乎沒有「元旦試筆」的雅興。二〇〇五年最新版《魯迅全集》收錄的魯迅書信始於一

7　一九一〇年八月十五日致許壽裳，《魯迅全集》（第十一卷），頁333。
8　「神赫斯怒」由「王赫斯怒」變化而來。《詩經・大雅・皇矣》：「王赫斯怒，爰整其旅，以按徂旅，以篤於周祜，以對於天下。」周振甫譯為「（周）文王赫然發怒，於是整頓他的軍隊，用來阻止敵軍隊，用來加厚周家的福分，用來對答民心於天下」。《《詩經》譯注》，頁270。

九〇四年,但在一九一一年之前總共只有四封信,其中一九一〇年有三封,都是致許壽裳的。一九一一年的信有六封[9],也都是致許壽裳的。一九一二年初即辛亥年末的信今已不存。《全集》收錄的魯迅日記始於一九一二年五月,之前或有日記,今也不存。至於一九一一年前後魯迅的其它文字,留存下來的很少。所以致許壽裳的這些信是研究辛亥革命時期魯迅的珍貴資料。下面看魯迅當年寫的另五封信。

二月六日,魯迅給許壽裳寫了當年第二封信,說「今年仍無所之,子英令續任,因諾暫理,然不受約書,圖可隨時遁逃」[10]。魯迅當時已在「府校」做了一個學期教師兼監學,信中卻說「今年無所之」,表明他根本無意在該校做下去,「續任」只是看在老同學面上「暫理」而已,但他隨時準備離校(「遁逃」意思是逃離),所以不接受校方「約書」(有約束力的文書,這裏指聘書)。魯迅「不受」的「約書」不知詳情如何,但《知堂回想錄》中有一份周作人於「中華民國二年四月」(一九一三年四月)被「浙江第五中學」(原紹興府中學堂)聘為「外國語科教授」時所接受的「約書」,共有四條:

一、教授時間每周十四小時。
一、月俸墨銀伍十元,按月於二十日致送,但教授至十四小時以外,按時加奉。
一、除燈油茶水外,均由本人自備。
一、此約各執一紙。[11]

---

9 《魯迅全集》實際收錄了七封信,但第七封即寫於一九一一年十一月致張琴孫的信是周作人起草、魯迅修改的,後發表於一九一二年一月十九日《越鐸日報》,所以這裏不把這封信計入一九一一年魯迅書信。
10 一九一一年二月六日致許壽裳,《魯迅全集》(第十一卷),頁343。
11 《知堂回想錄‧在教育界裏》,頁313、314。

「教授時間每周十四小時」，即每天上課兩小時二十分鐘（當時是六天工作制），相當於今天的三節課。「墨銀」即墨西哥銀元，也叫「鷹洋」，含銀量略高於「大清銀幣」。據陳明遠研究，在一九一一至一九一九年上海市場，「一銀圓可以買卅斤上等大米」，「八斤豬肉」，「十尺棉布」[12]。據陳存仁說，當時上海「綢緞鋪中薪金最高的掌櫃先生，每月的薪水也不過八元，普通的職員，不過六元、四元，剛滿師的學徒每月只有一元」[13]。紹興離上海很近，物價與上海即使有些不同，也不會相差很大，甚至可能比上海更低。這麼看來，當時每月有「墨銀五十元」收入，過日子很不錯了（周作人後來每周上課十八小時，每月「墨銀」六十八元）。

三月七日，魯迅給許壽裳寫了第三封信，說「越中棘地不可居」，並且向許表達了想北上的意思：「倘得北行，意當較善乎？」[14]從現存一九一○至一九一一年魯迅書信來看，這是他半年來第四次表示不想在紹興居留。第一次在一九一○年八月十五日（見上文）。第二次在一九一○年十一月十五日，說「頗擬決去府校，而尚無可之之地也」[15]。第三次就是說「不受約書，圖可隨時逭遁」的當年二月六日。與前三次相比，三月七日的這封信第一次明確表達了想出走的方向：北行。

四月十二日，魯迅給許壽裳寫了第四封信：

……越校甚不易治，人人心中存一畀或，諸嵊為甚，山會則頗坦然，此殆氣稟有別。希冀既亡，居此何事，三四月中，決去

---

12 陳明遠：《文化人的經濟生活》，頁348。

13 陳存仁：《銀元時代生活史》，頁8。

14 一九一一年三月七日致許壽裳，《魯迅全集》（第十一卷），頁345。

15 一九一○年十一月十五日致許壽裳，《魯迅全集》（第十一卷），頁335。

此校……今年下半年，尚希隨時為僕留意也。[16]

　　「越校」即「府校」，該校所以「甚不易治」，在魯迅看來是「人人心中存一界或」[17]，即同事因各自籍貫不同而產生的隔閡。其中諸暨、嵊縣人尤為嚴重，而山陰、會稽人則「頗坦然」，造成這種差異的原因則是所謂「氣稟有別」。「希冀」指「府校」第二次學潮後，校長「子英欲力加治理，促之中興」，而魯迅當時也相信該校「倘有能者治理，可望復興」，並認為「內既堅實，則外界之九千九百九十九種惡口，當亦如秋風一吹，青蠅（雙關語，既指一種蒼蠅，也指進讒言的人——引者）絕響；既猶未已，而心不愧怍，亦可告無罪於ペスタロッチ先生矣」[18]。但不到半年，魯迅的「希冀」就破滅了，覺得「越中理事，難於杭州」，而且「與子英共事，助之往往可氣，舍之又復可憐，左右思維，不知所可」[19]，所以決意在三四個月中離開「府校」，並請許壽裳為他「隨時留意」。這是魯迅自一九一〇年八月以來第五次表示不想在紹興居留，並第一次向許開口求援。

　　四月廿日，魯迅給許壽裳寫了第五封信，這也是他當月給許的第二封信：

16　一九一一年四月十二日致許壽裳，《魯迅全集》（第十一卷），頁346。

17　「或」是「域」的古字。周作人說：魯迅「寫稿寫字用俗字簡字，卻決不寫別字，以及重複矛盾的字，例如橋檩（梁加木旁犯重）、邱陵（清雍正避孔子忌諱始改丘為邱），又寫鳥字也改下邊四點為兩點，這恐怕到他晚年還是如此吧？」周作人：《魯迅的青年時代》，頁45。

18　一九一〇年十一月十五日、十二月二十一日致許壽裳，《魯迅全集》（第十一卷），頁335、337。ペスタロッチ，即裴斯泰洛齊（J. H. Pestalozzi, 1746-1827），瑞士教育家。他「強調教學應遵循從較熟悉的事物向新鮮事物過渡的過程，把具體技能的操作與實際情感反應的經驗結合起來，教學要循序漸進，以適應兒童的發展程度」。《簡明不列顛百科全書》第六卷，頁424。這些教育理念後被稱為裴斯泰洛齊主義（Pestalozzianism）。

19　一九一一年一月二日致許壽裳，《魯迅全集》（第十一卷），頁341。

⋯⋯僕今年在校，卒卒鮮暇，事皆瑣末猥雜，足濁腦海，然以飯故，不能立時絕去，思之所及，輒起歎謂；與去年在師校時，課事而外更無餘事者，有如天淵。[20]

　　這段話主旨是說在學校忙得不可開交（「卒卒」意思是匆促；在這封信裏魯迅還說要翻譯一點東西，「執筆必在夜十時以後」），但忙的這些事都是他無意為之的，因為它們都「瑣末猥雜，足濁腦海」。考魯迅在「府校」擔任的職務有二，一是博物學（他稱之為「天物之學」，包括植物學、動物學、礦物學和生理衛生常識等內容）教學，一是監學即學生管理工作和教務工作。前者雖然也可能很忙，但憑了他對植物學等的喜愛，似乎不會說出「瑣末猥雜，足濁腦海」這種話，因此能使他產生這種感受的只能是監學一職了。下句「去年在師校時，課事而外更無餘事」也可證明這一點，因為在浙江師範學堂時，魯迅只擔任生理學、化學等教學工作，沒有行政兼職。這封信雖然沒有像上封信那樣說要「決去此校」，但「去」的意思也是顯然的，只是「以飯故」，不能「立時絕去」而已。

　　關於「以飯故，不能立時絕去」，可以做些討論。魯迅在「府校」任教，據他自己說是「所入甚微，不足自養」[21]。「不足自養」似有三種解釋，一指不足個人吃飯，二指不足個人吃飯和滿足生活其它方面的基本需求，三指不足個人在吃飯和滿足生活其它方面基本需求後養一個家。從前面介紹的周作人一九一三年四月在同一所學校擔任外語教學每月有「墨銀五十元」收入來看，這裏似以指第三種可能性較大。「墨銀五十元」的收入雖是進入民國後的事，但教師收入似乎

20　一九一一年四月二十日致許壽裳，《魯迅全集》（第十一卷），頁347。
21　一九一〇年八月十五日致許壽裳，《魯迅全集》（第十一卷），頁333。

不會因為改朝換代而有很大變化，更何況時間僅僅過了兩年。所以我們雖然不知道魯迅當時每月有多少「墨銀」收入，但當時物價和周作人的收入表明，他的收入滿足其個人吃飯和生活其它方面基本需求是不成問題的。周建人的收入也可證明這一點。當時他在紹興僧立小學堂教書，每月收入八元，而當時紹興米價是每石（約一百七十八斤）三元，所以他高興地對母親說：「今後可以不愁吃的了！」[22]所以魯迅說的「不足自養」，只是指不能養家。當時魯迅要供養的有母親和朱安夫人，周作人的留學費用肯定也是一筆不小的支出（魯迅一九一○年八月十五日致許壽裳信中有給周作人寄「月費」的記載，可惜不知「月費」多少），所以「賣田之舉去年已實行，資亦早罄」[23]，可見周家當時的日子不好過。魯迅的父親早在十五年前就去世了，長子如父，在這種情況下他當然「不能立時絕去」。

　　五六月間，魯迅去日本接周作人夫婦回國並在日本居留了半個月。七月卅一日，已回到紹興的魯迅給許壽裳寫了第六封信：

> 兩月前乘間東行，居半月而返，不訪一友，亦不一遊覽，厪一看丸善所陳書，咸非故有，所欲得者極多，遂索性不購一書。閉居越中，與新穎氣久不相接，未二載遽成村人，不足以自悲悼耶。……越中學事，惟從橫家乃大得法，不才如僕，例當沙汰。中學事難財絀，子英方力辭，僕亦決擬不就，而家食既難，它處又無可設法，京華人才多於鯽魚，自不可入，僕頗欲在它處得一地位，雖遠無害，有機會時，尚希代為圖之。[24]

22　黃喬生：《周氏三兄弟》，頁152。

23　一九一一年三月七日致許壽裳，《魯迅全集》（第十一卷），頁345。

24　一九一一年七月三十一日致許壽裳，《魯迅全集》（第十一卷），頁348、349。

　　「厪」通「僅」。「丸善」是東京銀座一家著名書店[25]，有歐美書刊供應，周氏兄弟在日本留學時經常光顧。「丸善所陳書」中「欲得者極多」，但魯迅「不購一書」，一方面說明他求知欲望非常強烈，另一方面則說明他當時確實很拮据，手上的錢首先要保證養家，所以「購書」這種雅事只能先放下了。「新顯氣」即新思想、新事物。魯迅是在一九〇九年七八月間回國的，但「未二載遽成村人」，可見與日本相比，紹興乃至當時整個中國的閉塞之嚴重。「從橫家」即縱橫家，原意與策士、謀士同，這裏指「府校」乃至紹興教育界中醉心於玩弄權術的人。「大得法」者，如魚得水之謂也。魯迅與這些「從橫家」無疑是「話不投機半句多」，所以自認「例當沙汰」（「沙汰」出自《晉書・孫綽傳》，即淘汰）。「僕亦決擬不就」，這是自一九一〇年八月以來魯迅第七次表示要離開紹興，與前幾次相比，這次更是表示「雖遠無害」，可見出走之心之強烈。這封信也是他第二次向許壽裳開口求援。應該說明的是，魯迅在寫這封信前已辭職離開「府校」，不過「沒有地方可去，想在一個書店去做編譯員，但到底被拒絕了」[26]。因此信裏雖然說「僕亦決擬不就」，但暑假後還是回到「府校」，這一方面是出於校方和學生的挽留，另一方面想來也是「以飯故」吧。

　　以上是一九一一年魯迅致許壽裳六封信的一些內容。這些信雖然也談論了其它事情，但「越中棘地不可居」顯然是一個重要話題。魯迅所以會這樣說，從這些信來看，大致有以下幾個原因。

---

25 丸善書店一八六九年成立於東京，經過近一個半世紀的發展，現在是日本最大書店之一，連鎖店遍佈全國。關於「丸善所陳書，咸非故有，所欲得者極多」，胡適一九一七年寫的〈歸國雜感〉裏的一段話可供參考：「忽然想起日本東京丸善書店的英文書目。那書目上，凡是英、美兩國一年前出版的新書，大概都有。我把這書目和商務書館與伊文思書館的書目一比較，我幾乎要羞死了。」引自胡頌平：《胡適之先生年譜長編初稿》，頁291。

26 《集外集・俄文譯本《阿Q正傳》序及著者自敘傳略》，《魯迅全集》第七卷，頁85。

　　一、當時的「府校」是「從橫家」的天下，他們的「伎倆奇觚，鬼蜮退舍」。不過魯迅對此沒有任何說明，也許從他以後寫的小說人物中可以窺見一斑。

　　二、學校同事「人人心中存一界或」。這種情況想必存在，但應該指出的是，說諸暨、嵊縣人更有地域之見，而山陰、會稽人「頗坦然」，只是魯迅一家之言。

　　三、監學一職，「卒卒鮮暇，事皆瑣末猥雜，足濁腦海」，而魯迅顯然不願意把時間和精力用於這些「瑣末猥雜，足濁腦海」的事情。

　　四、當時的紹興，「上自士大夫，下至臺隸，居心卑險，不可施救」。魯迅對此也沒有任何說明，「居心卑險，不可施救」之類，恐怕也要到他小說中去找。

　　五、「閉居越中，與新顥氣久不相接」，而這顯然是已接受了「新顥氣」並不甘成為「村人」的魯迅所不能忍受的。

　　六、「所入甚微，不足自養」，用今天的話來說就是家庭負擔很重，以至魯迅不僅不能買「欲得」的書，還要賣祖宗傳下來的田產。

　　使魯迅感到「越中棘地不可居」的可能還有其它原因，但既然他在這些信裏沒有說，本文不擬涉及。這些原因中很難說哪個最重要，也許他沒說的原因排名第一也未可知。總之，他不喜歡紹興，而原因不是單一的。

　　正因為魯迅早就想離開紹興這個「棘地」，所以一九一二年二月初接到蔡元培讓許壽裳寫的請他去南京臨時政府教育部任職的兩封信後，幾天內就辦好了離校手續，隨即離開了紹興。此時正是辛亥年十二月下旬，再過幾天就是中國人最看重的舊曆新年了，但魯迅還是義無反顧地走了，可見他當時出走之心之決絕。其實，當時的紹興固然是「棘地」，其它地方又何嘗不是呢？儘管在這些地方，五色旗正在高高飄揚。

代醇酒婦人者

　　「越中棘地不可居」，「然以飯故，不能立時絕去」——只是業餘時間怎麼打發？魯迅自己有交待。一九一○年十一月十五日（庚戌年十月十四日），他在致許壽裳的信中說：

　　……僕落荒殆盡，手不觸書，惟搜採植物，不殊曩日，又翻類書，薈集古逸書數種，此非求學，以代醇酒婦人者也。[27]

　　「落荒」原指「離開戰場，向荒野逃跑」（《辭海》），聯繫下句「手不觸書」來看，這裏指不做學問了，而「手不觸書」中的「書」，當指所謂做學問的書，否則與下面說的「又翻類書，薈集古逸書數種」矛盾。「不殊曩日」，意思是與以往沒有什麼不同。「類書」是我國古代一種大型的資料性書籍，按門別類編排，以備檢索，如唐代的《藝文類聚》、宋代的《太平御覽》、明代的《永樂大典》和清代的《古今圖書集成》等。「醇酒婦人」出自《史記·魏公子列傳》，指「沉溺於酒色」或「頹廢腐化的生活」（《辭海》）。這封信雖然寫於辛亥年前兩個多月，但從實際情況來看，也是魯迅在辛亥年大半業餘活動的寫照。

　　周作人一九一一年七月回國後與魯迅一起抄書[28]。當時他是「無

27　一九一○年十一月十五日致許壽裳的信，《魯迅全集》（第十一卷），頁335。

28　關於周作人回國日期，當事人有不同說法。魯迅一九一一年七月卅一日致許壽裳信中說，「兩月前乘間東行（即去日本接周作人回國——引者），居半月而返」，信末又說：「起孟及已返越，即此問候，稍後數日當以書相譚。」可見周作人回國日期，早則在一九一一年六月中下旬，遲則在七月上中旬。周作人則說法不一。一說「辛亥六月，歸越」（《墨痕小識》，見《周作人文類編·希臘之餘光》，頁520）。一說「我們在森元町住了大半年，到了暑假就回中國來了」（《知堂回想錄·赤羽橋邊》，頁

業」或「待業」人員，有的是時間。再說剛回國時他心裏「覺得難受」（見下文），抄抄書或許可以使他暫時忘記這些「難受」。寫於二十世紀六〇年代初的《知堂回想錄》中有他對當年抄書的一段回憶：「辛亥革命起事的前後幾個月，我在家裏閒住，所做的事大約只是每日抄書，便是幫同魯迅翻看古書類書，抄錄《古小說鉤沉》和《會稽郡故書雜集》的材料，還有整本的如劉義慶的《幽明錄》之類。」[29]這時距離「辛亥革命起事」已有半個世紀了，而他居然還能記得當年抄的書名，可見當年與魯迅一起抄書給他的印象之深。

在說周氏兄弟抄書之前，不妨兜個圈子，先說幾句藏書。周作人說：「從前有人說過，自己的書齋不可給人家看見，因為這是危險的事情，怕被看去了自己的心思。這話是頗有幾分道理的，一個人做文章，說好聽話，都並不難，只一看他所讀的書，至少便顛出一點斤兩來了。……書房的確不該開放……」[30]錢穆也說過類似的話。一九三七年春，他在西安旅遊時參觀了前不久西安事變時蔣介石被拘禁處。該處「大廳近南窗靠西壁一書架上，置張學良平常所閱書」。他對遊伴說：「觀此架上書，可知張學良其人，乃近日此事（指西安事變——引者）經過之一部分意義矣。」他晚年回憶此事時還「惜當時忘未將此一批書名抄錄，否則當為對近代史知人論世一項大好資料。今亦無可記憶矣」[31]。其實從一個人的藏書，固然可以「知其人」；從

289）。按：周作人是在一九一〇年十二月中旬搬到森元町的，以此算來，回國日期約在一九一一年七月。一說「居東京六年，今夏返越」（《知堂回想錄‧辛亥革命一——王金發》，頁292）。一說「辛亥秋天我回到紹興」（《知堂回想錄‧辛亥革命二——孫德卿》，頁294）。從周氏兄弟的這些話來看，本文認為周作人七月回國的可能性最大。又，《周作人年譜》把周作人回國日期定在「夏秋之交」，頁89。

29 《知堂回想錄‧臥治時代》，頁309。

30 周作人：《書房一角‧原序》，頁1。

31 錢穆：《八十憶雙親‧師友雜憶》，頁177。

一個人正在抄的書，更可以「知其人」，而且與藏書相比，從抄書來看可能還更靈一點，原因有二。一、前者是「過去式」，時過境遷，有些事可能連藏書者自己也說不清楚了；後者是「進行時」，明明白白地反映了抄書者當時的境遇和心態。二、藏書有可能是被作為裝飾品布置起來的，「風雅」的主人往往有此一舉，而除了真心喜歡，一個人很難坐下來抄書，尤其是抄整本書。所以下面不妨先看周氏兄弟當年抄了一些什麼書，然後從抄的書看周氏兄弟。

　　庚戌年十二月（一九一一年一月一日至廿九日），抄了兩部書。一部是唐代劉恂《嶺南錄異》（三卷）。原書已佚，今本從《永樂大典》等書中輯出一百二十餘條，記我國嶺南地區草木魚蟲、地理氣候和風土人情。一部是清代郝懿行《記海錯》（一卷），該書記作者家鄉山東登萊所出海產（海錯即海產）。

　　辛亥年正月（一九一一年一月卅日至二月廿八日），抄西晉嵇含《南方草木狀》（三卷）。有學者認為該書作者並非嵇含，而是宋人，但該書肯定是我國現存最早的植物學文獻之一，記錄了當時我國兩廣地區和越南八十種植物，上卷記草類廿九種，中卷記木類廿八種，下卷記果類十七種，竹類六種。

　　辛亥年三月（一九一一年三月卅日至四月廿八日），從明代陶宗儀《說郛》中抄出九卷，即王方慶《園林草木疏》一卷、李翱《何首烏錄》一卷、楊天惠《彰明附子記》一卷、戴凱之《竹譜》一卷、贊寧《筍譜》二卷、陳仁玉《菌譜》一卷、傅肱《蟹譜》二卷。

　　辛亥年四月（一九一一年四月廿九日至五月廿七日），從清代程瑤田《通藝錄》中抄出《釋蟲小記》（一卷），含〈螟蛉蜾蠃異聞記〉、〈蛞蝓蝸牛正訛記〉和〈改正《爾雅》瀶羖牝牡轉寫正訛記〉三篇。

　　辛亥年六月（一九一一年六月廿六日至七月廿五日），抄《穆天子傳》（六卷）。該書是西晉時發現的一部周朝古書，記周穆王西巡故

事，含大量神話傳說和中西交通史料，作者不詳。

除了《穆天子傳》，以上這些書都是魯迅獨自抄的，因周作人當時還沒有回國。至於《穆天子傳》，不排除周作人抄了一部分的可能性。

辛亥十月（一九一一年十一月廿一日至十二月十九日），抄宋代范成大《桂海虞衡志》（一卷）。該書原有三卷，今存一卷，記廣西地區風土、物產和民族概況，分岩洞、金石、香、酒、器、禽、獸、蟲魚、花果、草木、雜誌和蠻等十三門。

下面說周作人回憶中提到的三部書。

《古小說鉤沉》是魯迅用了兩年多時間（一九〇九年下半年至一九一一年底或一九一二年初）輯錄的一本古代小說佚文集，周作人回國後也幫助抄錄了一些材料。該書收先秦《青史子》至隋代侯白《旌異記》卅六種小說，但限於財力等原因，魯迅生前沒有出版，魯迅去世後被收入一九三八年版《魯迅全集》第八卷。

《會稽郡故書雜集》成書情況與《古小說鉤沉》相同（開始時間可能在一九〇九年前），一九一四年十二月由魯迅在北京定稿。全書收八種古籍：謝承《會稽先賢傳》、虞預《會稽典錄》、鍾離岫《會稽後賢傳記》、賀氏《會稽先賢像贊》、朱育《會稽土地記》、賀循《會稽記》、孔靈符《會稽記》和夏侯曾先《會稽地志》，其中前四種記古代會稽人物，後四種記古代會稽地理。該書定稿後魯迅交周作人在紹興刻印了一百本（署名周作人），後也被收入一九三八年版《魯迅全集》第八卷。在魯迅輯錄的古籍中，周作人認為《會稽郡故書雜集》「成績第一」。

《幽明錄》是南朝劉義慶編著的一部志怪小說集，共三十卷（或說二十卷）。原書已佚，僅在類書中存二百餘則，周氏兄弟輯錄後編入《古小說鉤沉》。

此外魯迅還抄錄了《搜神記》、《搜神後記》、曹魏《十州記》、

《神異經》、《異苑》、《王子年拾遺記》和《洞冥記》等七部小說，準備以後校勘。

　　周氏兄弟當年抄的書大致就是這些。從他們對這些書的抄錄，至少可以看出以下五點。

　　首先是他們的勤奮。周作人說：「魯迅向來勤苦作事，為他人所不能及，在南京學堂的時候，手抄漢譯賴耶爾的《地學淺說》（即《地質學大綱》）兩大冊，圖解精密，其它教本稱是……」[32]可見當時魯迅就很勤奮，把抄書作為學習的一種方法。抄上述這些古書時魯迅已在「府校」任職，「卒卒鮮暇」，要翻譯一點東西，「執筆必在夜十時以後」。抄這些古書，想來也是如此，但他還是堅持完成了。至於周作人，當時雖然「在家裏閒住」，但能做到「大約只是每日抄書」，無論如何也要算勤奮的了。

　　其次是他們的興趣與眾不同。周作人說：「魯迅對於古來文化有一個特別的看法，凡是『正宗』或『正統』的東西，他都不看重，卻是另外去找出有價值的作品來看。」[33]又說，「對於中國舊文藝，魯迅也自有其特殊的造詣，他在這方面功夫很深，不過有一個特點，便是他決不跟著正宗派跑，他不佩服唐朝的韓文公（韓愈），尤其是反對宋朝的朱文公（朱熹）」[34]。以古代小說來說，它們歷來不登大雅之堂，魯迅卻樂此不倦，竟輯錄了幾十部之多。再以草木魚蟲之類雜書來說，它們根本入不了傳統士大夫的「法眼」，魯迅卻一抄再抄。周作人的興趣也是如此，例如對韓愈，他說：「我找壞文章，在他的那裏找代表，這即是《古文觀止》裏人人必讀的那兩篇，〈原道〉與〈送孟東野序〉，〈原道〉是講道統的八股……〈送孟東野序〉……話都說

32　周作人：〈關於魯迅〉，《魯迅的青年時代》，頁119。

33　周作人：〈魯迅與中學知識〉，《魯迅的青年時代》，頁51。

34　周作人：〈魯迅的國學與西學〉，《魯迅的青年時代》，頁44。

得前後不兜頭。音調鏗鏘，意思糊塗矛盾，這是古文的特色。」[35]他
還有一篇文章的題目就叫〈反對韓文公〉。再舉一個例。周作人雖然
沒有和魯迅一起抄郝懿行的《記海錯》，但是他在一九三五年也寫了
一篇〈記海錯〉，其中引用了郝懿行《記海錯》中的一些內容[36]，可見
他在這方面與大哥的興趣是一致的。

　　第三，他們的抄書「全不為名譽，只是由於自己的愛好。這是求
學問弄藝術的最高的態度……」[37]這句話原是周作人對魯迅的評價，
但也可以用來說他自己。他雖然是「幫同」大哥翻看、抄錄古書，如
果自己沒有這種愛好，很難堅持下去。此外對這種「最高的態度」還
可以補充一點：《會稽郡故書雜集》是自費刊印的。

　　第四，他們當時真是「兄弟怡怡」（《論語・子路》）。他們有共同
的興趣愛好，做事也同樣勤奮，坐在一起抄書可謂「天造地設」。而
最能反映他們當時「兄弟怡怡」的莫過於作品署名了。據周作人說，
輯錄《會稽郡故書雜集》時，「查書的時候我也曾幫過一點忙，不過
這原是豫才的發意，其一切編排考訂，寫小引敘文，都是他所做的，
起草以至謄清大約有三、四遍，也全是自己抄寫，到了付印時卻不願
出名，說寫你的名字吧，這樣便照辦了……《古小說鉤沉》，當初也
想用我的名字刊行」[38]。

　　第五，他們對故鄉的感情是矛盾的。魯迅說「越中棘地不可
居」，周作人則把故鄉比作「羊頭村」（見下文），但同時或幾乎同
時，他們卻在抄錄故鄉先賢的著作和其它關於故鄉的古籍，「用遺邦

---

35 周作人：〈談韓文・壞文章之二〉，《周作人文類編・本色》，頁408。
36 周作人：《知堂書話》，頁373。
37 周作人：〈關於魯迅〉，《魯迅的青年時代》，頁120。
38 周作人：〈關於魯迅〉，《魯迅的青年時代》，頁120。

人，庶幾供其景行，不忘於故」[39]。也許，這也是出於「愛之深，恨之切」吧。

至於魯迅說這種抄書並非「求學」，他可以這樣說，我們卻不能當真，因為抄書實際上也是求學的一種方式。就以周氏兄弟來說，抄類書和古代地方志等，極大地擴大了他們的知識面，他們的著作上至天文、下至地理就是證明，而抄古代小說，至少為魯迅以後寫《中國小說史略》做了資料上的準備。更重要的是，他們抄書決不是簡單的依樣畫葫蘆，其中有相當部分是花時間、見功底的輯錄。抄一部書往往要搜集多種資料進行比較、鑒別，這樣抄書的過程就成了校勘的過程，去粗取精、去偽存真的過程，而求學的目的之一不就是去粗取精、去偽存真麼？

以上介紹了周氏兄弟當年的抄書。至於魯迅致許壽裳信中說的「搜採植物」，他自己有兩則記載。

一在辛亥年三月十八日（一九一一年四月十六日），這天他帶著學生到「會稽山足。行里許，達一小山。……僅見卉草，皆常品，獲得二種。及巔……伏瞰之，滿被古苔，蒙茸如裘，中雜小華，五六成簇者可數十，積廣約一丈。掇其近者，皆一葉一華，葉碧而華紫，世稱一葉蘭；名葉以數，名華以類也」[40]。

一在辛亥年八月十七日（一九一一年十月八日）——兩天後，武昌起義就爆發了，這天他帶著學生「游步近郊，爰見蘆蕩中雜野菰，方作紫色華，得數本，蘆葉傷膚，頗不易致。又得其大者一，欲移植之……」[41]

這兩則短記後以〈辛亥遊錄〉為題，發表於一九一二年二月紹興

39　〈《會稽君故書雜集》序〉，《魯迅全集》（第十卷），頁35。

40　〈辛亥遊錄〉，《魯迅全集》（第八卷），頁45。

41　〈辛亥遊錄〉，《魯迅全集》（第八卷），頁45-46。

《越社叢刊》第一輯，署名「會稽周建人喬峰」——魯迅總是想著自己的兄弟。

魯迅在辛亥年的大半業餘時間，就這樣被他「以代醇酒婦人」般地「代」過去了。周作人回國後陪伴他度過了這段時光。假如沒有辛亥革命，周氏兄弟想來還會繼續抄書（魯迅偶而還會去「搜採植物」），這樣憑籍他們的興趣和勤奮，假以時日，我國學界就會多兩個乾嘉風格的卓越學者，但同時也就沒有了「魯迅」，沒有了「知堂」。只是歷史沒有假如。

舊夢不可道，但令心暗傷

周作人是在東京麻布區森元町迎來一九一一年的，去年十二月中旬（庚戌年十一月），他從本鄉區西片町搬到這個地方。對當時在東京的我國留學生來說，搬家算不上什麼大事[42]，他也搬了多次。但這次搬家對他來說卻與以往不同，因為一，以往都是和魯迅一起搬的，而這次大哥已經回國了（約在一九〇九年七、八月）；二，以往搬家時他還「赤條條一個人來去無牽掛」，而這次要帶上新婚妻子羽太信子了；三，以往搬來搬去都在本鄉區內（當時的本鄉，套用今天我國房產商的話來說是東京的「高尚地段」，「西片町一帶更是有名，是知識階級聚居之處」，不過那裏也有供留學生寄宿的一般住宅），而這次要搬離本鄉，搬到「留學生極少去」的麻布。但這次搬家也有兩個好處，首先是在森元町租的房屋，租金「很便宜，彷彿只是十元日金，比本鄉的幾乎要便宜一半的樣子」——當然，那裏的「房屋比較簡

---

42 據周作人晚年回憶，當時「常見日本學生移居，車上載行李只鋪蓋衣包小幾或加書箱，自己手拿玻璃洋油燈在車後走而已」。《知堂回想錄‧日本的衣食住上》，頁212。中國留學生「移居」，想來也大抵如此。

陋」[43]；其次是距他就讀的立教大學較近[44]。

　　周作人是一九○九年四月進立教大學的[45]，目的是學希臘文。此前他已學了英文和日文，還學了幾個月俄文，這次進立教學希臘文，「目的在於改譯《新約》至少也是四福音書為古文，與佛經庶可相比」[46]。具體說，「正如嚴幾道把赫胥黎弄成周秦諸子……林琴南把司各得做得像司馬遷一樣」，他「也想把《新約》或至少是四福音書譯成佛經似的古雅」[47]。今天已無從了解周作人當年是怎樣學希臘文的，說得出的只有兩點。一、據現存立教的周作人當年成績單記載，他希臘語這門課總成績是九十八分[48]。（魯迅當年在仙臺醫學專科學校時，一次考試後曾有小心眼的日本同學懷疑老師給他洩露考題[49]。不知立教是否也有這樣的同學？如有，他們看到這個成績有什麼感想？）二、周作人對把希臘神話等經典引入中國做出了傑出貢獻，而他當年在立教學的希臘文，為他以後從事希臘文翻譯打下了基礎。

　　周作人學了希臘文後還想學法文，並寫信告訴了魯迅（約在一九一一年二月或三月初）。魯迅給他的回信今已不存，但從魯迅給許壽裳的信裏可以看出這封回信的意思。魯迅對許說：「起孟來書，謂尚欲略習法文，僕擬即速之返，緣法文不能變米肉也，使二年前而作此

43　《知堂回想錄·赤羽橋邊》，頁288。

44　原名立教學校，美國教會一八七四年創辦於東京築地，一八八三年改名「立教大學校」，一九○七年得到日本政府承認。現在是東京知名大學之一。

45　周作人說他是在一九○八年秋天進立教大學的（《知堂回想錄》，頁257）。日本學者波多野真矢前些年在立教大學看到了周作人當年學籍簿，上面記載的周作人入學日期是一九○九年四月十日。波多野真矢的文章發表在《魯迅研究月刊》二○○一年第二期，題為〈周作人與立教大學〉。

46　《知堂回想錄·拾遺巳》，頁788。

47　《知堂回想錄·學希臘文》，頁258。

48　〔日〕波多野真矢：〈周作人與立教大學〉，《魯迅研究月刊》二○○一年第二期。又據波多野真矢說，周作人應學四十一門課程，但他只參加了希臘語考試。

49　參閱《朝花夕拾·藤野先生》，《魯迅全集》（第二卷），頁316、317。

語，當自擊，然今茲思想轉變實已如是，頗自閔歎也。」[50]可見魯迅
一方面為二弟的好學而感到「當自擊」，並為自己的「思想轉變實已
如是」而「閔歎」，另一方面則不同意他學法文，也不同意他繼續在
日本留學，而原因則是經濟方面的。

　　當時在東京留學，據周作人說，一個人「房飯錢每月不出十元，
中午和晚上兩餐飯，早上兩片麵包加黃油，牛奶半磅，也就夠了。但
留學經費實在也很少，進國立大學的每年才有五百日圓，專門高校則
四百五十，別的學校一律四百圓，一個月領得三十三圓，實在是很拮
据的」[51]。他讀的立教大學不屬國立大學和專門高校，所以只能接受
「一個月領得三十三圓」的待遇。這樣一個人過日子如果說還可以勉
強對付的話（周作人上面之所以說「很拮据」，估計學習開支很大，
如他學俄文，「每月學費五元」；書的價格似乎也不便宜），結婚後就
相當困難了，必須另有資助才能維持。周作人當時就是如此，他從本
鄉搬到麻布，主要就是出於減少房租的考慮。據許壽裳回憶：「作人
那時在立教大學還未畢業，卻已經和羽太信子結了婚，費用不夠了，
必須由阿哥資助……」[52]魯迅回國謀職，原因之一就是資助周作人留
學讀書。仍據許壽裳回憶，一九〇九年春魯迅曾對他說，「我也只好
回國去，因為起孟將結婚，從此費用增多，我不能不去謀事，庶幾有
所資助」，並請許為之「設法」[53]。一九二五年，魯迅在為俄譯《阿Q
正傳》寫〈著者自敘傳略〉時說：「因為我的母親和幾個別的人很希
望我有經濟上的幫助，我便回到中國來。」[54]這「幾個別的人」中，

50　1911年3月7日致許壽裳，《魯迅全集》（第十一卷），頁344。
51　《知堂回想錄‧下宿的情形》，頁225。
52　許壽裳：〈亡友魯迅印象記〉，《魯迅回憶錄》，頁235。
53　許壽裳：〈亡友魯迅印象記〉，《魯迅回憶錄》，頁235。
54　《集外集‧俄文譯本《阿Q正傳》序及著者自敘傳略》，《魯迅全集》第七卷，頁85。

顯然包括周作人（許壽裳說就是「作人和羽太信子也」）。但回國後在中學任教的魯迅，既要供養母親和朱安夫人，又要幫助二弟，實在不堪承擔，所以在資助了一年多後只能讓二弟回國。周作人當時心裏是不想回國的（有他的詩為證，見下文），但家裏的經濟狀況他是知道的，「豫才大哥」的話他當時也是聽的，既然大哥現在回信這麼說了，還說要到日本來接（這裏有催促之意），他也只好回國了。

　　一九一一年七月，周作人帶著妻子在魯迅陪同下回到了闊別五年的故鄉。辛亥年「實在是不平常的一個年頭」，而他回來的時候，正是革命的前夜。據他晚年回憶，那時在紹興，「雖是並沒有疾風暴雨的前兆，但陰暗的景象總是很普遍，大家知道風暴將到，卻不料會到得這樣的早罷了。這時清廷也感到日暮途窮，大有假立憲之意，設立些不三不四的自治團體，希圖敷衍……」[55]

　　「不三不四的自治團體」是周作人回國後具體感受到的一種「陰暗景象」，值得一說。所謂「自治」，是清政府一九〇二年開始推行的所謂「新政」之一，但實際上「不過是各地成立由地主紳士把持的『自治局』，官紳結合，更多地向群眾勒索」[56]。所以當時就有人指出，「自治乃害百姓之舉。從前不辦新政，百姓尚可安身。今辦自治、巡警、學堂，無一不在百姓身上設法」[57]。武昌起義爆發後清帝下的「罪己詔」承認：「促行新治，而官紳或藉為網利之圖；更改舊制，而權豪或只為自便之計。民財之取已多，而未辦一利民之事；司法之詔屢下，而實無一守法之人。馴致積憤於下而朕不知，禍迫於前而朕不覺。」[58]這裏的「新治」即包括「自治」在內的所謂「新政」。

55　《知堂回想錄‧辛亥革命一──王金發》，頁291。

56　胡繩：《從鴉片戰爭到五四運動》，頁941。

57　胡繩：《從鴉片戰爭到五四運動》，頁941、942。

58　《辛亥革命資料叢刊》，第八冊，頁336。

這些年在南通搞「自治」而享有大名的張謇不久也承認:「中國預備
立憲,講求自治,累年而不振者,正以地方之財入之官,地方之權操
之官;而官治腐敗,又適為之梗礙。日本政治學者所謂『君主政體之
下,自治無由發達』。」⁵⁹南通的「自治」在當時被認為搞得「卓有成
效」,張謇的「現身說法」徹底撕下了「自治」的偽裝。

周作人回國後即注意到「不三不四的自治團體」,可能與他去年
寫的一篇文章有關。「自治」的種種惡行,清政府也時有所聞,出於
裝門面的考慮,憲政編查館在一九一〇年五月給各省督撫發了一個電
報:「各省籌辦地方自治,具有端倪。所舉自治員紳,仍不免劣紳惡
董插足其內,致遇事濫行干預,並有勒索捐款情事,殊為自治前途之
障礙。應設法稽查,勿令本求自治者,致反招自亂。」⁶⁰當時還在日
本的周作人讀到這篇電文,寫了一篇題為〈憲政編查館致各督撫稽查
自治員電文書後〉的評論,尖銳地抨擊了所謂「自治」、「稽查」:

> 自治,美事也,在我國則不美。地方自治,善政也,在我國則
> 不善。自治團體,法人也,在我國則不法。……
> 觀此(指上述憲政編查館電文——引者)知今日之時代,非復
> 刁紳劣董,擅弄威福,橫行鄉里之時代矣。雖由黑暗而至開
> 明,其間之擾嚷紛紜,為過渡者必歷之階級,然不於此時舉疇
> 昔一切陋習摧陷之廓清之,而使留餘孽以滋野草春風之患,則
> 又何擇乎專制與立憲也。……彼刁紳劣董之擅弄威福,橫行鄉
> 里已久,今又假手於若曹,民已惴惴焉懼。雖竭誠盡慮,為地
> 方某幸福者,不乏其人,然祥麟威鳳,不易數覯;而把持壟

---

59 〈辛亥九月致內閣電〉(1911年11月),《張謇全集》(第一卷),頁190。
60 憲政編查館是清政府為「仿行憲政」而設置的機構。憲政編查館的這個電報,見周
   作人:〈憲政編查館致各督撫稽查自治員電文書後〉。

斷，藉公益以陰濟奸私，轉什而八九。……

不寧惟是，同為自治，鎮之爭，鄉之爭，區域廣狹之爭，比比皆是。其為公乎，彼也自治，此也自治，焉用爭為。如以其私，則亦狃於擅弄威福橫行鄉里之故智而已。……今之事，何一非務形式而不務精神。率真者，害務其速革，利務其速興。反之，則隨時隨地，焉往而非敷衍，日加督促無濟也。今憲政館以慎重自治電致各省督撫稽查，各督撫必以是飭下劄行各府廳州縣，度其效力也不過劄行各府廳州縣而止，其有何等之影響，則未必也。謂予不信，試視將來。[61]

　　第二段中的「若曹」，原指分科辦事的各種官署，這裏指新成立的各種所謂「自治」機構。「祥麟威鳳」也叫「威鳳祥麟」，「威鳳」出自《宋書・符瑞志中》，「祥麟」出自《宋史・樂志一》，兩者並用，比喻難得的人才。「覯」，意思是遇到。第三段中的「狃於」，出自《左傳・桓公十三年》，意思是因襲（繼續使用）。「率真者」，用今天的話來說就是「動真格」。「今憲政館……下劄行各府廳州縣」，類似於層層轉發「關於什麼通知的通知的通知」。

　　周作人的這篇短評以往很少被引用，其實無論對辛亥革命研究來說，還是對周作人研究來說，都是值得一讀的。因為該文不僅可以使我們知道清末所謂「自治」的一些真相，也可以了解在日本留學期間周作人的思想脈絡。

　　周作人回國後即注意到「不三不四的自治團體」，還可能與他兩年前在日本翻譯的一部小說有關。這部小說是曾獲諾貝爾文學獎的波

61　《周作人文類編・中國氣味》，頁8、9。

蘭小說家顯克微支寫的《炭畫》[62]，周作人一九一八年在北京大學編
寫的《歐洲文學史》對這部小說簡介如下：

> ……顯克微支旅美洲時著此書，此言記故鄉事實，唯託名羊頭
> 村而已。村雖稱自治，而上下離散，不相扶助，小人遂得因緣
> 為惡，良民又多愚昧，無術自衛，於是悲劇乃成。書中所言，
> 舍來服夫婦外，自官吏議員乃至乞丐，殆無一善類，而其為惡
> 又屬人間之常，別無誇飾，雖被以詼諧之詞，而令讀者愈覺真
> 實，其技甚神，餘人莫能擬也。[63]

　　周作人譯的《炭畫》現在不容易找到，容易找到的是林洪亮的譯
本。林譯篇名為《炭筆素描》，在他看來，這部小說的「意義超過了
一個國家、一個民族和一個時代的問題，甚至對今天的官僚制度也不
乏其深刻的含義」[64]。魯迅對這部小說也「很是欣賞」（周作人語）。

---

62 顯克微支（H. Sienkiewicz, 1846-1916），現在通譯顯克微奇，波蘭小說家，一九〇五
　　年獲諾貝爾文學獎。另據周作人說，他翻譯的《炭畫》，曾「經魯迅修改謄正」，見
　　《知堂回想錄·自己的工作二》，頁319。
63 《知堂回想錄·炭畫與黃薔薇》，頁278。
64 《第三個女人》，譯者前言，頁10。據林洪亮介紹，這部小說「反映了波蘭農村在
　　沙俄官僚制度統治下的腐敗黑暗和波蘭農民的不幸。羊頭鎮的鎮長、文書和陪審員
　　互相勾結在一起，橫行鄉里。他們貪贓枉法，欺上壓下，無惡不作。特別是文書，
　　憑藉他所受過的一點教育和賣身投靠沙俄政府所得到的賞識，利用農民的純樸無知
　　和膽小怕事，更是為所欲為，儼然成了鎮裏說一不二的太上皇。為了達到他佔有熱
　　巴老婆的目的，竟以權謀私，設下奸計，引誘熱巴上鈎，要把他賣去當兵，同時又
　　姦淫了熱巴的老婆，致使熱巴家破人亡。……小說裏對教會所採取的容忍態度和貴
　　族地主的不干預原則也提出了尖銳的批評。《炭筆素描》是在極其深沉的悲劇氣氛
　　中結束的，因此被認為是波蘭文學中最淒慘、最富於悲劇性的作品之一，也是世界
　　文學中最為悲憤的『譴責小說』之一。出處同上。注：羊頭鎮，周作人譯為「羊
　　頭村」；熱巴，周作人譯為「來服」。

　　周作人當年翻譯《炭畫》時就「感覺到中國的村自治如辦起來，必定是一個『羊頭村』無疑」，所以譯後他寫了一篇短序：

> 民生顓愚，上下離析，一村大勢，操之凶頑，而農婦遂以不免，人為之亦政為之也耳。古人有言，庶民所以安其田裏，而亡歎息愁恨之心者，政平訟理也。觀於羊頭村之事，其亦可以鑒矣。[65]

　　「顓」與「愚」同義。「庶民所以……政平訟理」出自《漢書‧循吏傳》，「亡」通「無」，「訟」指打官司，「政平訟理」也就是政治清明。兩年後他「回到故鄉來一看，果然是那一種情形」。換言之，當時的紹興，也是一個「民生顓愚，上下離析，一村大勢，操之凶頑」的「羊頭村」，「裏邊沒有一點光與空氣，到處是愚與惡，而這愚與惡又復厲害到可笑的程度」[66]。所以他說，回國後「處於異族和專制兩重的壓迫下，更其覺得難受」[67]。

　　現在不可能知道周作人的這種感受始於何時，但可以肯定的是，到當年十月廿二日，他已經把這種感受寫在紙上了，而此時距離他回國，最多也就三四個月。這天，心裏「覺得難受」的他情不自禁地想起了留學日本的日子。他曾經「老實說」，他「在東京的這幾年留學生活，是過得頗為愉快的」，與回國後「處於異族和專制兩重的壓迫」相比，他在日本「沒有遇見公寓老闆或是員警的欺侮，或有更大

65　《知堂回想錄‧辛亥革命一──王金發》，頁291、292。

66　周作人：〈關於魯迅〉，《魯迅的青年時代》，頁123。又，《炭畫》裏的「羊頭村」沒有「掛羊頭、賣狗肉」的意思。波蘭人不吃狗肉，也沒有「掛羊頭、賣狗肉」的說法。參閱錢理群：《周作人傳》，頁164。

67　《知堂回想錄‧辛亥革命一──王金發》，頁292。

的國際事件，如魯迅所碰到的日俄戰爭中殺中國偵探的刺激」，而且
最初幾年的對外交涉，差不多都是由魯迅替他代辦的，「所以更是平
穩無事」。他承認，這是他「對於日本生活所以印象很好的理由」[68]。
其實他對於在日本生活的印象好，還有「個人的性分」和「思古之幽
情」等原因[69]，這裏姑且不論。然而斯時已去，徒喚奈何。對他來
說，此時無以解憂，唯有追夢。於是他拿起筆，抄錄了一篇他去年寫
的「庚戌秋天釣魚記事」（這篇「記事」很簡單，記的是去年秋天他
與妻子等去東京大隅川釣魚，途中遇雨而返的故事），抄畢他在文後
加了一篇附記：

> 居東京六年，今夏返越，雖歸故土，彌益寂寥，追憶昔游，時
> 有悵觸，宗邦為疏，而異地為親，豈人情乎。心有不能自假，
> 欲記其殘缺以自慰焉，而文情不副，感興已隔。用知懷舊之
> 美，如虹霓色，不可以名，一己且爾，若示他人，更何能感，
> 故不復作，任其漂泊太虛，時與神會，欣賞其美，或轉褪色，
> 徐以消滅，抑將與身命俱永，溘然相隨，以返虛浩，皆可爾。
> 所作一則，不忍捐棄，且錄存之，題名未定，故仍其舊。辛亥
> 九月朔日記。[70]

「六年」是虛算，周作人實際在日本待了五年（約一九〇六年九
月至一九一一年七月）。「悵觸」即惆悵感觸。「宗邦」者，祖國之謂
也；而這裏的「異地」，當指日本。「宗邦為疏，而異地為親」這種想
法顯然是不符人之常情的（「豈人情乎」），但這確實是他當時的想

---

68 《知堂回想錄・結論》，頁220。
69 參閱《知堂回想錄・日本的衣食住上》。
70 《知堂回想錄・辛亥革命一──王金發》，頁292。

法。心裏「覺得難受」而又無以解憂（「心有不能自假」），於是他想憑記憶對去年寫的這篇短文作些補充，也算一種自我安慰（「記其殘缺以自慰」），然而「文情不副，感興已隔」，一個字也寫不出，「故不復作」，而去年寫的這篇短文又「不忍捐棄」，於是就重新抄錄一遍。不消說，這篇附記的調子是消沉的。

過了一個星期（十月廿八日），周作人在這篇附記後寫了一首詩：

> 遠遊不思歸，久客戀異鄉。
> 寂寂三田道，衰柳徒蒼黃。
> 舊夢不可道，但令心暗傷。[71]

首句點明他不想回國，用周海嬰的話來說叫「樂不思蜀」[72]──他想必是從魯迅和許廣平那裏聽來的。次句說他回國了，所以靜靜的三田道旁的「衰柳」（這裏指深秋的柳樹）因為換季而發生的色彩變化現在也無人看了。「三田」係東京一地名，就在他森元町住所附近。三田道旁有書店，他散步時經常進去看看（《知堂回想錄・俳諧》記有他在這裏購得「甚為歡喜」的一本叫《夢一般》的書）。末句說在日本的六年像夢一般地過去了，種種留戀不能對人說（或許也因為他欣賞的倪元鎮所謂「一說便俗」吧？），只能暗自悲傷。

值得注意的是，此時武昌起義已經爆發，但在周作人寫的這篇附記和詩裏卻完全看不出這次起義對他有什麼影響。這裏有兩種解釋：

71　《知堂回想錄・辛亥革命一──王金發》，頁292。錢理群著《周作人傳》也提到了這篇附記和詩，說這首詩是周作人「夜不成寐」、「披衣而起」寫的，「查周作人日記，寫上述文章、舊詩的日期是十月廿二日和十月廿八日。這正是紹興光復的日子」。（頁162-163）周作人是否「夜不成寐」、「披衣而起」寫了這首詩，姑且不論，但把周作人寫這篇附記和詩的日期說成是「紹興光復的日子」，顯然有誤。

72　周海嬰：《魯迅與我七十年》，頁81。

其一，他是「大風暴裏的孤獨者」，「革命與他無關」；其二，這次起義的影響，當時還未波及紹興。究竟如何，見下文。

比看會還熱鬧

十月十日武昌起義「霹靂一聲」，隨後全國各地猶如周氏兄弟都熟悉的陶成章說的那樣，居然都「動」起來了，而用周作人的話來說，「不到一個月的工夫，大勢已經決定，中國有光復的希望了」[73]。

浙江在全國是「動」得較早的省份之一。十一月四日，杭州光復。當天晚些時候，「紹興府聞杭州為民軍佔領，即日宣佈光復」[74]——這種「光復」與程德全在蘇州的江蘇巡撫衙門前換塊牌子屬於一個「模式」，名曰「舊巡撫穿上了新都督的外衣」[75]，只是紹興知府程贊清級別較低，不敢自稱「軍政府都督」而改稱「軍政分府府長」而已。

至此，武昌起義的影響真正波及紹興了。第二或第三天，周氏兄弟很可能沒有抄書，理由是：一、十一月六日，周作人署名「頑石」在《紹興公報》上發表了一篇題為〈慶賀獨立〉的文章，而從周氏兄

---

73 《知堂回想錄・辛亥革命一——王金發》，頁292。

74 紹興光復（獨立）日期有兩說。一說「據《中國革命記》第三冊（一九一一年上海自由社編印）記載：辛亥九月十四日（一九一一年十一月四日）『紹興府聞杭州為民軍佔領，即日宣佈光復』」（《魯迅全集》第二卷，頁330）。一說「武昌起義後……紹興的劣紳和官府也乘機在十一月六日（陰曆九月十六）宣佈獨立。推舉原紹興知府程贊清為紹興軍政分府府長」（《魯迅年譜》第一卷，頁242）。本書採前說。

75 胡繩：《從鴉片戰爭到五四運動》，頁1063。又，顧頡剛在蘇州光復這天（十一月五日）特意去衙門看了：「我把旗掛起後，興匆匆地跑到撫臺衙門，一眼瞧去，只見大門前吹鼓樓上掛起了一面長方形的大旗，上寫著『興漢安民』四個墨漬淋漓的大字，正在臨風飛舞。」「心中說不盡的高興。大約是我的有生以來對於國事最高興的一天了。」引自《顧頡剛年譜》，頁27。

弟當時的「怡怡之情」來看，這篇文章很可能經過魯迅的修改；二、考慮到當時報紙的出版條件，這篇文章雖然落款日期是十一月六日，但也可能是五日寫的。全文如下：

> 美哉！洋洋星旗飄揚，今日何日，非我紹興之新紀元耶。獨立，獨立，我紹人何修而得汝，汝亦何幸而為吾紹人所得。彼夫八閩之地，幾成而不遂；百粵之間，屢議而不就；而吾紹人不煩一矢而不折一兵，指揮談笑，得之於俄頃之際，頓使禹域文明，嶄然露頭角於共和世界。英雄舉事，迥不猶人，此非吾紹興人之足以自豪者耶？我欲歌功，不知功之何自而歌；我欲頌德，不知德之何自而頌；第夫知今日之紹興，已非昨日之紹興。昨日之紹興，人心驚悸，猶為奴隸之紹興；今日之紹興，熙熙攘攘，已為自由之紹興。如火如荼，一躍千丈，紹興人之幸福耶？紹興之魄力也。且國民軍已成立矣，起神禹之寵兒，率六千之君子，叱吒風雲，光復漢業，指顧事耳。記者於是躍然以起曰：
>
> 紹興萬歲！獨立萬歲！漢族同胞萬歲！
>
> 黃帝紀元四千六百零九年九月既望[76]

「星旗」指原湖北革命團體共進會會旗「鐵血十八星旗」，由紅黃黑三色組成，十八星代表全國十八行省。武昌起義後湖北軍政府成立時使用該旗，南京臨時政府成立前有些光復的地方也使用該旗，之後則被五色旗取代。「八閩之地……屢議而不就」，指明末清初福建、廣東等地抗清鬥爭。「吾紹人……共和世界」，指紹興在一夜間光復

76　《周作人文類編・中國》，頁35。

了。「既望」是陰曆每月十六日,「黃帝紀元四千六百零九年九月既望」,即西曆一九一一年十一月六日。全文洋溢著作者抑制不住的興奮之情,文末他「躍然以起」高呼的三句口號,更是把這種感情推向了高潮。

雖然這篇文章中的一些說法(如「今日之紹興,熙熙攘攘,已為自由之紹興」之類)不久就被證明是可笑的,但全文的調子是正面、積極的,不僅表明周作人開始走出回國以來一直縈繞於心而又「不可道」的「舊夢」,而且反映了他乃至魯迅對紹興獨立以及武昌起義以來整個形勢的態度。只是這樣一來,他就與他自己晚年說的話「打架」了。

關於周作人對辛亥革命的態度,研究者經常引用他在《知堂回想錄》裏說的兩句話。一句是「辛亥秋天我回到紹興,一直躲在家裏,雖是遇著革命這樣大事件,也沒有出去看過……」[77]另一句就是前面已經引用的「辛亥革命起事的前後幾個月,我在家裏閒住,所做的事大約只是每日抄書,便是幫同魯迅翻看古書類書……」有研究者甚至因此認為他在這段日子「門都沒有出」,並把他稱為「大風暴裏的孤獨者」,把他一九一一年從日本回國到一九一七年四月稱為「『臥治』時期」[78]。還有研究者認為,「剛從日本回到紹興的周作人,對城裏轟轟烈烈的革命聲勢沒有什麼反應,而魯迅和三弟積極參加歡迎革命軍的活動」,「他在家鄉找不到自己的位置。革命與他無關」[79]。但是〈慶賀獨立〉這篇文章表明,事情並沒有那麼簡單,或者說事情並非

---

77 《知堂回想錄・辛亥革命二──孫德卿》,頁294。

78 全句是:「就在周作人歸國後的第二個月,辛亥革命爆發了,接著浙江省城也起義了,只隔著一條錢塘江的紹興陷入一片混亂。但周作人連門都沒有出,只躲在家裏抄整本的劉義慶的《幽明錄》。」錢理群:《周作人傳》,頁161-162。

79 黃喬生:《周氏三兄弟》,頁154、161。

完全如此：一個「一直躲在家裏」抄古書，「遇著革命這樣大事件，也沒有出去看過」的人，會在紹興宣佈獨立的第二天就寫出如此激昂的文章麼？但既然研究者是根據周作人本人的話得出這些結論的，所以要追究「責任」，應該從「始作俑者」查起。

周作人在《知堂回想錄・後序》裏談了「自敘傳裏所謂詩與真實問題」：

> 這「真實與詩」乃是歌德所作自敘傳的名稱，我覺得這名稱很好，正足以代表自敘傳裏所有的兩種成分，所以拿來借用了。真實當然就是事實，詩則是虛構部分或是修飾描寫的地方，其因記憶錯誤，與事實有矛盾的地方，當然不算在內，惟故意造作的這才是，所以說是詩的部分，其實在自敘傳中乃是不可憑信的，應該與小說一樣的看法，雖然也可以考見著者的思想，不過認為是實有的事情那總是不可以的了。[80]

並說他這部《回想錄》「裏邊並沒有什麼詩，乃是完全只憑真實所寫的，這是與我向來寫文章的態度全是一致，除了偶有記憶不真的以外，並沒有一處有意識的加以詩化，即是說過假話」[81]。

周作人說的「辛亥秋天我回到紹興，一直躲在家裏」和「所做的事大約只是每日抄書」這兩句話是否有「詩」的成分，還有待研究，但不待研究就可以肯定的是，他晚年的回憶中有「記憶錯誤」、「記憶不真」的地方。舉一個例子：周作人在《知堂回想錄》中抄錄了一九一二年一月他在報紙上發表的〈望越篇〉，至於什麼報紙，他說「或

80　《知堂回想錄・後序》，頁801。
81　《知堂回想錄・後序》，頁802。

是《民興報》，但總之不是《越鐸》」[82]。但鍾叔河、張菊香和張鐵榮查閱當年報紙時看到，這篇文章恰恰發表在《越鐸》即《越鐸日報》上。

不僅如此，鍾叔河、張菊香和張鐵榮還找到了周作人在辛亥革命期間發表的其它文章。鍾叔河編《周作人文類編》第一卷《中國氣味》收錄了廿篇周作人在「辛亥革命前後發表的時事評論」，其中除了一九〇四年發表的〈說死生〉和一九〇七年發表的〈中國人之愛國〉，其它都是一九一〇年五月至一九一二年二月發表的。除去一九〇四年和一九〇七年發表的這兩篇，另外十八篇都可以說是周作人在辛亥革命時期發表的時評。張菊香、張鐵榮編的《周作人年譜》搜羅範圍更廣，列出了《周作人文類編》沒有收錄的另外五篇時評的標題，見表 3-1：

表3-1　周作人在辛亥革命時期發表的時評

序號	篇名	發表日期	刊登報紙	署名
1	〈論領事裁判權非治外法權〉	1910年5月16日	《紹興公報》	頑石
2	〈憲政編查館致各督撫稽查自治員電文書後〉	1910年5月20日	《紹興公報》	頑石
3	〈論觀望之害〉	1910年7月25日	《紹興公報》	頑石
4	〈論軍人之尊貴〉	1910年7月26日	《紹興公報》	頑石
5	〈論平糶非救貧善策〉	1910年8月3日	《紹興公報》	頑石
6	〈選民釋義〉	1910年8月4日	《紹興公報》	頑石
7	〈日俄新協約之觀念〉*	1910年8月5日	《紹興公報》	頑石
8	〈對於封禁小押之感想〉	1910年8月6日	《紹興公報》	頑石

82　《知堂回想錄・望越篇》，頁306-307。

序號	篇名	發表日期	刊登報紙	署名
9	〈哀俠〉	1910年8月8日	《紹興公報》	頑石
10	〈論新昌毀學案〉*	1910年8月10日	《紹興公報》	頑石
11	〈聞梁敦彥錫良周樹模陳昭常將次辭職有感〉	1910年8月11日	《紹興公報》	頑石
12	〈論日人來紹售藥事〉*	1910年8月18日	《紹興公報》	頑石
13	〈論國民宜具法律知識〉	1910年8月20日	《紹興公報》	頑石
14	〈論余上新嵊毀學案〉*	1910年8月22日	《紹興公報》	頑石
15	〈論日人馬開盤當事〉*	1910年8月26日	《紹興公報》	頑石
16	〈「湯壽潛不准干預路事」之詮解〉	1910年8月27日	《紹興公報》	頑石
17	〈盲從主義〉	1911年1月21日	《紹興公報》	頑石
18	〈慶賀獨立〉	1911年11月6日	《紹興公報》	頑石續表
19	〈望越篇〉	1912年1月18日	《越鐸日報》	獨應
20	〈望華國篇〉	1912年1月22日	《越鐸日報》	獨應
21	〈爾越人毋忘先民之訓〉	1912年2月1日	《越鐸日報》	獨
22	〈民國之征何在〉	1912年2月2日	《越鐸日報》	獨
23	〈庸眾之責任〉	1912年2月16日	《越鐸日報》	獨

注：表3-1根據鍾叔河編《周作人文類編・中國氣味》和張菊香、張鐵榮編《周作人年譜》製作。其中加*號的，《周作人文類編・中國氣味》沒有收錄。此外值得指出的是，除了〈望越篇〉被全文抄錄在《知堂回想錄》裏，周作人在辛亥年發表的另五篇時評，其自編文集均沒有收錄。

看了這些時評的標題，人們想來會提出兩個問題：

一、周作人在日本留學時就對國內政局和家鄉事這麼關心並寫了十七篇評論，回國後「遇著革命這樣大事件」，他真的沒有「出去看過」嗎？

二、紹興宣佈獨立後，周作人在《越鐸日報》上發表了六篇文章，「一直躲在家裏」抄古書能寫出這些文章嗎？

因此對周作人說的這兩句話，似乎應持「不可不信、不可全信」的態度。

紹興雖然宣佈獨立了，但成立的軍政府無疑是昨天知府衙門的翻版。這樣的軍政府顯然是不能「與時俱進」的，甚至連維持治安都不行。所以據周作人說，光復後的紹興「也有種種謠言，人心很是動搖，但大抵說戰局的勝敗，與本地沒有多大關係。到了浙江省城已經起義，紹興只隔著一條錢塘江，形勢更是不穩；因此乘機流行一種謠言，說杭州的駐防旗兵突圍而出，頗有點危險，足以引起反動的騷亂，但是仔細按下去，仍是不近情理，不過比平常說九龍山什麼地方的白帽赤巾黨稍好罷了」。雖是「不近情理」，然而「一有謠言」，紹興城裏還是「人心惶惶，彷彿大難就在目前的樣子」，於是「照例是一陣風的『逃難』」[83]。

紹興人民是怎樣在「人心惶惶」中度過這些天的，周氏兄弟在這些天又做了些什麼，周建人有比較完整的回憶。

周建人的回憶見他寫的《略講關於魯迅的事情》（署名喬峰，人民文學出版社，1954年8月）。周作人雖然早在解放前就與周建人失和，卻在《知堂回想錄》中大量引用了周建人的回憶（個別文字不同），理由是「這乃是我的兄弟所寫，我想這大約是寫得可靠的」[84]。下面是周建人的回憶：

> 當杭州的旗營裏的兵繳了械，府臺衙門攻下後，杭州光復的消息就很快地傳到了紹興。這時候城內的一個寺內就開了一個大

---

83 《知堂回想錄・辛亥革命一——王金發》，頁292。
84 《知堂回想錄・辛亥革命二——孫德卿》，頁294。

會，好像是越社發動的，到了許多人，公舉魯迅做主席。魯迅
當下提議了若干臨時辦法，例如組織講演團，分發各地去演
說，闡明革命的意義和鼓動革命情緒等。關於人民的武裝，他
說明在革命時期，人民武裝實屬必要，講演團亦須武裝，必要
時就有力量抵抗反對者。⋯⋯

「這時候」指十一月五日或六日。「越社」是紹興一些進步人士
在南社影響下於一九一一年春夏成立的反清文學團體。周作人說「越
社」是「南社的紹興分社」[85]，似不準確。美中不足的是，周建人沒
有說明「越社發動」的這個大會，為什麼會「公舉魯迅做主席」。下
面仍然是周建人的回憶：

但是魯迅提議的武裝講演等，大家雖然都贊成，可是缺少準
備，力量也不夠。第一件是缺少槍械。中學校裏雖然有些槍，
但沒有真的子彈，有一些，也是操演時用的那種只能放響的彈
子，只有在近距離內大概能傷人。於是人民終於恐怖起來了。
有一天，魯迅從家裏出去，到府中學校（浙江五中舊名稱）
去，到了離學校不遠，見有些店鋪已在上排門，有些人正在張
惶地從西往東奔走。魯迅拉住一個問他為什麼，他說不知道究
竟什麼事。魯迅知道問亦無益，不如到中學校去了再說。他走
進校門，已有一部分學生聚在操場裏討論這件事，才知道市民
因為聽了有敗殘清兵要渡江過來到紹興來騷擾的謠言，所以起
恐慌的。於是魯迅主張整隊上街去解釋，以鎮定人心。⋯⋯在

85　《知堂回想錄》，頁294。參閱越社創辦人之一宋紫佩自述（《魯迅年譜》第一卷，頁
237）。南社是陳去病、柳亞子等人一九○九年在蘇州成立的反清文學團體，早期成
員多為同盟會成員。

路上，魯迅一班人分送傳單，必要時更向人說明，叫他們不要無端起慌。的確很有用處，學生們走到之處，人心立刻安定下來，店鋪關的也仍然開了。時間在下午，一班人回到學校時，天已黑下去了。[86]

「有一天」指十一月六日或七日，這與周作人說的「辛亥年（紹興）的謠言，卻只一天就過去了」是一致的。「敗殘清兵要渡江過來到紹興來騷擾」確是謠言。據張謇說：「杭州故有駐防滿人，懼遭攘滅，聲言願受湯先生撫，否則力抗。」湯先生即湯壽潛，當時還在上海，後「循眾請蒞杭。滿人聞君至，咸曰：『湯先生仁人也，必全吾族。』遽委械請降，全境貼然以定」[87]。魯迅的話也可證明這是謠言。據魯迅說，在杭州乃至整個浙江，「當時實在並無敢於殺人的風氣，也沒有樂於殺人的人們。我們只要看舉了老成持重的湯蟄仙先生做都督，就可以知道是不會留血的了」[88]。魯迅這句話是一九三三年寫的，按周建人的說法，早在廿二年前他就在紹興叫人們「不要無端起慌」了。提起湯壽潛，魯迅說的「老成持重」略含譏意，但比周作

---

86 喬峰：〈略講關於魯迅的事情〉，《魯迅回憶錄》，頁748、749。與周建人的回憶相比，當時蘇州中學的學生忙乎了好多天，裝備也好得多。據顧頡剛回憶，當時他參加學團和巷團，「徹夜巡邏，防禦土匪。我的一身擔負了兩種責任，這一夜做學團時背著槍，那一夜做巷團時又提著燈籠，雖然很累，可也足以顧盼自豪」《顧頡剛年譜》，頁27。據葉聖陶日記，「……校中創辦學團，今晚須出巡街也。……晚膳後即穿校服，黑衣而黃褲，臂膊之上圍以白布，背荷槍，彈匣刺刀纏腰。既而列隊於操場，隊整而後出。……途中居民對我亦無荒謬之言驚異之狀，鎮靜如此，亦未可謂無程度也」。（辛亥年九月十五日日記）「晨起後即至校中，知昨夜諸同學往高等巡警學堂取新式五響毛瑟槍，蓋彼校之餘也。槍共二十餘支，尚有無人領受者，因亦取其一，人各得子彈十顆，夜間巡街可以無憂矣。」（辛亥年九月十七日日記）《葉聖陶集》（19），頁50、51。
87 張謇：〈湯蟄先生家傳〉，《張謇全集》（第五卷），頁457。
88 魯迅：〈謠言世家〉，《魯迅全集》（第四卷），頁610。

人的評價要好一些。周作人說湯壽潛「最是滑頭，善於做官」[89]，其實湯在清末民初還是頗負時望的。

　　從周建人的回憶來看，魯迅在紹興城裏「人心惶惶」之際還是做了一些事的：如「參加越社發動的大會」、發表演講、「分送傳單」等，並非像他自己說的「沒做什麼」（見下文）。至於周建人本人，雖然語焉不詳，但從他如此詳細的回憶來看，想必當時在魯迅旁邊。只是他的二哥當時在哪裏？還躲在家裏抄古書嗎？可惜他沒有說。

　　紹興雖然宣佈獨立了，但浙江軍政府卻不認可，於是十一月八日，「紹興人所熟知的草澤英雄」王金發從杭州帶兵乘船進入紹興[90]。仍據周建人回憶：

> 離這事情不遠，就有人告訴魯迅，說王金發的軍隊大約今晚可以到紹興，我們應當去接他和他的軍隊，這回仍在府中學校裏會集，學生也去的。晚飯後，大家興高采烈地走到西門外。到了黃昏，不見什麼動靜，到了二更三更，還是不見軍隊開到。……有人來報信，說軍隊因為來不及開拔，大概須明天才可以開到，今晚不來了。

89　周作人說：「……只就浙江來看，軍政府的都督要捧一個湯壽潛出來，這人最是滑頭，善於做官，有一個時候蔣觀雲批評他最妙，他說，蟄仙的手段很高，他高談闊論一頓，人家請他出來，便竭力推辭，說我不幹，及至把他攔下了，他又來撈一下子，再請他來，仍說不幹，但是下回仍是這樣撈法，卻把地位逐漸的提高了。」見《知堂回想錄‧望越篇》，頁305。其實湯壽潛任浙江軍政府都督只有幾個月，任南京臨時政府交通總長也只有幾個月，此後沒有擔任什麼顯赫的職位。

90　王金發（1882-1915），名逸，浙江嵊縣人。早年是浙東洪門會黨首領，一九〇五年留學日本並參加光復會，一九一一年十一月帶兵進入紹興後任軍政府都督，一九一五年被浙江督軍殺害。「草澤英雄」句引自《知堂回想錄》，頁293。

　　這段回憶接上面一段回憶，所以「離這事情不遠」，指的是離「魯迅一班人分送傳單」等不遠，其實就是第二天的事。「大家」則包括魯迅和周建人本人（此外還包括范愛農和陳子英等人，本文沒有引這段文字），至於是否包括周作人，還是一字不提。所謂周作人「對城裏轟轟烈烈的革命聲勢沒有什麼反應，而魯迅和三弟積極參加歡迎革命軍的活動」之類說法，就是根據周建人的這些回憶和周作人自己的兩句話做出的結論。下面仍然是周建人的回憶：

　　　　於是第二天晚上再去，這回不往西郭，卻往東邊的偏門（？），人還是這一大批。黃昏以後，明月很皎潔。正盼望間，遠遠地聽到槍聲響，以後每隔一定的時間槍聲響一下。……

　　　　王金發的軍隊很快地上了岸，立刻向城內進發。兵士都穿藍色的軍服，戴藍色的布帽，打裹腿，穿草鞋，拿淡黃色的槍，都是嶄新的。帶隊的人騎馬，服裝不一律，有的穿暗色的軍服，帶著帽子，有的穿淡黃色軍服，光著頭皮。

　　　　這時候是應該睡的時候了，但人民都極興奮，路旁密密的站著看，比看會還熱鬧；中間只留一條狹狹的路，讓隊伍過去；沒有街燈的地方，人民都拿著燈，有的是桅杆燈，有的是方形玻璃燈，有的是紙燈籠，也有點著火把的。小孩也有，和尚也有，在路旁站著看。經過教堂相近的地方，還有傳道師，拿著燈，一手拿著白旗，上寫著「歡迎」字樣。王金發的軍隊裏的兵士身體都不高大，臉上多數像飽經風霜的樣子。一路過去，整齊、快捷。後面跟的人，走的慢一點的便跟不上。不久，到了指定的駐紮的地方，去接的人們有跟了進去，也有站在門外面，大家都高叫著革命勝利和中國萬歲等口號，情緒熱烈、緊

張，不久就有人來叫讓路，一班人把酒和肉挑進去，是慰勞兵士去的，外面的人們也就漸漸地散去了。[91]

「看會」指看「迎神賽會」。這種「會」是舊時酬神祈福的一種民間習俗，藝人和好事者先用儀仗、鼓樂和雜戲等迎神出廟，然後像今天的「花車巡遊」一樣周遊街巷，老百姓則夾道觀看。我國很多地方有這種習俗，雖然名稱不同，但都是一年中最熱鬧的節日。這天迎接王金發的軍隊竟然「比看會還熱鬧」，說明這次迎接成了紹興當年最盛大的節日，充分體現了紹興人民當時對革命軍和新政府的期望。可惜，包括紹興在內的全國各地的革命軍和新政府，都辜負了人民的期望，以至辛亥革命也就像「會」一樣「熱鬧」了一陣，「會」後除了少了一個皇帝，少了一根辮子，一切照舊。

周建人對這個歡迎場面的回憶中有不少值得注意的細節：

一、王金發的兵士穿的是「草鞋」——此時已是初冬；

二、他們拿的槍是「嶄新的」，但「臉上多數像飽經風霜的樣子」——他們是新兵還是老兵？

三、「帶隊的人騎馬，服裝不一律」——長官騎馬不稀奇，稀奇的是他們服裝「不一律」（這個問題很快有了答案，見下文）；

四、歡迎的人手上拿的各式各樣的燈——這表明歡迎人群來自紹興社會各階層；

五、歡迎人群中有「洋鬼子」——「傳道師」即傳教士。據胡適說，武昌起義爆發後「美國報紙均祖新政府」[92]。其它西方國家也大抵如此。不知紹興的這些「傳道師」當時能獲知自己國家的政府對武昌起義的態度麼？

91　喬峰：〈略講關於魯迅的事情〉，《魯迅回憶錄》，頁751。
92　《胡適日記全編》（1），頁144。一九一〇年十月十四日日記。

六、慰勞兵士的是「酒和肉」——紹興出酒，今天又是一個大喜日子，當然要用「加飯」、「善釀」來犒勞遠道而來的兵士，只是當時的革命軍，平日裏禁酒嗎？這個問題也很快有了答案，見下文。

周建人的回憶很珍貴。周作人在《知堂回想錄》中大段抄錄（字數比本文抄錄的多幾倍），並說：「我很珍重那一回革命的回憶，可是我自己沒有直接的經歷，所以只能借用人家所寫的，寫得雖是實樸卻很誠實……」[93]（這句話似有矛盾之處）。但應該指出的是，這些回憶與一個當事人的說法不同。這個當事人叫陳燮樞，當時他去杭州與浙江軍政府湯壽潛等人聯繫並與王金發一起進入紹興（此事按魯迅的說法是「幾個少年一嚷」，見下文。陳燮樞大概就是這「幾個少年」之一吧）。據他說，王金發的「兵招自市中，不知紀律，形神交瘁，衣履破穢，背槍又不如式，歡迎者見之，大失所望」[94]。他們的「衣履破穢」甚至到了被率先宣佈獨立的程贊清的手下人稱為「乞丐兵」的程度。孰是孰非？有待進一步研究。但這些兵士不久的表現，確實使當天的歡迎者兩個月後就「大失所望」，見下文。

蔣廷黻說：「民國初年，在我們這裏，軍權就是政權。」[95]王金發手上有兵，進入紹興後自然立即改組軍政府並自任都督，至此紹興的光復算是得到了當時浙江軍政府的認可。只是光復後的紹興往何處去？對以王金發為首的紹興軍政府，周氏兄弟還會像寫〈慶賀獨立〉那樣「歌功頌德」嗎？

93　《知堂回想錄・辛亥革命二——孫德卿》，頁297。
94　陳燮樞：〈紹興光復時見聞〉，《辛亥革命資料匯輯》（3），頁92。
95　蔣廷黻：《中國近代史》（上海古籍出版社，2004年7月），頁177。

沒做什麼工作，只是高興得很

　　許廣平在〈回憶民元以前的魯迅先生〉中說：「辛亥革命的時候，先生承認沒有做過什麼工作，只是高興得很。」[96]從該文標題看，這裏「辛亥革命的時候」當指武昌起義或紹興光復至一九一一年十二月底這段時間；如果允許有些偏差的話，最遲也就到辛亥年底即一九一二年二月中旬。從周建人的上述回憶來看，在王金發帶兵進紹興之前，魯迅還是做了一些事的。在王金發改組了軍政府並自任都督之後，魯迅也做了一些事。

　　一、轉任山會師範學堂監督（校長）。這是王金發任命的，他們當年在日本留學時認識，所以按許廣平的說法，王金發和「先生也是朋友」[97]。是否「朋友」或者說怎麼定義這個「朋友」，姑且不論，王金發任命，魯迅接受，說明雙方當時至少是彼此看得上眼的。對魯迅來說，從「府校」教師兼監學轉任這所師範學堂監督，可謂升了一級，但他最多也就做了三個月（十一月中下旬或十二月至一九一一年二月中旬）。魯迅本人對這段經歷沒有留下什麼記載（在他寫的〈著者自敘傳略〉中只寫了一句：「紹興光復後，我做了師範學校的校長。」[98]）。當時在這所學堂讀書的孫伏園和其它幾個人雖有一些回憶，但是都很簡單[99]。因此對魯迅在這所學堂的具體情況，只能抱「知之為知之，不知為不知」的態度。唯一可以肯定的是，魯迅雖然

96　景宋：〈民元前的魯迅先生〉，《魯迅回憶錄》，頁100。

97　景宋：〈民元前的魯迅先生〉，《魯迅回憶錄》，頁99。

98　《集外集‧俄文譯本《阿Q正傳》序及著者自敘傳略》，《魯迅全集》（第七卷），頁86。

99　參閱孫伏園：〈魯迅先生二三事〉（《魯迅回憶錄》，頁70-71）、金學曾（周芾棠記）：〈魯迅在紹興師範片斷〉、張梓生：〈本人簡歷及與魯迅先生的關係〉（《魯迅年譜》第一卷，頁244、245）

做了校長，仍然認為「越中棘地不可居」，而且此時認為「不可居」
的原因，除了前面提到的一些原因之外還可以加上一個：王金發「大
做王都督」和「吾紹之軍人」的飛揚跋扈，見下文。

二、修改周作人起草的致張琴孫的一封信。張琴孫是光復後紹興
縣議會議長，周氏兄弟給他寫信，目的是呼籲恢復前些時因為缺乏經
費而停閉的當地兩所小學。信中說：

> 側惟共和之事，重在自治，而治之良否，則以公民程度為差。
> 故國民教育，實其本柢。上論學術，未可求全於凡眾。今之所
> 急，惟在能造成人民，為國柱石，即小學及通俗教育是
> 也。……諸君子經營鄉國，在務其遠者大者，或未暇及此。顧
> 教育一端，甚關國民前途，故區區之事，亦未可緩。[100]

這些話即使在今天讀來也是很有意義的，甚至可以說，辦好一批
「希望小學」要比辦好一所大學更有意義。這封信後以〈維持小學之
意見〉為題，發表在一九一二年一月十九日《越鐸日報》上，署名是
周樹人、周建人。周氏兄弟當時真是「兄弟怡怡」，我寫的文章署你
的名字，你寫的文章署我的名字，正如周作人晚年說的，「我們當時
的名字便是那麼用法的」[101]。

三、支持創辦《越鐸日報》。這份報紙是魯迅的學生和紹興幾個
開明士紳辦的，魯迅對該報的支持，主要表現在兩個方面。一是署名
「黃棘」寫了一篇慷慨激昂的創刊辭：〈《越鐸》出世辭〉（一九一二
年一月三日刊出）：

---

100 魯迅：〈致張琴孫〉，《魯迅全集》（第十一卷），頁350。
101 《知堂回想錄‧自己的工作一》，頁317。

……首舉義旗於鄂，諸出回應，濤起風從，華夏故物，光復太半，東南大府，亦赫然歸其主人。越人於是得三大自由，以更生於越，索虜則負無量罪惡，以底於亡。……共和之治，人仔與肩，同為主人，有殊臺隸。前此罪惡，既咸以歸索虜，索虜不克負荷，俱以隕落矣。繼自今而天下興亡，庶人有責，使更不同力合作，為華土謀，復見瘠弱槁枯，一如往日，則番番良士，其又將誰咎耶？……爰立斯報，就商同胞，舉文宣意，希冀治化。紓自由之言議，盡個人之天權，促共和之進行，尺政治之得失，發社會之蒙覆，振勇毅之精神。灌輸真知，揚表方物，凡有知是，貢其顓愚，力小願宏，企於改進。[102]

「東南大府」指紹興。「三大自由」指孫中山說的「人民之集會自由、出版自由和思想自由」[103]。「索虜」指清統治者，「人仔與肩」意思是人人有責（「仔肩」出自《詩經‧周頌‧敬之》，指擔負的任務）。「發社會之蒙覆」即開民智的意思。文章寫得可謂「擲地有金石聲」，反映了當時一批接受了「新顥氣」的青年知識分子的美好願望，但是如果請歷史老人來做個評判的話，他的批語很可能借用文章中的四個字「力小願宏」：作者未免太天真了。二是給這份報紙投稿。除了這篇〈出世辭〉，魯迅在辛亥年底前只在該報發表了一篇文章，即一九一二年一月十六日刊登的〈軍界痛言〉（見下文），但周作人繼〈慶賀獨立〉之後在該報發表的五篇文章，很可能與魯迅有關。

　　四、寫了一篇文言小說。一九三四年五月六日，魯迅在致楊霽雲的信中說：「現在都說我的第一篇小說是《狂人日記》，其實我的最初

102　〈《越鐸》出世辭〉，《魯迅全集》（第八卷），頁42。
103　孫中山：《民權初步‧自序》，《魯迅全集》（第八卷），頁43，注9。

排了活字的東西，是一篇文言的短篇小說，登在《小說林》（？）
上。那時恐怕還是革命之前，題目和筆名，都忘記了，內容是講私塾
裏的事情的，後有惲鐵樵的批語，還得了幾本小說，算是獎品。」[104]
這篇「文言的短篇小說」，就是魯迅寫於辛亥年冬天的〈懷舊〉（篇名
係周作人所加）。但寫後不久魯迅就去了南京，以後他對這篇小說似
乎也不關心，以至連登在哪裏都記不清。

　　魯迅逝世後不久，周作人在〈關於魯迅〉一文中提到了這篇小
說：「他寫小說，其實並不始於《狂人日記》，辛亥年冬天在家裏的時
候，曾經用古文寫過一篇，以東鄰的富翁為模型，寫革命前夜的情
形，有性質不明的革命軍將要進城，富翁與清客閒漢商議迎降，頗富
於諷刺色彩。這篇文章未有題名，過了兩三年，由我加了一個題目與
署名，寄給《小說月報》……」[105]署名是「周逴」，發表在一九一三
年四月廿五日上海《小說月報》第四卷第一號。

　　關於這篇小說的內容，魯迅自己說是「講私塾裏的事情」，而周
作人說是「寫革命前夜的情形」，似乎還是後說比較準確。小說描述
了當時紹興社會各種人物聽說「性質不明的革命軍」要進城後的反
應，其中逃難一節尤為精彩（據周作人說，這裏「記的是辛亥年的
事，而逃難的情形乃是借用庚子夏天的事情」[106]）：

　　　余窺道上，人多於蟻陳，而人人悉函懼意，惘然而行。手多有
　　挾持，或徒其手，王翁語予，蓋圖逃難者耳。中多何墟人，來
　　奔蕪市；而蕪市居民，則奔走何墟。王翁自云前此患難，止吾

104 1934年5月6日致楊霽雲，《魯迅全集》（第十三卷），頁93。

105 周作人：〈關於魯迅〉，《魯迅的青年時代》，頁121-122。《知堂回想錄·自己的工作
　　一》也記有這段文字（頁316）。

106 《知堂回想錄·辛亥革命一——王金發》，頁293。

家勿倉皇。李媼亦至金氏問訊，雲僕猶弗歸，獨見眾如夫人，方檢脂粉薌澤紈扇羅衣之屬，納行篋中。此富家姨太太，似視逃難亦如春遊，不可廢口紅眉黛者。[107]

當時的《小說月報》主編惲鐵樵對這篇小說評價頗高，不僅把它排在卷首，而且在文末加了一個批語：「實處可致力，空處不能致力，然初步不誤，靈機人所固有，非難事也。曾見青年才解握管，便講詞章，卒致滿紙餖飣，無有是處，亟宜以此等文字藥之。」[108]「握管」出自謝靈運〈山居賦〉中的「援紙握管」，就是寫文章的意思。「餖飣」原指食物堆疊貌，後比喻堆砌辭藻。惲鐵樵以後雖以中醫學家著稱，但在當時頗有文名，周作人也承認他對於「舊文學頗有了解」，「說的話有些也很有道理」[109]。〈懷舊〉能得到惲鐵樵如此評價，可見魯迅一開始寫小說就出手不凡。

以上是自己說「沒有做過什麼工作」的魯迅當時做的一些事情。二十世紀五〇年代曹聚仁在寫辛亥革命前後的魯迅時說：「要替魯迅寫上一段革命的光榮歷史，也未始不可的；但我們看了《阿Q正傳》，看了趙秀才、假洋鬼子和阿Q的盤辮子革命，說魯迅也是辛亥革命的戰士，就幾乎等於諷刺他了。」[110]曹聚仁的這些話大概是有感而發，但不管針對何人何事，這個說法都是可以成立的。

至於許廣平說的魯迅感到「高興得很」，在這「激情燃燒」的幾個月內肯定有不少事情使他興奮不已。就其大者而言，武昌起義肯定使他「高興得很」，因為這意味著清朝統治開始崩潰；杭州光復肯定

---

107 〈懷舊〉，《魯迅全集》（第五卷），頁229。
108 《知堂回想錄・自己的工作一》，頁317。
109 《知堂回想錄・自己的工作二》，頁319。
110 曹聚仁：《魯迅評傳》，頁27。

使他「高興得很」，因為這意味著革命的熊熊烈火已經可以隔江相望；王金發帶兵進紹興也肯定使他「高興得很」，因為這意味著故鄉的光復，否則他不可能與周建人連著兩天去迎接。但最使魯迅感到「高興得很」的卻不是以上這些，而是剪辮子。

早在一九○三年，即到日本留學的第二年，魯迅就剪去了辮子。據許壽裳回憶，魯迅是他所在班級中第一個剪去辮子的[111]。沒了辮子，在日本當然不成問題，但回國後卻成了一種災難——魯迅稱之為「無辮之災」：

> 走出去時，在路上所受的待遇完全和先前兩樣了。我以前是只以為訪友作客，才有待遇的，這時才明白路上也一樣的一路有待遇。最好的呆看，但大抵是冷笑，惡罵。小則說是偷了人家的女人，因為那時捉住姦夫，總是首先剪去他辮子的，我至今還不明白為什麼；大則指為「裏通外國」，就是現在之所謂「漢奸」。我想，如果一個沒有鼻子的人在街上走，他還未必至於這麼受苦，假使沒有了影子，那麼，他恐怕也要這樣的受社會的責罰了。[112]

「那時捉住姦夫，總是首先剪去他辮子」——在魯迅之前去日本留學的鄒容等就有這樣的「豪舉」。據章太炎說，清政府駐日「陸軍學生監督姚甲有奸私事，容偕五人排闥入其邸中，榜頰數十，持剪刀

---

111 許壽裳：〈亡友魯迅印象記〉，《魯迅回憶錄》，頁210。周作人的辮子是一九○六年九月去日本前在上海剪的，「很花工本」，用去「大洋一元」（《知堂回想錄》，頁205）。胡適的辮子是到美國後剪的。《胡適日記全編》第一冊附有兩張照片，一張是一九一○年八月胡適出國前與同期赴美同學的合影，一張是一九一○年九月胡適到美國後與老師、同學的合影，髮型完全不同，可惜胡適這些天的日記遺失了。

112 《且介亭雜文．病後雜談之餘》，《魯迅全集》（第六卷），頁194。

斷其辮髮」[113]。這「五人」中可能包括陳獨秀。「沒有鼻子的人」指
因犯法受了劓刑（被割去鼻子）的人。商鞅變法時，秦國「公子虔復
犯約，劓之」（《史記・商君列傳》）。該刑雖然自漢代起已被官方廢
除，但實際上廢而不絕。

　　沒有辮子在路上行走會受到這樣的待遇，在學校裏也會受到同樣
的待遇。魯迅在一九二〇年發表的〈頭髮的故事〉中說，那時「同事
是避之唯恐不遠，官僚是防之唯恐不嚴，我終日如坐在冰窖子裏，如
站在刑場旁邊，其實並非別的，只因為缺少了一根辮子！」[114]這是發
生在浙江兩級師範學堂的事，魯迅說當時他「還可以穿了洋服算是洋
鬼子，第二年回到紹興中學去做學監，卻連洋服也不行了，因為有許
多人是認識我的，所以不管如何裝束，總不失為『裏通外國』的人，
於是我所受的無辮之災，以在故鄉為第一。尤其應該小心的是滿洲人
的紹興知府的眼睛，他每到學校來，總喜歡注視我的短頭髮，和我多
說話」[115]。這裏的「紹興中學」即紹興府中學堂。甚至故鄉同樣姓周
的人也容不得魯迅頭上沒有辮子，據說魯迅「有一位本家，還預備去
告官，但後來因為恐怕革命黨的造反或者要成功，這才中止了」[116]。

　　因為辮子，「府校」學生還對魯迅發生了一次誤會。清朝末年，
很多反清志士剪去了辮子，各地學校一些激進學生也剪去了辮子。紹
興知府為了阻止「剪辮風」蔓延，在一九一〇年十一月一日《紹興公
報》上刊登了關於學生「不得自行擅剪」辮子的規定，但剪辮事在紹
興學校仍然時有發生，而校方也多像黃永玉筆下的貓頭鷹：睜一眼、

---

113 章太炎：〈鄒容傳〉，《魯迅全集》（第一卷），頁489。「排闥」即破門而入，「榜頰」
　　指打耳光。

114 《吶喊・頭髮的故事》，《魯迅全集》（第一卷），頁487。

115 《且介亭雜文・病後雜談之餘》，《魯迅全集》（第六卷），頁195。

116 《吶喊・頭髮的故事》，《魯迅全集》（第一卷），頁486。

閉一眼[117]。據當時在「府校」讀書的胡愈之回憶,一九一一年上半年,該校「忽然來了個剪髮運動,沒有人知道是誰提倡起來的,許多高年級的學生把辮髮剪了」[118]。一些學生想在剪辮子前聽聽魯迅的意見,魯迅在〈頭髮的故事〉中記錄了當時情景:

> 有一日,幾個學生忽然走到我的房裏來,說,「先生,我們要剪辮子了。」我說,「不行!」「有辮子好呢,沒有辮子好呢?」「沒有辮子好……」「你怎麼說不行呢?」「犯不上,你們還是不剪上算,——等一等罷。」他們不說什麼,撅著嘴唇走出房去;然而終於剪掉了。[119]

魯迅自己剪了辮子,但出於對涉世未深的學生的愛護,勸他們不要剪,這在學生看來顯然是「言行不一致」,魯迅也因此被他們「看不起了」[120]。只是這些學生就像魯迅說的,「不知道他們一剪辮子,價值就會集中在腦袋上。軒亭口離紹興中學並不遠,就是秋瑾小姐就義之處,他們常走,然而忘卻了」[121]。就在這些學生剪去辮子後沒幾

---

117 據吳宓一九一一年二月九日日記,當時「京師各校雖不許學生剪髮,已剪者則弗過問」(《吳宓日記》第1冊,頁20)。這麼看來,京、浙兩地學校對學生剪辮的態度是大體一致的。吳宓本人也是在這天剪辮的,「毫無妨礙」,剪後「以水洗頭一過,輕快非常」。但使吳宓感歎的是,剪辮「事利便極多,行之匪難,顧人亦空言者多,實行者少,可慨哉!」(出處同上)更多學生則是在武昌起義後剪的,如葉聖陶是在九月十八日(十一月八日)剪的,「至十點鐘復至校中。今時適來,則髮辮已剪去,勸我盡剪去之。蓋近日同學中剪去者已十之八矣。余應之,即請令時捉刀,『磕蹋』一聲,豚尾之嘲已解……」《葉聖陶集》(24),頁52。

118 胡愈之:〈我的中學生時代〉,《魯迅年譜》(第一卷),頁235。

119 《吶喊・頭髮的故事》,《魯迅全集》(第一卷),頁487。

120 《且介亭雜文・病後雜談之餘》,《魯迅全集》(第六卷),頁195。

121 《且介亭雜文・病後雜談之餘》,《魯迅全集》(第六卷),頁195。

天，浙江兩級師範學堂學生「忽然也剪下了六條辮子，晚上便開除了六個學生。這六個人，留校不能，回家不得，一直挨到第一個雙十節之後又一個多月，才消除了犯罪的火烙印」[122]。這實在還算是好的，據吳宓說，武昌起義後的一天（十月廿四日），北京皇宮「禁衛軍中皆係滿兵，有人倡議欲戮漢人，而先從無辮之學生下手，聞管理官所止，始克無事」[123]。但過了幾天，真的動手了：十月廿八日晚上，「京師捉獲革黨之潛匿者二十有七人，其中四人無辮，已殺之⋯⋯」[124]據張謇說：「張勳江寧駐兵不在戰期，閉城淫掠，屠戮五六百人於後。其最慘者，凡無辮、白帽結、白辮繩、呢布褂褲之學生及非學生，無不一律搜殺。」[125]

正因為「無辮之災」給魯迅帶來了如此屈辱，所以他在去世前一年發表的〈病後雜談之餘──關於「舒憤懣」〉一文中寫到辛亥革命時說：

> 我覺得革命給我的好處，最大、最不能忘的是我從此可以昂頭露頂，慢慢的在街上走，再不聽到什麼嘲罵。幾個也是沒有辮子的老朋友從鄉下來，一見面就摩著自己的光頭，從心底裏笑了出來道：哈哈，終於也有了這一天了。假如有人要我頌革命功德，以「舒憤懣」，那麼，我首先要說的就是剪辮子。[126]

122　《吶喊‧頭髮的故事》，《魯迅全集》（第一卷），頁487。

123　一九一一年十月二十六日日記，《吳宓日記》（第一冊），頁172。

124　一九一一年十月三十日日記，《吳宓日記》（第一冊），頁178。

125　〈致袁內閣代辭宣慰使、農工商大臣電〉（1911年11月19日），《張謇全集》（第一卷），頁183。

126　《且介亭雜文‧病後雜談之餘》，《魯迅全集》（第六卷），頁195。

辮子是清朝的標識,漢人的恥辱[127],但一場轟轟烈烈的革命給魯迅帶來的「最大、最不能忘的好處」只是「剪辮子」,不正說明除了廢除帝制和做一些表面文章,這場革命並沒有完成什麼嗎?

魯迅寫以上這篇文章時辛亥革命已過去二十多年了。如果說在辛亥革命高潮時他對有些問題一時還看不清楚,甚至還抱有一些幻想的話,那麼現在再看,一切都看得很清楚了。至於魯迅看清了什麼,從他去世前兩天再次提到「剪辮子」中可以得到一些消息。魯迅說:

> 我的愛護中華民國,焦唇敝舌,恐其衰微,大半正為了使我們
> 得有剪辮的自由,假使當初為了保存古跡,留辮不剪,我大約
> 是決不會這樣愛它的。[128]

一個公民對自己國家的愛,「大半」只是因為在這個國家有「剪辮的自由」,這個國家在他心中的地位,自然就不必多說了。

---

127 但當時也有一些人(包括讀書人)竟然認為「辮子」是「國粹」。據吳宓一九一二
　　年二月廿六日日記:某君「來談,云是日下午在電車上遇一華人,似亦讀書士,
　　而腦後猶垂長辮,同乘一西人突執其辮詢之曰:此物何名?其人答曰:此物中國
　　名之曰辮髮。西人笑曰:中國人素無是物,焉得有是名乎?其人下慚,迨車停即
　　下,趨理髮店剪去其辮」。《吳宓日記》(第一冊),頁198。還有一些人對辮子很有
　　感情,如梁實秋的「二舅爹爹」在剪辮時就「忍不住泫然流涕」。梁實秋:〈我在
　　小學〉,《梁實秋散文》(第二集),頁6。蔣夢麟(1886-1964)剪辮子時有「簡直上
　　斷頭臺的感覺」:「上船前,找了一家理髮店剪去辮子。理髮匠聚起利剪,抓住我
　　的辮子時,我簡直有上斷頭臺的感覺,全身汗毛直豎。卡嚓兩聲,辮子剪斷了,
　　我的腦袋也像是隨著剪聲落了地。」蔣夢麟:《西潮》,頁63。按,蔣夢麟的辮子
　　是一九〇八年八月自費赴美前在上海剪的。

128 《且介亭雜文末編‧因太炎先生而想起的二三事》,《魯迅全集》(第六卷),頁576。

前景不見得佳妙

一九三二年十二月，魯迅在〈《自選集》自序〉中寫道：

> 見過辛亥革命，見過二次革命，見過袁世凱稱帝，張勳復辟，看來看去，就看得懷疑起來，於是失望、頹唐得很了。民族主義的文學家在今年的一種小報上說，「魯迅多疑」，是不錯的……[129]

從二〇〇五年版《魯迅全集》附的索引（「歷史事件及其它社會事項類」）來看，這很可能是魯迅筆下僅有一次寫下「辛亥革命」一詞，但這場革命卻讓他「看得懷疑起來」。周作人也是這樣，晚年在《知堂回想錄》中說，「辛亥革命的前景不見得佳妙，其實這並不是後來才看出來，在一起頭時實在就已有的了」[130]。在辛亥革命「一起頭時」就「看得懷疑起來」並看出其「前景不見得佳妙」的肯定不止周氏兄弟[131]，他們的可貴之處是不僅看出來了，還撰文予以揭露，並從不同方面作了分析。

魯迅在紹興宣佈獨立後的第一或第二天（十一月五日或六日）就「看出來」了。那天魯迅的朋友范愛農按捺不住興奮，特意從鄉下趕來要看看光復後的紹興城。魯迅陪他到「街上去走了一通」，看到「滿眼是白旗，然而貌雖如此，內骨子是依舊的，因為還是幾箇舊鄉

129　〈《自選集》自序〉，《魯迅全集》（第四卷），頁468。
130　《知堂回想錄·望越篇》，頁305。
131　例如葉聖陶說：「辛亥革命那年，我十八歲，對於革命一下子成功，感到莫名其妙的高興，看看事實，似乎跟理想中的革命不大對頭，又感到莫名其妙的憂慮。」商金林：《葉聖陶傳論》，頁56。

紳所組織的軍政府，什麼鐵路股東是行政司長，錢店掌櫃是軍械司長……」[132]據《顧頡剛年譜》介紹，「蘇州光復，各家即掛起白旗表示擁護」[133]。紹興「滿眼是白旗」，想來也是此意。魯迅這段話裏還可補充的是，原紹興知府程贊清搖身一變，這時成了所謂軍政府「府長」，而劣跡斑斑的原浙江巡撫衙門刑名師爺章介眉居然也當上了治安科長。這種軍政府無疑是昨天紹興知府衙門的翻版。

改組後的紹興軍政府同樣大有問題。王金發起初還好，但不久就變了。一九二五年底魯迅在批判中國傳統的對人「壓」和「捧」這兩種辦法時，以王金發作為被「捧」的一個例子：

> 民元革命時候，我在 S 城，來了一個都督。他雖然也出身綠林大學，未嘗「讀經」（？），但倒是還算顧大局，聽輿論的，可是自紳士以至於庶民，又用了祖傳的捧法群起而捧之了。這個拜會，那個恭維，今天送衣料，明天送翅席，捧得他連自己也忘其所以，結果是漸漸變成老官僚一樣，動手刮地皮。[134]

「S 城」即紹興，「都督」就是王金發，「出身綠林大學」指王金發原是浙東會黨領袖，「翅席」指有魚翅的高檔酒席。一年後魯迅在懷念范愛農時又提到了王金發和他周圍一班人：

> 這軍政府也到底不長久，幾個少年一嚷，王金發帶兵從杭州進來了，但即使不嚷或者也會來。他進來之後，也就被許多閒漢和新進的革命黨所包圍，大做王都督。在衙門裏的人物，穿布

132　《朝華夕拾‧范愛農》，《魯迅全集》（第二卷），頁324。

133　顧潮：《顧頡剛年譜》，頁27。

134　《華蓋集‧這個與那個》，《魯迅全集》（第三卷），頁151。

衣來的，不上十天也大概換上皮袍子了，天氣還並不冷。[135]

　　魯迅這篇文章發表在一九二六年底，當時惲鐵樵已棄文從醫，否則他看到「天氣還並不冷」這六個字，大概會在下面打上紅圈。

　　王金發大做王都督，他手下的兵士又是如何呢？魯迅在《越鐸日報》一九一二年一月十六日（辛亥年十一月二十八日）發表的〈軍界痛言〉（署名「樹」）一文，對此作了說明：

> 軍人之資格所以最高尚者，以具有破敵保國之責任也。是故嘗膽臥薪，枕戈待旦，軍人之自誡當何如！馬革裹屍，斬將搴旗，軍人之自期當何如！
>
> 今也吾紹之軍人，其自待為何如乎？成群閒遊者有之，互相鬥毆者有之，宿娼尋歡者有之，捉賭私罰者有之。身膺軍國民之重任，而演無聊賴之惡劇，其因紀律不肅訓練不善之故乎？抑以莽奴根性教誨難施之故乎，以此資格而充北伐，吾為中華民國前途危！
>
> 樹曰：稂莠不除，則嘉苗不興，司教練之責者，何不去此害群之馬，而求誠摯沌潔之兵士，以成完全義勇之軍隊。
>
> 且也同以此北伐為宗旨，而一設社於東關鎮，一設社於鬥雞場，一設社於第五中學，各自籌費，各自招兵，同居紹興，而勢同散沙，不能聯絡一氣，此又樹所不解者也。[136]

---

135 《朝華夕拾・范愛農》，《魯迅全集》（第二卷），頁325。

136 〈軍界痛言〉，《魯迅全集》（第八卷），頁44。按：魯迅生前編的集子裏沒有收錄這篇文章，〈辛亥遊錄〉和〈《越鐸》出世辭〉也沒有收錄。對這些沒有被收在集子裏的文章，魯迅晚年有兩個解釋。一九三四年五月在致楊霽雲的信裏說：「我的不收在集子裏的文章，大約不多，其中有些是遺漏的，有些是故意刪掉的，因為自己覺得無甚可取。」《魯迅全集》（第十三卷），頁93。同年十二月廿日在《集外集・

「莽奴」指粗魯不堪而又甘心被役使、做壞事的人,「稂莠」是妨害禾苗生長的雜草,「沌潔」即純潔。「東關鎮」、「鬥雞場」和「第五中學」,均繫紹興地名。

魯迅寫這篇文章時想必是痛心疾首,因為這些「成群閒遊」、「互相鬥毆」、「宿娼尋歡」、「捉賭私罰」的,竟然就是「吾紹之軍人」,竟然就是兩個月前包括他自己在內的紹興老百姓苦苦等候了兩天迎來的革命軍!讓這樣的軍人去進行北伐,他當然要驚呼「吾為中華民國前途危」了!

其實,當時的魯迅實在是「少見多怪」了,就以他就要去的南京來說,據張謇日記,南京被革命軍攻下不久,那裏就「客軍紛擾,居民大恐」(「客軍」指革命黨組織的江浙聯軍);南京臨時政府成立後,「寧垣兵隊搶劫之事日有所聞,難乎言軍紀矣」(「兵隊」指江浙聯軍)[137]。陝西也是如此,據吳宓日記,「聞吾陝新軍變後頗無規則,一變而為土匪,肆行掠搶」[138]。山東、河南也是如此,據葉聖陶日記,「本為土匪,今則起而應鄂軍者,山東、河南是也」[139]。四川也是如此,據郭沫若說,成群結隊湧入成都的「所謂(保路)同志軍,有一部分是平時的土匪,有一部分是各地的鄉團」[140]。……至於「各自籌費,各自招兵,同居紹興,而勢同散沙,不能聯絡一氣」,

---

序言》裏說,「聽說:中國的好作家大抵是『悔其少作』的,他在自定集子的時候,就將少年時代的作品盡力刪除,或者簡直全部燒掉。……我對於自己的『少作』,愧則有之,悔卻從來沒有過。……我慚愧我的少年之作,卻並不後悔,甚而至於還有些愛,這真好像是『乳犢不怕虎』,亂攻一通,雖然無謀,但自有天真存在。」《魯迅全集》(第七卷),頁3。

137 《張謇全集》(第六卷),頁681、682,辛亥十月二十七日(1911年12月17日)、十一月二十日(1912年1月8日)日記。

138 《吳宓日記》(第一冊),頁186,一九一一年十一月七日日記。

139 《葉聖陶集》(19),頁43,辛亥年九月初七日記。

140 郭沫若:〈反正前後〉,胡繩:《從鴉片戰爭到五四運動》,頁1052。

雖然使魯迅「不解」：這還是一支統一的軍隊麼？卻揭開了一個謎底：兩個半月前王金發帶兵進城時，「帶隊的人騎馬，服裝不一律，有的穿暗色的軍服，帶著帽子，有的穿淡黃色軍服，光著頭皮」——原來他們是來自各個山頭的！只是看在王金發給的「墨銀」面上才臨時湊合在一起了。

從魯迅興致勃勃地為其寫了〈出世辭〉的《越鐸日報》的遭遇，也可以看出「辛亥革命的前景不見得佳妙」。該報創辦時王金發給了二百元開辦費，算是一種姿態，而魯迅也真的以為「共和之治，人仔與肩」、「天下興亡，庶人有責」了，所以要「紓自由之言議，盡個人之天權，促共和之進行，尺政治之得失」。但是在中國，「尺政治之得失」歷來是禁區，即使在據說已得到「三大自由」的紹興，王金發是決不允許他人來說三道四的。《越鐸日報》的作者和編者卻不諳國情，偏要來「尺」一把，從「吾紹之軍人」到「民國之征」乃至「公僕之政，何所別於君侯」之類（見下文），都在他們「尺」的範圍之內。於是，王金發的臉先是拉長，不久就沉下來了，不再提供辦報費用，最後乾脆派兵搗毀了報社。一個他當年帶兵進紹興時連著兩天站在街上歡迎的人，大腿上還被刺了一刀。這一切都應了〈出世辭〉篇末的一句話：「專制永長，昭蘇非易。」

與魯迅一樣，周作人也早就看出「辛亥革命的前景不見得佳妙」。這些天不知他是「一直躲在家裏」、「每日抄書」還是「出去看過」？或者既「抄書」、也「出去看過」？無人知曉。人們知道的是他繼十一月六日在《越鐸日報》上發表〈慶賀獨立〉一文後，連續在該報發表了〈望越篇〉等五篇文章，其中前四篇從不同角度說明了「辛亥革命的前景不見得佳妙」，最後一篇本身也說明了「辛亥革命的前景不見得佳妙」。

一九一二年一月十八日（辛亥年十一月三十日）發表的〈望越

篇〉是最長的一篇，也可能是最重要的一篇：

　　蓋聞之，一國文明之消長，以種業為因依，其由來者遠，欲探
厥極，當上涉幽冥之界。種業者，本於國民彝德，附以習俗所
安，宗信所仰，重之以歲月，積漸乃成，其期常以千年，近者
亦數百歲。……

　　……中國受制於滿洲，既有二百六十餘年，其局促伏處專制政
府之下者，且二千百三十載矣。今得解脫，會成共和，出於幽
谷，遷於喬木，華夏之民，孰不歡欣？顧返瞻往跡，亦有不能
不懼者，其積染者深，則更除也不易。中國政教，自昔皆以愚
民為事，以刑戮懾俊士，以利祿招黠民，益以儒者邪說，助張
其虐。二千年來，經此淘汰，庸愚者生，佞捷者榮，神明之
胄，幾無遺子。種業如斯，其何能臧，歷世憂患，有由來矣。
今者千載一時，會更始之際，予不知華土之民，其能洗心滌
慮，以趣新生乎？抑仍將伈伈俔俔，以求祿位乎？於彼於此，
孰為決之？予生於越，不能遠引以觀其變，今惟以越一隅為之
征。當察越之君子，何以自建？越之野人，何以自安？公僕之
政，何所別於君侯，國士之行，何所異於臣妾？凡茲同異，靡
不當詳，國人性格之良窳，智慮之蒙啟，可於是見之。如其善
也，斯於越之光，亦夏族之福；若或不然，利欲之私，終為吾
毒，則是因果相循，無可誅責，惟有撮灰散頂，詛先民之罪惡
而已。仲尼〈龜山操〉曰：「吾欲望魯兮，龜山蔽之；手無斧
柯，奈龜山何。」今瞻禹城，乃亦惟種業因陳，為之蔽也。雖
有斧柯，其能伐自然之律而夷之乎？吾為之懼。[141]

---

141 《周作人文類編‧中國氣味》，頁37。

　　「種業」指一個民族的傳統，也有研究者認為指「遺傳因襲的國民性」[142]。「佞捷」是諂媚奸巧的意思。「臧」通「藏」。「洗心滌慮」出自蘇軾〈策略二〉，意思與洗心革面差不多。「趣」通「趨」。「忨忨儗儗」出自韓愈〈祭鱷魚文〉，意思是小心翼翼。「君侯」指封建專制統治者。「臣妾」指奴隸（西周、春秋時男奴叫臣，女奴叫妾）。「良窳」即優劣。「撮灰散頂」似是詛咒時的一個動作，詳情待考。「自然之律」指陳陳相因的「種業」。

　　當時南京臨時政府剛剛成立半個月，瞻望前程，周作人卻「不能不懼」。因為在他看來，中國「局促伏處專制政府之下者，且二千百三十載矣」，而「中國政教……幾無遺子」這種傳統，「積染者深，更除也不易」。「今者千載一時，會更始之際」為改變這種傳統提供了一個機會，但「不知華土之民，其能洗心滌慮，以趣新生乎，抑仍將忨忨儗儗，以求祿位乎？」他沒有直接回答，而以紹興（禹城）為例，繼續提出問題：「公僕之政，何所別於君侯，國士之行，何所異於臣妾？」鑒於「種業因陳」這種「自然之律」，他的結論是「雖有斧柯」，「吾為之懼」，表現了對辛亥革命前途的深深憂慮。周作人晚年說：「這篇文章，寫的意思不很透徹，色彩也很是暗淡，大有定命論一派的傾向，雖然不是漆黑一團的人生觀，總之是對於前途不太樂觀，那是很明瞭的了。」[143]

　　值得指出的是，在周作人寫《知堂回想錄》時他還留著〈望越篇〉的草稿，「上邊有魯迅修改的筆跡」[144]。既然如此，人們似乎有理由發問：周作人在辛亥年寫的另五篇時評，上面是否也有「魯迅修改的筆跡」？

142　止菴：《周作人傳》，頁50。

143　《知堂回想錄‧望越篇》，頁308。

144　《知堂回想錄‧望越篇》，頁307。

一月廿二日（辛亥年十二月初四）發表的〈望華國篇〉，借悼念光復會領袖陶成章，痛斥了革命黨內部的「同室操戈，相煎何急」。

周氏兄弟在日本留學時，因反清而亡命日本的幾個同鄉經常到他們的下宿處閒聊，有時也來隱藏一些革命文件等。「其中最常來的要算是陶煥卿（陶成章字）」，據周作人說：

> 他一來就大談其中國的革命形勢，說某處某處可以起義，這在他的術語裏便是說可以「動」，其講述春秋戰國時代的軍事和外交，說的頭頭是道，如同目睹一樣，的確是有一種天才的。談到吃飯的時候，假如主人在抽斗裏有錢，便買罐頭牛肉來添菜，否則只好請用普通客飯，大抵總只是圓豆腐之外，一木碗的豆瓣醬湯，好在來訪的客人只圖談天，吃食本不在乎，例如陶煥卿即使給他吃燕菜，他也只當作粉條喝了下去。[145]

「燕菜」即魚翅。這段回憶頗可一讀，因為它不僅從一個方面反映了陶成章其人，也反映了周氏兄弟與革命黨人（主要是光復會的）的關係以及當時我國留日學生的生活。「陶成章雖然有缺點，然而不失為一個忠誠的資產階級革命家。」[146]同盟會的陳其美卻把光復會領袖陶成章視為其統治江浙地區的最大障礙，於一月十六日派人（一說是派蔣介石）把陶（當時在上海）暗殺了。周作人在《知堂回想錄》

145　《知堂回想錄・中越館》，頁240。

146　胡繩：《從鴉片戰爭到五四運動》，頁1060。周作人雖然撰文悼念陶成章，他似乎並不看好他，認為「陶煥卿是個革命勇士，他的聯絡草澤英雄，和要使天下人都有飯吃的主張，確是令人佩服，但看去彷彿有點可怕，似乎是明太祖一流人物」。另據他說，章太炎和魯迅也不看好陶成章：章太炎曾戲稱陶為「煥皇帝」或「煥強盜」；魯迅也曾對許壽裳說，「假如煥卿一旦造反成功，做了皇帝，我們這班老朋友恐怕都不能幸免」。見《知堂回想錄・望越篇》，頁305。

中說的「同盟會人那樣的爭權奪利、自相殘殺，不必等二次革命失敗，就可知道民軍方面的不成了」[147]，就是指這件事。

周作人獲知陶成章被暗殺後很痛心，在〈望華國篇〉中寫道：

> ……往者政教為虐，種姓日離。千載以來，世為勝民，以利祿為性命，以殘賊為功業，利之所在，不問恩仇，雖異族可君，同種可殺也。其次所畏莫若威，故所業二，不受制於人，則為暴於國。中國之事，一治一亂，治者其服刑之日，而亂者其得志之秋，故觀近古史書，歷歷皆罪惡之跡，亦歷歷皆恥辱之痕也。罪辱如斯，而悲哀則安在？悔改者又誰歟？頑迷之民，不知自覺，坐令覆轍屢踐，長其罪惡而重其恥辱，可哀也夫！……而今陶君復隕於私劍矣，車過腹痛之感，如何可言。使君輩存，令此人死，華土之人，其永劫不悟者矣。
>
> 嗚呼！陶君經營偉業，福被吾族，今不死於異族，而死於同種之手，豈命也乎？君之死，本於敵謀，或出自私利，雖不可知，要之漢人親將其事則一。夫春秋之義，內諸夏而外夷狄，豈誠推尋於譜牒之際，以立差別？第以種姓既殊，利害相反，故親者日親，疏者日疏。野人械鬥不及同徵之眾，而炎黃帝子，乃推刃於同氣，惟帝眷茲苗裔，其嘯吟矣。
>
> 來日方艱，天怒將赫，余欲登高丘，呼國人而屬之曰：汝其悔改！……[148]

「覆轍」即覆車，比喻失敗的教訓。「私劍」出自《韓非子・五

---

147 《知堂回想錄・望越篇》，頁306。
148 《周作人文類編・中國氣味》，頁40。

蠱》，原指古代貴族豢養的刺客，這裏指暗殺者。「車過腹痛」出自《後漢書・橋玄傳》，原指一個人經過朋友墓時如不去祭奠，過後不久就會肚子痛，後用來悼念亡友。「君輩」指「以利祿為性命，以殘賊為功業，利之所在，不問恩仇，雖異族可君，同種可殺」的「勝民」。「同氣」出自任昉〈為齊明帝讓宣城郡公表〉，指有血統關係的親屬，特指兄弟。「天怒將赫」即本篇前引魯迅一九一一年致許壽裳第一封信中的「天赫斯怒」。

周作人寫〈望華國篇〉時陶成章被暗殺案還未破，但已經可以肯定是漢人所為（「漢人親將其事則一」）。想到陶從事「福被吾族」的「偉業」（反清事業），卻「不死於異族，而死於同種之手」，他感到非常痛心：「野人械鬥」尚且「不及同徵之眾」，而「炎黃帝子」卻「推刃於同氣」！炎黃帝看到這些子孫也要悲歎了。最後他說，以後日子還很艱難，如果這樣發展下去，那麼老天爺也要發怒。因此他要呼喚國人一起對「君輩」說：悔改吧！（這篇文章以引用《馬太福音》裏的「吾以水沃汝，使汝悔改」開頭）然而這種書生之見對「若輩」來說無異於對牛彈琴，一年後也是在上海，宋教仁被袁世凱派人暗殺。

二月一日（辛亥年十二月十四日）發表的〈爾越人勿忘先人之訓〉可以說是〈望華國篇〉的續篇：

> 先民有言：會稽乃報仇雪恥之鄉，非藏垢納污之地。蓋越自句踐以來，遺風未泯，士尚氣節。中世遭種族之變，苦心積慮，不忘報復。紹興不郡，遂屢為諸夏君民最後訣別地，雖曰不祥，亦烈矣哉！
> ……
> 雖然，人生於憂患而死於安樂。東南半壁，方脫虜繫，而內訌

頻聞，形同割據。近傳臺紹諸郡，亦謀分立。雖曰流言，慮非佳兆。嗟爾越之人，其敢忘先民之訓乎！爾為福於國，民未嘗不爾感；爾為毒於國，民亦不能不爾怨也。臣虜之恥，爾幸為越雪之；今而僨事，又將令誰為之雪此恥乎？

嗚呼，於越古國，而今而後，為報仇雪恥之鄉耶？為藏垢納污之地耶？危乎危乎！雖然，往者不可諫，來者猶可追也。[149]

當時在「方脫虜繫」即剛剛擺脫清朝統治的浙江，革命黨內部忙於爭權奪利，並已發展到「內訌頻聞，形同割據」的程度。台州、紹興等地據說最近也在搞「分立」，這些顯然都不是「佳兆」。所以周作人在深感憂慮之餘，要對「爾越之人」即當時浙江各地的「都督」們說幾句話：你們難道忘記了祖宗的話？你們做造福於國家的事，老百姓會感謝你們；做危害國家的事，老百姓會怨恨你們。是你們為浙江洗雪了受清朝統治的恥辱，但是你們現在卻把浙江搞到這種地步，今後又有誰來為你們雪恥？文末連用兩個「危乎」，表示了他對紹興成為「藏垢納污之地」的擔憂，但最後一句「往者不可諫，來者猶可追」，說明他對這些「都督」們還抱有一些幻想。

二月二日（辛亥年十二月十五日）發表的〈民國之徵何在〉，在所謂「民國」後面加了一個大大的問號。全文如下：

在昔滿人主國，淫威孔肆，法以意造，政以賄成，使我夏民生命財產無所保入，其罪上通於天。夫惟異族專制為然，然滿人亦以是自墮其命。革命既興，種族政治皆有平亭，舊日之淤，不難盡去，而夷考其實，信乎？否乎？

149 《周作人文類編・中國氣味》，頁41。

昔秋女士被逮，無定讞，遽遭殘賊，天下共憤，今得昭復。而
章介眉以種種嫌疑，久經拘訊，亦獄無定讞，而議籍其家。自
一面言之，可謂天道好還；又一面言之，亦何解於以暴易暴
乎，此矛盾之一例也。更統觀全域，則官威如故，民瘼莫蘇。
翠輿朝出，荷戈警蹕；高樓夜宴，倚戟衛門；兩曹登門，桎梏
加足；雄師捉人，提耳流血。保費計以百金，酒資少亦十角。
此皆彰彰在人耳且者，其它更無論耶。

嗚呼，昔為異族，今為同氣；昔為專制，今為共和；以今較
昔，其異安在？由今之道，無變今之俗。浙東片土，固赫然一
小朝廷也。異於昔者，殆在是耶？[150]

「孔肆」出自張衡〈東京賦〉，意思是肆無忌憚。「平亭」出自
《漢書・張湯傳》，《辭海》的解釋是「研究斟酌，使得其平」。「無定
讞」指不經審判定罪。

這篇文章聯繫紹興當時的情況，提出了一個尖銳的問題：在「革
命既興，種族政治皆有平亭」之後，「舊日之淤」是否真的「不難盡
去」？周作人的回答是否定的。

從個案看，秋女士即秋瑾當時是「無定讞，遽遭殘賊」，而現在
章介眉案「亦獄無定讞，而議籍其家」（抄沒家產）[151]，這從一方面說
是「天道好還」（《老子》）即惡有惡報，而從另一方面說則是「以暴
易暴」（《史記・伯夷列傳》），可見在光復後的紹興，毫無法制可言。

再從全域看，則「官威如故，民瘼莫蘇」，而且作者舉出的事

---

150 《周作人文類編・中國氣味》，頁36。

151 章介眉是紹興大地主，曾極力慫恿掘毀秋瑾墓，紹興光復後被逮捕。但秋瑾案的告
密者另有其人，不是章介眉，見〈論「費厄潑賴」應該緩行〉注釋，《魯迅全集》
（第一卷），頁295、296。

例，很多都與魯迅說的對得上。「翠輿（綠呢大轎——引者）朝出，荷戈警蹕」，即魯迅說的王金發「大做王都督」的「威風」。「高樓夜宴，倚戟衛門」，即魯迅說的「這個拜會，那個恭維，今天送衣料，明天送翅席」的「盛況」。「雄師捉人，提耳流血。保費計以百金，酒資少亦十角」，則是魯迅說的「吾紹之軍人」「捉賭私罰」的具體化。至於「兩曹（即原告和被告，也叫兩造——引者）登門，桎梏加足」，就是周作人譯的《炭畫》中「羊頭村」的「政不平訟不理」。這樣一來，「異族」與「同氣」、「專制」與「共和」，還有什麼區別？

總之，以王金發為首的軍政府的所作所為，並沒有使紹興的種種惡俗得以改變（「由今之道，無變今之俗」），如果一定要說有什麼變化的話，只是紹興這塊「浙東片土」現在已「赫然」變成了一個「小朝廷」——這還是民國麼？

二月十六日（辛亥年十二月二十九日）發表的〈庸眾之責任〉，是周作人在辛亥年發表的最後一篇文章。此文似乎可以做些討論，為了避免斷章取義，不妨全文抄錄：

> 專制之世，國人以臣僕自安，鮮敢他作。及庶政垂立，海內之中，乃引天下興亡匹夫有責之言，紛紛而起，各有建立，此大謬也。
>
> 久縶忽弛，淩雜無制，為法自亂，其可長乎？
>
> 人類不齊，有賢有不肖，故其責任亦因之有積極消極之異。積極者賢者之責任，重在建設，以利民為事；消極者不肖之責任，其事但在自持，不為害而止耳。蓋天下之民，不肖者恒多於賢；而興利之要，復不如除害，故予於不肖之士，不能不無所告言也。
>
> 予以不肖，非指惡德，但以庸眾而言。蓋惡德共聞，則熒惑無

　　自。惟凡夫庸德，若無大過，而得志肆行，乃償厥事。天下本
　　無事，庸人自憂之，皆此類也。
　　今為言曰：國民責任不可不盡也，惟天性既差，等分亦別，安
　　分守己，責即盡矣。倘於□上更有作為，斯非特無益，而又害
　　之，戒之哉！若其動因所在為官，則猶當別論也。[152]

　　這篇文章無疑是針對「庶政垂立，海內之中，乃引天下興亡匹夫
有責之言，紛紛而起，各有建立」這種現象寫的。從文章最後一句來
看，還可能是針對特定的人和事寫的。但即使如此，我們還是可以借
用周作人的話來說：「此大謬也。」

　　且不論「賢者」、「不肖者」的評判標準是什麼，也不論「建設」
是否一定就是「利民」、「不為害」，周作人對「賢者」和「不肖者」
各自責任以及他們各自應該做什麼的說法是不能成立的。就以「紛紛
而起，各有建立」來說，現在既然「庶政垂立」，就應該允許並保證
數量「恒多於賢」的「不肖者」都享有這種權利，而決不能讓這種權
利成為少數「賢者」的專利，否則還叫什麼「庶政」呢？與「國人以
臣僕自安，鮮敢他作」的「專制之世」又有什麼區別呢？

　　當然，「不肖者」的「紛紛而起，各有建立」，肯定會出現諸如
「天下本無事，庸人自憂之」之類言論，也肯定會出現「說三道
四」、「亂七八糟」的「淩雜無制」現象，甚至會「得志肆行，乃償厥
事」（意思是「不肖者」有了說話權利就大講特講，從而壞了事情），
但紹興光復後「越人於是得三大自由」之一的「出版自由」（freedom
of press，或譯新聞自由，屬於表達自由的範疇），本身就包括發表錯
誤言論的自由，因為「自由表達權利最重要的一點是它的一種被稱為

152　《周作人文類編・中國氣味》，頁42。

『寬容』的要求，即要寬容那些犯了錯誤的人或被認為是犯了錯誤的人」[153]。這句話雖然出現在一九四七年，但其精神早在彌爾頓《論出版自由》、小穆勒《論自由》等著作中就被提出來了。例如彌爾頓說：「讓我有自由來認識、發抒己見，並根據良心作自由的討論，這才是一切自由中最重要的自由」、「……我們都要謙恭而又耐心地聽取他們的意見。縱是這意見與我們有所不同，我們也應當容忍他們。」[154]例如小穆勒說：「迫使一個意見不能發表的特殊罪惡乃在它是對整個人類掠奪」，「我們永遠不能確信我們所力圖窒閉的意見是一個錯誤的意見；假如我們確信，要窒閉它也仍然是一個罪惡。」[155]周作人去日本留學前後讀過嚴復譯的赫胥黎《天演論》、甄克斯《社會通詮》、斯賓塞《群學肄言》，孟德斯鳩《法意》，「以至讀不懂的《穆勒名學部甲》」[156]。「讀不懂的」《穆勒名學》（現譯《邏輯系統》）都曾讀過，同為嚴復譯的小穆勒的《群己權界論》（即《論自由》）按理來說也應讀過。不知周作人還記得小約翰是怎麼說的嗎？

其實周作人說的「惡德共聞，則熒惑無自」，也說明應該允許「不肖者」的「紛紛而起，各有建立」。理由是：種種無自的「熒惑」（即迷惑，出自《史記·張儀列傳》，這裏指一些似是而非的說法），只有在自由而公開的討論中才能被鑑別出來，而要展開這種討論，首先必須讓公眾見識這些「熒惑」，即必須讓它們被提出來與公眾見面，因為「除非錯誤的意見可以被認為這種意見是正確的人正當地提

---

153 哈欽斯委員會：《傳媒自由：原則的概述》，〔英〕彌爾頓等：《西方新聞傳播學名著選譯》，頁332。

154 〔英〕密爾頓：《論出版自由》，頁45、46。按，第二句話其實是當時英國議會上議員布洛克說的。

155 〔英〕約翰·密爾：《論自由》，頁17。

156 周作人：《魯迅的青年時代》，頁72。

出來，討論本身是不可能存在的。」[157]不允許「不肖者」的「紛紛而起，各有建立」，說到底就是不允許展開自由而公開的討論，而這顯然是不利於識別「熒惑」的。

再進一步說，被周作人或其它人視為「熒惑」的也未必一定就是如此，有的反而是真知也未可知。而究竟是「熒惑」還是真知，惟有社會實踐才能檢驗，絕不是某個人或某些人所能斷言的。

有研究者認為，「周作人有關革命運動的思考」，可以歸結為文章中「人類不齊……不為害而止耳」這兩句話[158]。果真如此的話，情況就不妙了，因為周作人說的「庸眾的責任」，說到底就是要「不肖者」免開尊口，而這距離趙太爺的「不准革命」只有一步之遙了。

值得指出的是，當時有周作人這種想法的並非個別。（一九一四年孫中山創立的中華革命黨把黨員分為三類，一是「得一切參政執政之優先權利」的「首義黨員」，二是有選舉和被選舉權的「協助黨員」，三是只有選舉權的「普通黨員」，至於非黨員，「在革命時期之內，不得有公民資格」[159]。對人作這樣的劃分，可謂「天性既差，等分亦別」的一種具體化；而既然非黨員「不得有公民資格」，當然不准「紛紛而起，各有建立」了。）這些想法如果出自前面提到的那些「若輩」之口不足為奇，奇怪的是，它們竟然是受過一定西方教育的青年說的，而這些青年總體上正屬於領導這次革命的那個社會階層，這不也從一個方面說明「辛亥革命的前景不見得佳妙」嗎？

〈庸眾之責任〉在《越鐸日報》發表那天已是辛亥年小年夜了。「舊曆的年底畢竟最像年底」，紹興城裏，大家都在準備著「祝福」：

---

157 哈欽斯委員會：《自由而負責的傳媒》，〔英〕彌爾頓等：《西方新聞傳播學名著選譯》，頁258。

158 止菴：《周作人傳》，頁51。

159 胡繩：《從鴉片戰爭到五四運動》，頁1154、1155。

殺雞、宰鵝、買豬肉，用心細細的洗，女人的臂膊都在水裏浸得通紅……

灰白色的沉重的晚雲中間時時發出閃光，接著一身鈍響，是送灶的爆竹；近處燃放的可就更強烈了，震耳的大音還沒有息，空氣裏已經散滿了幽微的火藥香[160]。

那天在東昌坊口新臺門周家，與去年相比多了兩個人：「老二」（周家對周作人的稱呼）和他的日本妻子；少了一個人：「大先生」（周家對魯迅的稱呼），幾天前他出門了去，此刻不是在南京，就是在去南京的路上[161]，誰也不知道他明天在哪裏吃年夜飯。

南京是「大先生」舊遊之地，去日本留學前他在那裏足足待了三年多。記得一八九八年春，他去南京報考江南水師學堂時──這是他第一次一個人出遠門，他在雜記裏寫道：

行人於斜日將墜之時，暝色逼人。四顧滿目非故鄉之人，細聆滿耳皆異鄉之語，一念及家鄉萬里，老親弱弟必時時相語，謂可當至某處矣，此時真覺柔腸欲斷，涕不可仰。故予有句云：日暮客愁集，煙深人語喧。皆所身歷，非託諸空言也。[162]

經歷了十三年的風風雨雨，現在魯迅還會「柔腸欲斷」嗎？無人能夠回答──以後他說過「怒向刀叢覓小詩」，也說過「無情未必真

---

160 〈祝福〉，《魯迅全集》（第二卷），頁5。
161 據《魯迅年譜》作者考證，「魯迅到南京教育部的日期不會早於他辭去山會師範學堂職務的二月十三日，也不應晚於蔡元培北上迎袁（世凱）的時間二月十八日至二十日。」見《魯迅年譜》（第一卷），頁256。
162 〈戛劍生雜記〉，《魯迅全集》（第八卷），頁527。

豪傑」。人們知道的是，辛亥年末的這一走，他就走向了中國，走向了世界。

昌明文庫・悅讀人物　A0603008

他們在大清末年　上冊

作　　　者	顧孝華
責任編輯	蔡雅如
發 行 人	陳滿銘
總 經 理	梁錦興
總 編 輯	陳滿銘
副總編輯	張晏瑞
編 輯 所	萬卷樓圖書股份有限公司
排　　　版	林曉敏
印　　　刷	百通科技股份有限公司
封面設計	曾詠霓

出　　　版　昌明文化有限公司

桃園市龜山區中原街 32 號

電話 (02)23216565

發　　　行　萬卷樓圖書股份有限公司

　臺北市羅斯福路二段 41 號 6 樓之 3

　電話 (02)23216565

　傳真 (02)23218698

　電郵 SERVICE@WANJUAN.COM.TW

大陸經銷　廈門外圖臺灣書店有限公司

　電郵 JKB188@188.COM

ISBN 978-986-92915-4-5

2016 年 5 月初版

定價：新臺幣 360 元

如何購買本書：

1. 劃撥購書，請透過以下郵政劃撥帳號：

　帳號：15624015

　戶名：萬卷樓圖書股份有限公司

2. 轉帳購書，請透過以下帳戶

　合作金庫銀行　古亭分行

　戶名：萬卷樓圖書股份有限公司

　帳號：0877717092596

3. 網路購書，請透過萬卷樓網站

　網址 WWW.WANJUAN.COM.TW

大量購書，請直接聯繫我們，將有專人為

您服務。客服：(02)23216565 分機 10

如有缺頁、破損或裝訂錯誤，請寄回更換

版權所有・翻印必究

Copyright©2015 by WanJuanLou Books CO., Ltd.

All Right Reserved　　　　**Printed in Taiwan**

國家圖書館出版品預行編目資料

他們在大清末年 / 顧孝華著. -- 初版. -- 桃園
市：昌明文化出版；臺北市：萬卷樓發行,
2016.05

　冊；　公分. -- (昌明文庫. 悅讀人物)

ISBN 978-986-92915-4-5(上冊：平裝). --

1.人物志　2.清代　3.中國

782.17　　　　　　　　　　105007302

本著作物經廈門墨客知識產權代理有限公司代理，由上海交通大學出版社有限公司
授權萬卷樓圖書股份有限公司出版、發行中文繁體字版版權。